유광종의 지하철

한자 🚃 여행 2

역명에 담긴 한자, 그 스토리와 문화를 읽다

2016년   1월 18일 초판 1쇄
2016년 12월 12일   2쇄
2016년 12월 19일   3쇄

글 유광종

펴낸곳 책밭

펴낸이 유광종

책임편집 남명임

디자인 남지현 정진영

출판등록 2011년 5월 17일 제300-2011-91호

주소 서울 중구 퇴계로 182 가락회관 6층

전화 070-7090-1177

팩스 02-2275-5327

이메일 go5326@naver.com

홈페이지 www.npplus.co.kr

ISBN(세트) 979-11-85720-15-9 04700

ISBN 979-11-85720-17-3 04700

정가 13,000원

일러두기

- 본문의 한자 표기는 다음의 방식을 따른다.
  - 문단을 기준으로 하여 처음 나오는 한자, 또는 한글 독음 아래첨자를 붙여 표기한다. 이후부턴 병기 없이 해당 단어만 표기한다.
  - 문맥에 따라 한자 표기를 하지 않는 경우도 있다.
  - 부연설명 시 '한글(한자)', 또는 '한자(한글)' 방식으로 보여준다.

- 용답·신답·용두·신설동·도림천·양천구청·신정네거리·까치산 등 지선은 제외했다.

〈지하철 한자 여행 2호선 구간〉

강남	———————————	성수
뚝섬	———————————	을지로입구
시청	———————————	대림
구로디지털단지	———————————	교대

한자 여행길을 오르며

한자는 외롭다. 천덕꾸러기와 마찬가지다. 몰라도 그만이고, 알면 그냥 좋을 뿐이다. 그러나 우리 언어생활의 이면을 들여다보면 한자는 의외로 깊이 자리를 틀고 있다. 그런 한자의 뿌리를 조심스럽게 캐서 우리의 현재 생활 속 언어와 잇는다면 어떨까.

그런 문제의식에서 출발한 책이 『지하철 한자 여행 1호선』이다. 그 1호선을 지나온 지 1년 반 만에 다시 이 책을 낸다. 지난 번 책의 경우와 마찬가지다. 2호선 역시 우리가 알고 넘나들었던 곳보다 알지 못한 채 무심코 지나친 역과 역명이 대부분이다.

지하철 역명에는 의외로 많은 한자 이야기들이 숨어 있다. 그런 한자 이야기들을 그냥 모르고 지내도 좋을까. 사실 안다고 해서 우리에게 커다란 도움으로 닿지는 않는다. 그러나 자랑은 아니다. 알면 아는 만큼 보인다고 하지 않았나.

왕십리도 그렇고, 시청도 그렇다. 조선왕조 도읍에 관한 전설과, 우리가 짓고 사는 집 이야기 등이 그 역명으로 다 풀린다. 잠실이라는 역명이 설마 중국 역사의 아버지라는 사마천司馬遷과 이어지리라는 생각은 할 수 없었을 것이다.

책을 집필한 뒤에도 뚝섬은 기억에 오래 남는 역명이다. 이 이름이 어디서 유래를 했을까. 일부에서는 강물이 넘치지 못하도록 했던 '둑'과 관련이 있는 것으로 풀었다. 그러나 근거가 부족하다. 그래서 연원을 찾아 올라가봤다. 아니나 다를까.

그곳은 조선 군대의 연병장 역할을 했던 곳이란다. 임금이 자신의 왕조와 사회를 지키는 군대를 어떻게 봤을까. 틀림없이 어여삐 여겼을 법하다. 그런 임금은 뚝섬 지역으로 가끔 나들이를 했고, 그 임금의 행차에는 달리 격식도 따랐을 것이다.

그 임금의 행차에 앞을 세우는 깃발의 이름과 현재의 이름인 뚝섬은 관련이 있어 보인다. 그 옆의 성수역은 또 어떨까. 또 이곳에 무엇이 있었길래 사람 가운데 가장 으뜸임을 가리키는 聖성이라는 글자가 붙었단 말인가. 이 점 역시 궁금해 자료를 뒤적였다. 뚝섬과 비슷한 유래였다. 임금의 행차와 관련이 있었던 것이다.

그런 유래와 함께 그런 지명에 왜 그런 글자를 붙이는지를 함께 궁리했다. 연원이 있으면 사람들은 그에 견줄 만한 글자를 찾아 이름을 만든다. 지명과 역명에 붙는 한자들을 좇아가며 여행을 다녔다. 글자가 만들어진 곡절, 그 뒤의 쓰임새, 지금의 우리 사용법 등을 엮었다.

한자는 아주 오래전에 이 땅에 들어와 우리말에 그냥 녹아 버렸다. 쓰임새는 아직도 매우 풍부한 편이다. 글자를 쓸 줄 몰라서 그렇지, 유래와 지나온 과정을 설명하면 '아하, 원래 이렇구나'라는 감탄을 주는 경우가 많다. 가능하면 그런 감흥을 자아낼 수 있도록 내용을 이었다.

지금은 중국의 땅으로 변한 한반도 서북부의 대륙에 쌓인 한자 콘텐츠를 주로 겨냥했다. 우리 한자 단어의 상당수가 일본식 조어인 점은 분명하지만, 그중의 대부분은 우리의 한자 감각과 맞지 않는 경우가 많다. 따라서 그보다는 동양 고전에 풍부하게 쌓인 지적인 유산을 근거로 삼아 우리의 한자 용례와 깊은 뜻을 탐구했다.

제가 쓰는 말의 깊은 뜻을 알지 못한다면 생각도 그 정도에 멈추는 법이다. 언어의 깊은 뜻을 알면 그로써 더 먼 곳을 향해 생각을 더 펼칠 수 있다. 우리의 요즘 말은 감성이 앞선다. 뜻을 헤아려 깊고 넓은 사고의 저변을 다지는 대신 즉흥적인 감성이 더 기세를 부린다.

우리말 안에 이미 녹아든 한자의 속뜻을 일깨우면 그런 언어적인 현상을 조금이나마 멈출 수 있으리라고 본다. 한자는 공자와 맹자, 유학

과 서당만으로 대변할 수 없다. 옛 시대, 조선왕조의 '외곬수'라고 할 수
밖에 없었던 편향성이 만들어 낸 허울이라고 할 수 있다.

한자는 그보다 더 현실적이며, 때로는 더 전투적이다. 사람 사는 세
상에 늘 몰아치는 풍파를 가득 담고 있으며, 그로써 벌어지는 사람 사이
수많은 다툼의 풍경을 전하고 있다. 그 속에서 사람으로서 제대로 살아
가기 위해 품었던 고민과 지혜도 안고 있다.

그런 한자가 담고 있는 자양분을 길어 올려 우리의 생활을 윤택하게
할 수 있을까. 이 책은 사실 그런 기대를 품고 썼다. 우리가 지나다니는
일상의 길목, 지하철 2호선에 숨어 있는 한자는 생각보다 많은 말들을
우리에게 건네고 있다. 그저 우리가 몰랐을 뿐이고, 알려고 하지 않았을
뿐이다.

2016년 1월, 저자 유광종

CONTENTS

유광종의 지하철
한자□□여행 2호선

강남~성수

강남 강 江, 남녘 南

'강남'이라는 이름, 사실 '남산'이라는 호칭처럼 흔하다. 우리 땅 곳곳에는 강과 산이 있다. 그래서 시냇물 흐르는 남쪽을 江南강남이라 적고, 남쪽에 있는 산을 南山남산이라고 부른다. 그래서 강남은 서울 지하철 2호선의 한 역명을 표시하는 고유명사가 아니다. 아울러 서울에도 남산이 있듯이 천년 고도인 경주에도 남산이 있다. 경주만 그럴까. 전국 방방곡곡 도처에 남산이 있고, 강남이 있다.

그럼에도 강남이라거나, 남산이라고 부르면 괜히 마음이 아리아리해진다. 추위에 짓눌렸던 겨울이 가고 봄이 오면 세상의 구석구석이 들썩거린다. 봄이 지니는 생명의 기운이 숱한 식생들의 움을 틔우기 때문이다. 그런 봄이 오는 길목, 지구 북반구의 동서남북이라는 방위에서 가장 따뜻한 남쪽의 기운이 그렇기 때문이다.

그래서 강남이라고 하면 어딘가 따뜻하면서도 화사한 느낌을 준다. 이 점은 한반도 웬만한 곳의 남쪽에 앉아 있는 남산의 경우도 마찬가지다. 그런 따뜻한 봄기운, 나아가 삶이 풍족해지는 남녘의 기운을 받아서일까. 우리의 지하철 2호선 강남역도 늘 그런 분위기가 감도는 곳이다. 사람이 많이 몰리고, 그에 따라 상업의 기운이 왕성하

유광종의 지하철
한자로 여행

개발붐을 타고 왕성하게 발전한 강남역 사거리.

기 짝이 없다.

2호선의 순환 열차가 쉴 새 없이 들어서고 나가며, 아울러 신분당
선이 그에 맞춰 환승을 기다리는 곳이다. 분당으로, 판교로, 그리고
새로 속속 들어서는 신도시로 나가고 들어오는 사람들의 행렬이 이
곳을 물 지나다니는 길처럼 윤기와 활기로 가득 채운다. 청춘남녀들
이 가장 선호하는 약속장소로 떠오른 지도 아주 오래다. 그러니 이
곳을 들르면 마음이 괜히 가벼워진다.

'강남'이라는 이름이 일깨우는 정서는 위에서 이미 말했다. 따뜻
함과 설렘, 북적거림 등이 다 들어 있다. 사람 사는 세상이면 사람의
기운이 왕성해야 좋다. 강남은 봄의 기운이 먼저 전해지는 곳인 만큼
사람의 기운도 그에 따라 날래진다. 풍수를 믿어서 그렇지만은 않다.

느낌 자체가 아주 좋은 곳이다. 볕바른 곳에 늘 앉아 있는 남산의 정서도 매한가지다.

우리 서울의 江北강북은 전통적인 서울의 판도다. 조선의 수도였던 지역이어서 그런지 뭔가 구획이 바르고, 엄격함이 숨어 있다. 광화문 광장, 시청 앞 너른 광장, 고색창연한 왕궁의 행렬이 안정감을 던진다. 그에 비해 강남은 활기가 더 넘친다. 새로 개발한 권역답게 면면이 다 화려하다. 그래서 젊음들을 끊임없이 불러들이는 곳이 이 강남역일지 모른다.

"친구 따라 강남 간다"는 말이 있다. 제가 지닌 생각과 마음과는 상관없이 친구의 뜻에 따라 강남을 간다는 말인데, 주관 없이 행동하는 사람들을 일컬을 때도 쓰는 말이다. 이 말의 어원은 사실 잘 모르겠다. 기록 어디에서는 한자로 그럴듯하게 '隨友適江南수우적강남'이라고 적었다. 친구(友) 따라(隨) 강남(江南) 간다(適)의 엮음이다.

그러나 이 '강남'이 큰 울림을 주는 곳은 사실 중국이다. 물 건너편의 남쪽이라는 새김은 우리에게도 흔하지만, 그 말이 주는 정서가 크게 일렁이는 곳은 중국이라는 얘기다. 말죽거리와 윗방아다리, 아랫방아다리 등의 양재 驛站역참에 달렸던 세 마을이 들어섰던 이곳 옛 강남역 일대를 이야기하기 전에 우선 중국에서의 '강남'을 이해할 필요가 있다.

우리 2호선 강남역의 이름에서 나타나는 江강은 漢江한강이다. 중국에서의 '강남'이라는 경계를 알려주는 강은 長江장강이다. 길이

6,300㎞에 이르는 중국 최대의 하천이다. 그 강의 남쪽이 전부 강남? 아니다. 중국 역사와 인문의 전통 속에서 강남이라고 하는 지역은 그보다 훨씬 작다.

작게는 귤이 탱자로 변한다는 淮水회수와 長江장강 사이다. 그보다 확대해도 장강 남쪽 지역 중에서 경제가 비교적 발달한 동부 연안 지역이다. 이곳은 물산이 우선 풍부하다. 쌀도 많이 나오고, 하천이 발달해 물고기도 많이 잡힌다. 그래서 이곳을 '魚米之鄕어미지향'이라고 부른다. 물고기(魚)와 쌀(米)의(之) 고향(鄕)이라는 엮음이다. 그러니 생활이 윤택함은 불문가지다.

그렇다고 이곳이 호락호락한 곳은 아니다. 중국은 戰亂전란이 빗발 닥치듯 셀 수도 없이 일어났던 곳이다. 북에서는 유목민족의 침략이 아주 잦았고, 왕조가 권력을 다투면서 생기는 전란은 이루 헤아릴 수 없을 정도로 많았다. 그러니 사람들은 늘 男負女戴남부여대의 피난 행렬에 몸을 실어야 했다.

원래 이곳에 쌀을 재배하며 살았던 원주민, 즉 비에트Viet 계통의 피를 지니면서 중국의 史書사서에 越人월인이나 百越백월이라는 표기로 등장했던 사람들은 북으로부터 끊임없이 내려오는 중원의 인구와 때로는 아주 격렬한 생존의 경쟁을 벌여야 했다. 따라서 이곳도 물산은 풍부했을지 몰라도, 결국은 먹을 것과 살 곳을 두고 피 튀기는 싸움을 벌여야 했던 곳이다.

그런 대목을 표현하는 유명한 시가 있어 하나 소개한다. 우리가 잘 아는 唐당나라 시인 杜甫두보, 712~770년의 작품이다. 마침 '安史之亂 안사지란'이라 적는 혹심한 전란의 와중에 이곳저곳을 떠돌다가 이승을 하직하기 전에 지은 시다. 전란의 와중에 겨우 살아남아 강남 지역에 도착한 그가 수도인 장안에서 예전에 자주 만나던 친구와 우연히 상봉했다. 앞의 두 구절은 생략한다. 유명해서 사람들 입에 지금도 오르는 마지막 두 구절이 이렇다.

> 정말 강남은 풍경이 좋기도 하지   正是江南好風景
> 꽃 지는 시절에 또 그대를 만났네   落花時節又逢君
> > - 지영재 편역, 『중국시가선』(을유문화사, 2007)

그가 만난 친구는 李龜年이귀년, 만난 장소는 湖南후난 長沙창사다. 예전 수도인 장안의 명망 높고 부유한 사람 집에서 음악을 연주하던 악사 이귀년, 비슷한 처지로 고관의 집을 떠돌던 두보가 전란의 와중을 헤매다가 아주 오랜만에 두 사람이 우연히 마주쳤던 때의 감회를 읊은 시다.

마침 당시의 이귀년은 뛰어난 음률로 전쟁이 벌어지기 전 수도 장안에서 살았을 때의 좋은 시절을 노래하며 여러 사람의 심금을 울렸다고 한다. 그런 이귀년의 모습을 지켜보면서 시인 두보는 많은 감회에 젖었을 테다. 쉬운 詩語시어로 적은 그의 시가 지닌 울림이 제법 크다. 그가 말한 '꽃 지는 시절'이 결국 전쟁의 그악함을 피해 이리저리

유광종의 지하철 한자음 여행

옮겨 다녔던 그와 이귀년의 처지를 말하는 것은 아닌지.

실제 중국의 강남과 강북은 인문적인 환경에서 차이가 컸다. 장 강의 이북 지역을 상징하는 단어는 鐵馬철마, 秋風추풍, 塞北새북이다. 철 갑을 두른 전쟁터의 말, 강이 얼어붙어 북녘 유목의 침략을 알리는 가을의 바람, 그리고 요새의 북쪽이다. 그에 비해 남녘을 표현하는 대표적인 낱말들은 杏花행화, 春雨춘우, 江南강남이다. 살구꽃, 봄비, 강 의 남쪽이라는 뜻이다.

꽃이 피고, 새가 지저귀며, 물고기가 많이 나면서 쌀까지 풍부한 곳이 강남? 그런 강남이 움트는 만물의 징조를 먼저 알리는 지역임 에는 분명하지만, 그를 지키고 보듬는 사람의 노력이 따라야 함은 물론이다. 서울의 강남이나, 중국의 강남이나 그 점은 마찬가지다.

강은 그 천연의 흐름 때문에 예부터 커다란 전쟁이 늘 불붙었던 곳이기도 하다. 우리의 한강도 예외는 아니다. 그곳은 60여 년 전 벌 어진 6·25전쟁의 참화 속에서도 커다란 전투가 여지없이 번졌던 곳 이다. 우리 대한민국은 북한 김일성 군대의 남침에 밀려 이곳을 내줬 고, 다시 빼앗았던 서울은 급기야 1951년 1월 중공군의 공세에 밀려 다시 적의 수중으로 넘어갔다. 빼앗겼다 두 차례 되찾은 한강이자 서 울이었다.

강은 그런 인간의 역사를 지켜보면서 오늘도 말없이 흐르고 있 다. 江南강남이라고 적을 때 문득 우리가 던지는 시선은 따뜻함과 안 온함에 머물기 십상이다. 그러나 漢字한자의 깊은 새김을 좇다 보면 우리는 글자가 던지는 간단한 의미에 머물 수 없다는 점을 느낄 때가 제법 많다.

중국의 강남도 그곳에서 나는 쌀과 물고기를 이야기하기 전에 얼마나 많은 사람의 이동과 경쟁, 다툼의 의미를 던지고 있는 것일까. 그럼에도 이곳은 장강 북녘에 비해 평화와 안정의 의미를 조금 더 얻었던 셈이다. 어느새 이 『지하철 한자 여행』의 구간이 1호선을 거쳐 2호선에 접어들었다. 이로써 더 알아가고자 하는 영역이 바로 한자의 정신세계다.

그런 의미에서 먼저 강남역으로부터 두 번째 여행의 걸음을 뗀다. 강남은 남산처럼 친근하고 흔한 이름이지만, 그 이름의 유래를 살펴보면 할 이야기가 제법 많다. 어쩌면 오늘날 우리 강남역이 빚어내고 있는 풍요와 걸맞은, 아니면 전혀 다른 이미지에 해당할지 모르겠다. 얼핏 고요해 보이는 한자의 세계에는 제법 많은 스토리가 담겨 있다. 그런 한자의 속내를 훔쳐보는 일은 퍽 의미가 있겠다.

다음 역은 驛三역삼이다. 말 울음소리가 먼저 들린다. 말죽 끓이는 냄새도 조금씩 풍긴다. 이곳은 어떤 유래를 간직한 곳일까. 테헤란로의 번영과 양재천의 풍요로움 속에 몸을 숨기고 있는 역삼의 정체는 뭘까. 우리가 몸을 실은 지하철은 어느덧 역삼역에 닿고 있다.

유광종의 지하철
한자亭여행

역삼 역驛, 석三

조선시대 驛站역참 제도와 관련이 있는 이름이다. 조선이 운영했던 많은 역참의 하나, 즉 지금 지하철 3호선 역의 하나인 良才驛양재역에 붙어 있는 마을이라서 얻은 이름이다. 조선 양재의 역참 옆에서 그 기능을 보완하던 세 마을은 말죽거리와 웃방아다리, 아랫방아다리다. 말죽거리는 지금도 그 명칭이 살아 있다. 웃방아다리는 한자 이름으로 上方下橋상방하교, 아랫방아다리는 下方下橋하방하교로도 적거나 불렸다. 역참에 붙어 있는 마을 셋을 엮어 驛三里역삼리라고 불렀던 데서 나온 이름이 지금의 '역삼'이라는 설명이다.

역참은 과거 동양사회에서 국가의 주요 물자, 문서, 관리 등이 중앙과 지방 관아 사이, 또는 지방의 관아와 관아 사이를 오갈 때 거쳤던 곳이다. 필요한 공문서를 수령하거나 보내고, 국가행정체계의 운용을 위해 움직여야 했던 대부분의 물자들이 이곳을 거쳤다.

아울러 서울에서 지방으로 내려가는 관리, 거꾸로 지방에서 서울로 가는 관원, 또는 공무를 위해 이동하는 벼슬아치 등이 이곳을 이용했다. 따라서 역참에는 일정한 인원들과 함께 항상 말(馬)을 배치했다. 때로는 말과 함께 수레 또는 가마도 준비했다. 모두 길을 오가

말죽거리의 이야기를 담고 흐르는 양재천.

는 관원들에게 제공하기 위함이다.

또 관리들이 오가면서 쉬어갈 수 있도록 숙박시설도 구비했다. 이는 1호선 전철을 여행하면서 富谷驛부곡역 등을 지날 때 설명했던 내용이다. 역참과 함께 驛院역원, 郵驛우역, 驛館역관, 驛遞역체 등의 단어도 쓰였다. 요즘 우리가 쓰는 郵遞우체라는 말이 다 이런 역참 제도와 관련이 있음을 알 수 있다. 陸路육로의 역참을 陸站육참, 배가 다니는 水路수로의 그것을 水站수참이라고 적고 불렀다.

驛역과 站참은 옛 동양사회에서 보통은 한데 붙어 다니던 글자였으나, 요즘은 기차 정거장을 이야기할 때 한국과 일본에서는 앞글자인 '역'을, 중국에서는 뒷글자인 '참'을 사용하는 점이 다르다. 그러나 둘의 출발이 옛 역참 제도에서 비롯했다는 점은 분명하다.

그 역과 역 사이를 잇는 길이 있다. 이른바 驛道역도다. 요즘 식으로 말하자면 옛 왕조 형태 국가의 도로 기간망에 해당한다. 한반도 마지막 왕조였던 조선의 역도는 지금 國道국도의 궤적과 거의 같다. 옛 조선의 역도가 나중의 국도로 변했음을 알 수 있다.

이 역참 제도의 기원은 중국에 있다고 보이지만, 우리 한반도에서도 이 역참을 일찌감치 활용했다는 흔적이 나온다. 신라시대에 이미 등장하며, 고구려에서는 국내성과 평양성 사이에 17개 역참이 있었다고 한다. 고려에 들어오면서는 완연한 모습으로 등장한다.

특히 중국 역참의 역사에 있어서 白眉백미를 이룬다는 몽골 元원나라 영향을 강력하게 받았기 때문이다. 몽골의 원나라에서는 이를 '자무치'라고 불렀고, 한자로는 站赤참적으로 적었다. 고려는 모두 22개의 역도에 전국 각 지역 525개의 역참을 뒀다고 한다. 조선에 들어와서는 모두 41개의 역도에 516개 역참을 운영한 것으로 나온다.

고려에서는 이 역참을 관리하는 우두머리로 驛丞역승을 뒀다. 22개 역도를 담당하는 역승을 두고 그 아래 각 역을 관장하는 驛長역장을 감독하면서 이끌도록 했다. 조선 중엽에 들어와서는 이 명칭이 察訪찰방으로 자리 잡았다고 한다. 文官문관으로서 종6품에 해당하는 外官職외관직이었으며, 역시 고려시대의 역승처럼 각 역의 역장을 감독하는 직위였다. 馬官마관 또는 郵官우관이라고도 했다.

따라서 같은 역참이라고 할지라도 찰방이 머무르는 곳은 규모나 인원 등에서 다른 일반 역참보다 대단했다고 한다. 그러나 이 역참의 찰방이나, 그 밑에서 각 역을 직접 관장하는 역장은 수고로움이 적 잖았던 모양이다. 오가는 신분 높은 관리나 귀족, 그리고 현지의 官 衙관아를 좌지우지하는 관료에게 적잖이 시달렸던 듯하다. 『朝鮮王朝 實錄조선왕조실록』에는 그런 폐해를 지적하고 시정하려는 내용의 발언이 자주 등장한다.

아울러 역참에 준비했던 말 가운데 좋은 말과 상대적으로 떨어 지는 말을 놓고 자신의 이해에 따라 차별적으로 말을 제공하는 역 참 관리의 못된 관행도 등장한다. 각 역참의 우두머리에 해당하는 역 장의 명칭은 지금 철도로 운영하는 현대 기차역의 '驛長역장'과 이름 이 같으니 이 점이 흥미롭다. 그 역장 밑에서 일하는 사람 중 衙前아전 급에 해당하는 사람들을 驛吏역리라고 적었고, 때로는 館軍관군·日守일 수·書員서원·助役百姓조역백성으로도 불렀다.

그 밑에서 일하던 병졸들을 驛卒역졸로 불렀다. 그와 함께 더 허드 렛일을 하는 사람도 있었던 듯하다. 驛奴역노와 驛婢역비, 驛保역보라는 이름도 등장한다. 察訪찰방이 머무는 커다란 역참의 경우 역리의 수는 많을 경우 수백 명에 달했을 정도라고 한다.

조선 중반 무렵 지금 경남에 있던 창원도호부의 '자여'라는 이름 의 역참을 예로 들어보자. 이곳은 인근의 12개 역참을 관할하는 察 訪찰방이 있던 곳이다. 위치는 창원에서 동쪽으로 8㎞ 거리에 있었다.

현재 창원시 동읍 송정리에 해당한다. 동쪽으로 김해 생법역이 8㎞, 서쪽으로 신풍역이 4㎞, 근주역이 14㎞ 떨어져 있다. 남쪽으로는 안민역, 북쪽으로는 김해 대산역이 있다. 거리는 약 12㎞였다. 역참에는 큰 말 2필, 보통 말 2필, 짐을 부리는 말 14필이 있었다. 역리는 944명에 달했으며, 역노와 역비는 78명과 37명이었다.

찰방의 업무는 복합적이었다. 일대 역참 몇 곳을 총괄하면서 자신이 머무는 역참을 관할하는 역장 역할도 맡았다. 교통과 통신 업무에 역참을 오가는 높고 낮은 각 관료에게 교통편인 말과 숙식상의 편의를 제공하는 역할이었다. 유사시에는 병력도 동원할 수 있었다.

역리는 일반적인 역참의 공무를 집행하는 일을 맡았고, 역노와 역비 및 역보 등은 역참의 모든 잡일을 담당했다. 역참의 운영에 필요한 경비를 마련하기 위해서 지급한 토지가 '驛屯土역둔토'다. 여기서 나오는 소득으로 역참의 경비를 해결하라는 취지였다. 이런 조선의 역참 제도는 1884년 고종이 서울에 郵政總局우정총국을 만들어 현대적인 통신우편제도를 실시하면서 사라져갔다.

驛院역원은 역참의 시설과 함께 숙박시설을 가리키는 院원을 함께 합쳐 부르는 명칭이다. 서울의 경우 梨泰院이태원, 弘濟院홍제원 등의 명칭이 그에 부합하는 시설이다. 역참은 기본적으로 떠나고 도착하는 관원들에게 교통편과 함께 숙식의 편의를 제공한다. 숙박에 해당하는 시설인 院은 따라서 역참과 거의 붙어 있거나, 적어도 깊은 관련을 지니고 있어 멀지 않은 곳에 자리를 잡고 있었다.

이 院원은 삼국시대 말에 일찌감치 등장했다고 보이나, 고려 때의 역참 제도에서는 잘 살펴지지 않는다. 대신 고려 성종 때에 공무 여행자를 위해 설치한 館관이 등장한 뒤 고려 말까지 존속한 것으로 나온다. 어쨌든 역참 제도의 일환으로 원을 본격적으로 운용한 시기는 조선 초기다. 그러나 16세기 말부터 점차 사라져 조선 후기에는 전국에 100여 개 정도 시설만 남았다가 점차 酒店주점 또는 酒幕주막으로 바뀌었다고 한다.

말죽거리 또한 그렇게 양재라는 역참 시설에 붙어 있던 마을로서, 역참에 필요한 여러 기능을 보조했던 마을이었던 것으로 보인다. 말죽거리의 이름에 관한 설은 여럿이다. 우선 서울에서 남쪽으로 향하는 사람들이 양재역을 들르면서 이곳에서는 주로 그에 필요한 말죽을 쑤어서 제공했다는 설명이 있다.

다른 설명은 조선의 임금 仁祖인조가 '李适이괄의 난'을 피해 남행할 때 이곳 양재역을 지나면서 말죽거리 인근에서 말 위에 올라탄 채 아랫사람들이 끓여 바친 죽을 마셨다고 한 데서 유래했다는 내용이다. 서울에서 지방으로 내려가는 사람, 남녘에서 서울로 향하는 사람 대부분이 묵거나 쉬어갔던 곳이니 사람의 왕래가 자고로 많았던 땅이다.

지금은 양재천 일대가 강남 개발붐에 편승해 땅값이 치솟고 또 치솟아 한국에서 내로라하는 금싸라기 땅으로 변했으니, 말죽을 끓이던 변변찮음이 시대의 변천에 따라 換骨奪胎환골탈태의 큰 변화를 맞앉던 셈이다. 이곳을 거쳐 갔던 그 수많은 조선의 인물들은 이 땅에 묻혀 있던 황금의 기운을 읽기는 읽었을까.

그러나 그 땅의 기운보다는 사람이 만들어내는 환경의 영향이 더 클 것이다. 사람은 그렇게 이 땅에 많은 변화를 부른다. 그런 변화를 먼저 읽으면 勃興발흥치 않을 까닭이 없을 것이요, 그 변화에 둔감하다면 時勢시세에서 뒤떨어지지 않을 재주가 없다. 하지만 그 또한 멀리 보면 대수롭지 않을 수 있다. 이 세상 모두를 황금으로 잴 수는 없지 않은가. 건강함과 物慾물욕에 가리지 않는 담담한 마음도 황금만큼 중요하고 값지다.

선릉 베풀 宣, 언덕 陵

조선이라는 왕조의 제도적 기틀을 다진 이가 成宗성종, 1457~1494년이다.
조선 제9대의 국왕이다. 재위 기간은 죽기 전까지 24년이다. 임금이
죽은 뒤에 왕실 가족과 대신들이 서로 그의 업적을 평가해 짓는 廟
號묘호가 '성종'이라는 점에 우선 주목하자. '이루다', '성취하다' 등
의 새김인 成성을 붙인 점이 그렇다.

　제도적으로 국가 운영에 필요한 틀을 구축한 임금에게 붙이는 묘
호가 바로 이 成宗성종이다. 그는 주지하다시피『經國大典경국대전』을
완성해 조선의 통치기반을 다졌다. 法制법제의 완비였다고 해도 좋은
업적이다. 아울러 많은 문물 정비에도 힘을 기울여 상당한 성과를 올
렸다.

　그가 죽어서 묻힌 곳이 지금의 서울 강남구 삼성동에 있는 宣陵
선릉이다. 그는 조선 暴政폭정의 대명사인 영화〈왕의 남자〉(2005)의 주
인공 燕山君연산군의 생부이기도 하다. 연산군의 생모 폐비 윤씨는 지
금의 1호선 회기역에 묻혔고, 그 뒤를 이어 성종의 繼妃계비에 오른 貞
顯王后정현왕후가 남편 성종과 함께 지금의 선릉에 묻혔다.

　선릉은 흔히 宣靖陵선정릉으로도 불린다. 성종의 능역인 선릉과 함

께 그의 아들이자 조선 11대 왕이었던 中宗중종, 1488~1544년의 靖陵정릉이 함께 이곳에 있기 때문이다. 삼성동과 테헤란로의 고층 빌딩 숲 사이에서 비교적 넓은 면적의 공원을 형성하고 있어 이채를 띠는 곳이다. 성종의 승하 뒤 願刹원찰인 奉恩寺봉은사가 들어서 지금까지 그 명맥을 유지하고 있다.

성종의 陵號능호인 宣선이라는 글자가 우선 눈길을 끈다. '베풀다', '펼치다'라는 새김의 한자다. 우리 현대 한국어에서도 이 글자의 쓰임새는 제법 많다. 우선 널리 알려 전달하는 일이 宣傳선전이다. "이제 전쟁을 시작한다"고 알리는 일이 宣戰布告선전포고다. 일방적으로 내 의지를 알리는 말이 宣言선언, 그로써 무엇인가를 명확히 알리면 宣告선고다.

자신의 메시지 등을 세상에 알리는 일은 宣布선포, 남들이 모두 알 수 있게끔 하는 맹세가 宣誓선서, 종교를 남에게 전파하면 宣敎선교, 속내를 털어서 남에게 드러나 보이게 만들면 宣揚선양이다. 이렇듯 한자 宣선은 숨기거나 가리지 않고 제 속내나 의지 등을 남에게 펼쳐 보이는 동작과 관련이 깊은 글자다.

그러나 이 글자가 초기에 활약을 보인 영역은 '건축'이다. 고대 帝王제왕의 궁전을 가리킬 때 썼던 글자라는 설명이 붙어 있다. 집을 가리키는 부수 '宀면'이 들어가 있는 것을 보면 그 점은 명확해진다. 제왕의 궁전 건축물 중에서도 규모가 제법 큰 건물을 일컬었던 모양이다. 나중에 이 글자는 다시 '제왕이 그곳에서 바깥으로 전하는 메시지'라는 의미를 얻었다고 한다.

  그러면서 '밖으로 알리다', '펼쳐서 알리다'라는 지금의 동사적인 의미를 얻었다고 볼 수 있다. '宣紙선지'라는 단어가 있다. 우리는 흔히 畵宣紙화선지라고도 적는다. 전통적인 우리 韓紙한지의 영역이라고 알려져 있으나, 사실 그렇지 않다. 중국 安徽안후이성 宣城쉬안청이라는 곳이 원산지다.

  먹물 번짐과 스며드는 정도가 그림이나 붓글씨 쓰기에 적당한 종이다. 우리가 이를 바탕으로 일부 고급 종이를 만들어 낸 점은 맞지만, 그 원산을 따지자면 중국이 우선이다. 일본이 이 중국의 宣紙선지를 사용해 일부 가공을 거쳐 만들어 낸 종이를 가센시, 즉 畵宣紙화선지라고 불렀다는 설명이 있다. 조선말의 북학파에 의해 중국의 선지 선호도가 높아졌고, 급기야 우리 그림과 붓글씨 용도의 종이로 점차 일반에 널리 퍼졌다는 얘기다.

  선릉역의 다음 글자가 陵릉이다. 이는 王陵왕릉, 즉 조선과 고려, 나아가 신라시대 모든 왕과 왕후 등을 안장한 묘다. 그 정도의 뜻으로 매우 잘 알려진 한자다. 원래의 새김은 흙이 커다랗게 쌓여 있는 곳을 가리킨다. 큰 산과 같다고는 할 수 없지만 제법 웅장하게 쌓인 흙이나, 원래 그렇게 높이 쌓인 흙무더기 정도의 뜻이다. 그래서 나온 말이 丘陵구릉이다. 큰 산이라고는 할 수 없지만 제법 산의 모양을 닮은 언덕 정도의 지형이다. 그렇게 생긴 지형에 대개 이 글자가 붙는다. 나중에 높게 쌓은 군왕의 무덤을 부를 때 자연스레 이 글자가 따라 붙었다.

　옛 시절의 군왕은 살아생전에, 그리고 죽어서도 豪奢호사를 누렸다. 그러니 거대한 봉분을 갖춘 묘역이 만들어지고, 튼튼한 棺槨관곽 안에 몸을 누인다. 각종 石物석물은 물론, 풍부한 부장품까지 지니고 저승을 간다. 이승 아닌 저승에서도 그런 복락을 누릴 리는 전혀 없는데도 말이다.

　옛 군왕의 무덤은 그가 세상을 떠난 뒤에도 치밀한 관리가 따라붙었다. 陵官능관이라는 군왕 무덤 관리를 하는 官職관직이 있었고, 때로는 陵令능령 또는 陵參奉능참봉이라고 해서 죽은 임금의 陵域능역을 돌보는 변변찮은 벼슬도 생겼다. 陵役능역은 능을 만들거나 고칠 때 벌어지는 役事역사다. 주변의 일반 백성들이 그 일을 위해 무수하게 동원됐을 테다.

　陵所능소는 임금 묘역, 즉 능이 있는 곳이다. 陵寢능침은 임금이 죽은 몸으로 누워 있는 자리를 가리킨다. 陵畓능답은 그 능에 딸려 있는 논과 밭, 즉 田畓전답을 일컫는다. 陵屬능속은 능의 관리와 유지 등에 필요한 제반 인원 등을 가리킨다. 신분이 낮은 상민이나 노비 등이 그 안에 들었을 것이다.

　중국은 皇帝황제의 틀을 이루다 보니 규모가 매우 크다. 초기 왕조인 漢한나라 때는 아예 죽은 황제가 묻힌 능을 중심으로 도시까지 생겼다. 陵邑능읍까지 생겨났다는 얘기다. 조그만 읍이 아니라 실제는 매우 큰 도시라고 봐야 한다. 특히 한나라 초기 황제들은 자신들이 묻힌 능역을 중심으로 인근에 매우 많은 사람들을 이주시켰다.

특히 한나라 건업 군주인 漢高祖한고조 劉邦유방을 비롯해 다섯 황제의 능역을 중심으로 인근과 먼 곳의 여러 부자들과 귀족, 고관 등을 이주시켜 거대한 '타운'을 형성했다. 이른바 중국 문헌에 자주 등장하는 '五陵오릉'이다. 그래서 생긴 성어가 '五陵少年오릉소년'이다.

돈 많은 사람, 높은 지위에 있는 고관, 명망이 있는 귀족들이 모여 있던 곳이니 오죽 번창했을까. 그곳의 돈 많고 부모 잘 둔 집안 자제들이 바로 五陵少年오릉소년이다. 돈 많고 권세 높으니 이들이 발산하는 奇行기행으로 그곳은 자주 소란스러웠을 법하다. '紈絝子弟환고자제'라고 우리가 쓰는 '돈 많은 집 아이들'의 뜻이 이와 같다. 가는 비단(紈) 바지(絝) 차림의 자제(子弟)라는 엮음이다. 어쨌거나 오릉소년은 하릴 없이 빈둥거리면서 엉뚱한 곳에 돈을 펑펑 써대는 잘나가는 집안의 문제아를 가리키는 성어다.

구릉의 모양은 부드럽다. 산처럼 뾰족하게 솟아 있지 않다. 그래서 陵릉의 새김에는 '천천히'라는 뜻도 들어 있다. 그와 관련이 있는 무시무시한 酷刑혹형이 바로 '陵遲處斬능지처참'이다. 여기서 한자 陵은 凌으로도 쓴다. 과거 조선에서도 무거운 죄를 지은 사람에게 "능지처참하라"고 소리쳤다는 내용이 TV 드라마에 가끔 등장한다.

그러나 엄격하게 말하자면 이 형벌은 조선에서 실행된 적이 거의 없다고 해도 좋다. 머리를 비롯해 팔과 다리 등의 四肢사지를 소나 말이 끄는 수레에 매달아 찢는 형벌은 車裂거열이라고 한다. 이를 간혹

조선 성종이 묻힌 선릉.

능지처참이라고 부른다지만, 사실 다른 형벌이다. 사람의 몸을 조금씩 잘라내는 형벌이 능지처참인데, 죄수를 두고 흉부에서 사지, 나아가 여러 군데를 조각조각 도려내는 방법이다.

물론, 전제가 하나 있다. 형의 집행 과정에서 죄수의 숨이 붙어 있어야 한다는 점이었다. 정해진 횟수를 채우지 못하고 죄수가 먼저 죽으면 집행하는 관원, 즉 우리식의 '망나니'에게 형벌이 가해진다. 사람을 살려 둔 채 그 몸을 조각조각 도려내는 형벌에 그 陵릉이라는 글자와, '천천히'의 새김인 遲지라는 글자가 들어있다. 조선은 실행한 적이 거의 없으니 그나마 조금이라도 인정을 따지는 왕조였다고 할까.

중국에서는 일찌감치 그 형벌이 이뤄져 마지막 왕조인 淸청나라

말엽인 1910년 이후에야 겨우 없어졌다고 한다. 皇帝황제의 권력이 늘 시퍼렇게 살아 숨 쉬던 중국의 환경이 정치적으로는 그만큼 가혹할 수도 있었다는 얘기다. 왕조 시대가 남긴 그림자는 그렇게 짙고 어둡다. 사람 살아온 궤적이 결코 순탄치만은 않았음을 알게 한다. 그러나 그런 가혹함으로 인해 생긴 문화적 유산은 잘 보호하고 아껴야 할 일이다. 선릉과 정릉 또한 우리가 지키고 아껴야 할 문화재임은 분명하다.

유광종의 지하철
한자 여행

삼성 석 三, 이룰 成

조선에서는 원래 이 일대가 다 경기도 廣州郡광주군에 속했던 지역이다. '닥점'이라는 마을이 있었고, 成宗성종이 묻혔던 宣陵선릉의 원찰 奉恩寺봉은사, 한강 쪽으로 난 舞童島무동도의 이름을 지닌 마을 세 개가 있었다. 이 세 마을을 합쳐 三成里삼성리라는 명칭을 만들면서 생겨난 이름이 오늘의 三成삼성이라는 설명이다.

닥점은 종이를 만드는 데 꼭 필요했던 닥나무를 많이 재배해서 얻은 이름이다. 楮子島里저자도리라는 한자 이름이 그에 따랐다고 한다. 봉은사에 관해서는 달리 설명할 필요가 없을 듯하다. 우리가 거쳐 왔던 앞의 역 '선릉'에서 설명한 부분이다. 舞童島무동도는 한강 쪽으로 난 섬에 마치 춤을 추는 어린아이의 모습을 닮은 바위가 있어 붙은 이름이라는 설명이 있다.

지금의 삼성동은 서울의 웬만한 구석이 다 그렇듯이 면모가 썩 달라졌다. 닥나무가 심어져 있고, 죽은 임금의 능침과 원찰이 있어 늘 초와 향의 냄새가 풍기던 곳이었으며, 아련한 전설의 한 자락 같은 춤추는 아이 바위 등의 형상과는 거리가 멀다. 대형 몰이 들어서 있으며, 마천루라 해도 무리가 아닌 듯한 첨단 고층 빌딩들이 즐비한 곳이다.

역 이름을 이루는 三成삼성의 '석 삼(三)'은 다른 설명이 필요치 않은 숫자다. 그러나 아라비아 숫자로 표기하는 3에 비해 동양의 문화 바탕인 三삼은 의미의 울림 폭이 제법 크다. 이 三은 우선 하늘과 땅, 그리고 사람을 가리키는 이른바 '천지인(天地人)'을 상징하는 숫자다. 세상을 이루는 세 요소, 적어도 사람을 그 한 축에 놓을 때는 그렇다. 우주만물의 세 가지 요소를 일컫는 숫자이니 매우 그 의미가 크다.

발이 세 개 달린 솥을 우리는 한자로 鼎정이라고 적는다. 네 발 달린 솥도 있기는 하지만, 보통 이 鼎이라는 글자는 세 발 달린 솥을 일컫는 일반적 명사다. 고대 靑銅器청동기 유품으로 우리에게 낯이 익은 什物집물이다. 네 발 달린 솥에 비해 이 세 발 달린 솥은 안정성에서 으뜸이다. 허물 수 없는 軸축을 기하학적 형태로 상징처럼 만들어 낸 솥이다.

그래서 이 三삼은 동양에서 각별한 의미를 지닌다. 일반적인 행위 또는 상태를 나타낼 때 三은 '기본적인 완성'을 의미하기도 한다. 孔子공자가 "세 사람과 길을 갈 때, 그 속에는 반드시 내가 따라 배워야 할 사람이 있다(三人行, 必有我師)"고 한 말이 대표적이다. 하필이면 왜 세 사람인가? 일반적인 경우에서 三이 표준을 선택할 수 있는 가능성을 지닌다는 말이다.

춘추시대 齊제나라 孟嘗君맹상군에 얽혀 있는 얘기도 재미있다. 그

문하에 식객 馮諼**풍훤**이
맹상군의 고향을 다녀
올 적에 현지 사람들의
負債**부채**를 모두 탕감해
준 뒤 돌아와 "똑똑한
토끼는 적어도 굴을 세
개는 파놔야 살 수 있
다"고 했던 '狡兔三窟

봉은사에서 바라본 삼성동.

교토삼굴'의 고사 말이다. 여기서도 풍파 많은 세상에서 자신의 목숨을
유지하기 위해 필요한 방책을 셋, 즉 三**삼**이라는 숫자에 두고 있다는
점이 눈에 띈다.

따라서 三**삼**은 작은 매듭에 해당한다. 그 三이 두 번 펼쳐져 가장
넓은 경우를 헤아릴 때 등장하는 숫자가 九**구**다. 三은 숫자와 방법
등에서 작은 매듭을 일컫고, 그 三이 두 번 펼쳐져 이루는 숫자 九는
가장 큰 수, 또는 가장 많음, 헤아릴 수 없이 다양함을 가리키는 숫
자의 의미를 얻는다.

'삼교구류(三敎九流)'라는 말이 있다. 우리 쓰임새는 별로 없지
만, 중국에서는 전통적으로 사회의 각종 세력과 계층을 모두 망라할
때 쓰는 말이다. 三敎**삼교**는 흔히 대표적인 가르침, 즉 宗敎**종교**의 흐
름을 이야기한다. 여러 설이 있지만, 후대의 중국에서는 흔히 유교와
불교 및 도교의 儒佛道**유불도**를 가리켰다. 九流**구류**는 그 뒤에 따르는

모든 중국 사회의 계층 등을 가리킨다. 그러니 三教九流는 '사회의 온갖 사람'이라는 뜻이다.

三삼이 펼쳐져 九구로 이어지는 형용 기법이다. 작은 매듭에서 더 나아가 큰 테두리를 형성하는 식의 표현 방법이다. 三과 九는 그런 의미에서 자주 같은 흐름을 타고 번지는 숫자다. 숫자의 표기에서 三은 단순히 하나, 둘, 셋이 아닌 중간 종합의 매듭이라는 얘기다. 아울러 그런 三이 두 번 펼쳐져 닿는 九는 단순 9이기 이전에 아주 많은 수, 횟수 등을 가리키는 글자다.

따라서 三成삼성이라는 이름을 달고 있는 이 역의 이름은 제법 의미심장하다. '이루다', '성취하다'의 새김인 成성이라는 글자에 결코 가볍지 않은 의미의 三삼이 붙어 있으니 그렇다. 그러나 원래의 유래는 앞에서 설명한 대로이니, 너무 나아갈 것은 없다. 단지 우리의 관심은 成이라는 글자에 머물 뿐이다.

이 글자 成성에는 무기의 일종인 戈과가 들어 있다. 그러나 戈는 무기이기에 앞서 일종의 도구라고 보는 게 맞다. 도끼나 끌, 대패 등으로서 나무를 깎거나 다듬는 그런 도구 말이다. 그런 도구를 이용해 사물을 깎고 다듬어 모양새를 만드는 일, 그게 바로 이 글자의 원래 새김이다. 그로부터 다시 번져 무엇인가를 마무리하는 행위 모두를 가리킬 때 쓴다.

공을 이루면 成功성공, 이뤄서 어딘가에 닿으면 成就성취, 틈새 없이 이룬다면 完成완성, 모양을 이루면 形成형성, 이뤄낸 실적은 成績성적, 일

유광종의 지하철
한자 여행

정하게 자라 모양새가 그럴 듯하면 長成장성 등이다. 무수한 단어가 이 글자 '이룸'의 새김으로 만들어진다.

사람 사는 세상은 게임 그 자체일 때가 많다. 그래서 그에 가장 부응하는 단어가 成敗성패일 것이다. 이는 이기느냐, 지느냐를 가르는 勝敗승패와 같은 맥락일 수 있다. 그러나 단순하게 이기고 지느냐를 떠나 이루느냐 마느냐를 따지는, 범주가 더 큰 단어다. 劉邦유방을 좇아 漢한나라를 세운 韓信한신은 처음 유방의 핵심 참모였던 蕭何소하의 천거에 따라 한나라 건국 대열에 뛰어든다.

그러나 나라를 세운 뒤 자신의 권력의지를 주체하지 못해 野心야심을 드러냈다가 결국 소하의 계책에 휘말려 죽음을 맞는다. 그래서 "소하 때문에 일어섰다가, 소하 때문에 망했다"는 말이 나왔다. 한자로 적으면 '成也蕭何, 敗也蕭何성야소하, 패야소하'다. 여기서 어조사 也야는 '~도', '또' 등의 새김이다. 모든 사물과 현상의 원인이 우연하게도 한 곳에서 비롯하는 경우에 쓰는 성어다.

成見성견이라는 말도 있다. 이미 자신이 구축한 관점을 뜻한다. '이뤄진 견해'로 풀 수 있는 낱말이다. 일정하게 학식이나 경험이 쌓여 만들어진 관점, 세상과 사물을 보는 눈이다. 그러나 사람이 살아가면서 맞는 상황은 매우 복합적이다. 따라서 제 견해만을 앞세운다면 물 흐르는 듯 유연한 대처가 어렵다. 그러니 이 성견은 가능하면 멀리해야 한다. 아주 가변적이면서 복합적인 상황에 모두 대처하기 위해서는 제 관점과 견해에 몰두할 수만은 없다.

그렇다고 준비 없이 일을 맞을 수는 없다. 그래서 나온 한자 단어가 成竹성죽이다. 보통은 성어 형태로 '胸有成竹흉유성죽'이라고 적는다. 대나무를 그릴 때 제 가슴(胸) 속에 미리 다 완성한(成) 대나무(竹)를 담아 놓는다(有)는 엮음이다. 상황에 대비해 무엇인가를 미리 마련해 놓는 일을 가리킨다.

이미 단단해진 자신의 견해에 너무 매달리면 일을 그르치기 십상이고, 그렇다고 아무런 준비 없이 상황에 나서면 낭패에 직면하기 마련이다. 모든 세상살이가 그렇게 어렵다. 일정한 원칙과 고집도 중요하지만, 너무 그에 몰두하면 유연함과 융통성을 잃기 쉽다. 그래서 인생은 늘 未完成미완성의 상태라고 하는 것일까. 그래서 더도 아니고, 덜도 아닌 그런 適正性적정성을 찾아 움직이는 것일까. 참 어려운 게 세상살이다.

종합운동장 모을 綜, 합할 合, 옮길 運, 움직일 動, 마당 場

1988년 서울올림픽주경기장이 지어지면서 붙은 역명이다. 한국 최초의 올림픽이었으니, 당시 그 장면을 직접 목격했던 세대의 사람들이야 적지 않은 감동을 아직도 고스란히 가슴에 품고 있을 듯하다. 대한민국이 고되고 거친 여정을 거쳐 마침내 세계적인 국가로 부상하는 모습을 보여줬던 장면이다.

일반적으로는 '잠실종합운동장'으로 불린다. 蠶室잠실의 너른 들판에 세워져 있는 올림픽 메인 스타디움과 야구장 등으로 아직까지 많은 사람들의 발길을 모으는 곳이다. 그 잠실에 관한 여러 이야기는 이 종합운동장역을 지나 다음다음의 역에 닿으면 그곳 역명이 바로 '잠실'이니 그때 가서 다시 소개하면 그만이다.

이번 종합운동장역에서 주목해야 할 한자는 綜合종합의 앞 글자 綜종이다. 이 글자의 유래에 관한 설명은 좀체 찾아보기 힘들다. 초기에 생성한 글자가 아니라서 그런 모양이다. 사전적인 정의로 보자면 이는 무엇인가를 '모으는' 행위와 관련이 깊다. 아무래도 '실'을 가리키는 부수 糸사, 멱에 붙어 있으니, 적어도 이리저리 얽히기 쉬운 실과 관련이 있다고 봐야 좋을 듯하다.

우리 한국어에서 이 글자의 쓰임은 많지는 않으나 아주 뚜렷하다. 바로 綜合종합이라는 단어 때문이다. 이 말의 뜻을 잘 모르는 사람은 거의 없을 듯하다. 무엇인가를 한쪽으로 모으는 행위다. 그 반대의 말이 分析분석이다. 나누고(分) 쪼개는(析) 일이다. 사물 또는 그 안에 숨어있는 현상을 나누고 쪼개는 일이 분석이다. 나누고 쪼갠 뒤에는 결론을 내야 할 대목에 이른다. 잘게 흩어진 여러 파편들을 다시 모아서 결론을 이끄는 일, 바로 이 행위가 '綜合종합'이다.

綜종이라는 글자는 또 베를 짤 때 사용하는 도구인 '바디'를 일컫는 말이기도 하다. 베를 짤 때 날줄은 세로로 난 줄이다. 씨줄은 그 반대인 가로로 난 줄이다. 이 날줄과 씨줄을 번갈아 겹치면서 베를 짠다. 그 날줄의 밑에 있으면서 씨줄을 매단 '북'이 통과하도록 돕는 장치가 바로 '바디'다. 순우리말에 속하면서, 한자로 적을 때는 바로 이 綜이라는 글자를 쓴다. 그러나 이런 쓰임새는 우리가 지금 사용하는 '종합'이라는 단어와는 직접 관계가 없다고 보인다.

사실이지, 이 綜종이라는 글자보다 더 확연하게 '모으다'라는 새김을 지닌 글자가 總총이다. 따라서 綜合종합이라고 써도 좋고, 總合총합이라고 써도 뜻은 마찬가지다. 이 글자 總은 새김이 아주 분명하다. 우선 우리가 잘 쓰는 '總角총각'이라는 단어에서도 그 기미가 엿보인다.

'총각'이라는 낱말은 원래 결혼하기 전의 어린 사내아이들이 머리를 땋아 올려 두 갈래로 머리 위에 얹은 모습을 일컫는 말이다. 모아서(總) 뿔(角)처럼 만들었다고 해서 붙인 이름이다. 결혼하기 전의 사내, 옛 동양사회의 成婚성혼 연령이 매우 낮았다는 점을 감안하면 곧 '어린 사내아이'의 뜻이다. 總角交총각교라는 말은 그렇게 어린 나이에 서로 맺어진 남자와 남자 사이의 친구 관계, 즉 '竹馬故友죽마고우'를 뜻하는 말이다. 장난스럽지만, 순우리말 '불알친구'라고 해도 좋은 말이다.

앞의 글자 綜종은 종합이라는 단어 외에는 일반적 쓰임새가 많지 않다. 사전을 뒤적이면 '綜核종핵'이라는 단어가 나오는데, 사물의 이런저런 면모를 모두 모아두고 철저하게 그 앞과 뒤를 살피는 일을 가리킨다. 綜覈종핵이라고도 쓰는데, 말의 뜻 자체가 깊이 닿지 않아 잘 쓰지 않는 말이다.

錯綜착종이라는 낱말도 있다. 『周易주역』에 등장하는 용어인데, 원래는 이리저리 늘어놓아(錯) 모아서 정리(綜)한다는 뜻이다. 역시 현대 한국어에서의 쓰임은 많지 않다. 어려운 뜻을 지닌 단어에 해당하고, 가리킴이 뚜렷하지 않아서 그럴지도 모르겠다.

그에 비해 뒤의 글자 總총은 쓰임이 제법 많다. 우선 總理총리다. 이 말이 동양사회에서 본격 등장한 때는 최근이다. 淸청나라가 '總理各國事務衙門총리각국사무아문'이라는 퍽 긴 기관의 명칭을 사용하면서부터다. 때는 1861년이고, 당시 제국주의 열강은 청나라를 막강한 힘으로 강타했다. 이에 당황한 청나라 조정은 제국주의에 대응하기 위해 해외의 사무, 즉 洋務양무를 관장하는 기구를 만들어야 했다. 그 이름이 바로 총리각국사무아문이다.

각국(各國)의 사무(事務)를 모두(總) 처리(理)하는 관아(衙門)라는 엮음이다. 여기서 總理총리라는 말은 '부사+동사'식의 결합이다. 그러나 나중에는 모든 일을 종합해서 처리하는 사람, 또는 그 관직의 명칭인 '총리'로 자리를 잡았다. 기업의 수장을 요즘 우리는 보통 '會長회장'이라고 부른다. 그러나 그에 앞서 등장했던 단어가 總裁총재다.

이 말은 모두(總) 도맡아 처리(裁)한다는 뜻이다. 뒤의 裁재라는 글자는 옷감을 자르고 다듬는 행위다. 그런 행위는 과감하게 자르는 일이 따른다. 따라서 '결단', '결정', '판단'을 가리키는 한자 단어가 裁斷재단, 나아가 그런 일을 결정해 허가하는 일이 裁可재가다. 우리말 속 쓰임이 적지 않은 단어들이다. 회사에서 많이 사용하는 '決裁결재'라는 단어도 그와 같다. 그런 일을 최종적으로 수행하는 사람이 총재다. 기업의 오너, 기관의 최고 우두머리가 아닐 수 없다.

모임의 성격은 여럿이겠으나, 그중 최고 단계에 있는 모임을 總會총회라고 한다. 역시 總총이라는 글자가 모두 모아두어 가장 높은 단계에 이른 경우를 가리킨다. 일반 기관이나 조직에는 여러 부서의 長장이 다 있다. 그 부서장 중에서 가장 높은 단계의 장, 그 사람이 바로 總長총장이다. 육군참모본부의 각 부서 部長부장이 있고, 그 모든 부장을 아우르는 사람이 바로 육군참모본부의 參謀總長참모총장이다.

대학에도 기획실장과 교무처장 등이 있다. 그러나 대학을 최종적으로 대표하는 사람은 바로 總長총장이다. 대학의 최고 높은 정책 결정자다. 물론, 그 대학이 사립일 경우 재단의 理事長이사장이 총장보다 높기는 하지만, 그래도 일반적으로 대학을 대표하는 사람은 총장이라고 해도 무방하다.

우리는 대통령을 한자로 '大統領'이라고 적는다. 統領통령이라는 말이 전체(統)를 이끌다(領)라는 뜻이다. 거기에다가 '크다'는 새김의 한자 大대를 붙였으니, 나라의 최고 통수권자인 셈이다. 나라의 크고 중요한 일에 절대적인 입김을 행사하는 사람이다. 대만에서는 이를 總統총통으로 적는다. 남을 이끄는 사람(統領) 중에서도 최고의 우두머리(總)라는 뜻이다. 남을 감독하고 이끄는 일을 흔히 督察독찰이라고 하는데, 외국에 주둔하며 현지의 실정을 죄다 관리하는 사람이 總督총독이다. 보통은 식민지에 주재하는 최고 관리의 직함이다.

계산을 할 때도 부분적으로 계산하는 일이 小計소계, 그를 합치면 合計합계, 나아가 모두를 종합적으로 계산하는 일이 總計총계다. 부분적으로 내는 결론이 아니라 최종적으로 내는 결론일 경우 이를 總結총결이라고 적고, 흩어져 이리저리 나뉘어져 있는 몸체가 아닌 전체를 때로는 總體총체라고 적는다. "총체적인 문제야…"라고 지적할 때 자주 등장하는 말이다.

그런 면을 두고 볼 때 종합운동장의 종합이라는 말보다 總合총합이라는 말이 더 어울릴지 모르겠다. 그러나 종합이라는 낱말은 우리 입말과 문장에 벌써, 아주 깊숙이 자리를 잡았다. 綜合종합은 聚合취합과 같은 말이다. 흩어지고 쪼개진, 그래서 볼품없이 여기저기 산재한 조각을 얽고 섞는 일이다. 우리 사회는 쪼개고 흩트리는 일에 능하다. 분석에 분석을 거듭하고, 그에다가 자신의 이해를 갖다가 붙이니 더 그렇다.

그런 여러 가지를 일관하는 흐름에다가 맞춰 틀을 세우고 장기적인 안목을 일으킴으로써 나라와 사회의 동력을 유지하는 지도자가 늘 필요하다. 그런 사람의 출현이 가뭄에 콩 나듯이 아주 드물고 희귀하니 이 사회가 지닌 병증의 치유가 요원한지도 모른다. 종합과 총합의 능력을 특별히 갖춘 지도자가 늘 그리운 것은 이 사회가 절실하게 그를 필요로 하기 때문일 것이니….

신천 새 新, 내 川

뚝섬을 마주 보는 한강 남쪽의 마을 이름이 신천이었다. 한강의 지류가 새로 생겨나 뚜렷한 모습을 드러내면서 새내강, 새내, 새개, 신천강, 신포 등으로도 불렸다고 한다. 이곳에 언제인가 큰물, 즉 洪水홍수가 들면서 생긴 한강의 갈래라는 설명이다.

이 新川신천이라는 동네 이름은 전국 여러 곳에 등장한다. 물의 흐름은 늘 일정하지가 않아 큰물이 닿을 경우 갈래가 여럿으로 번질 수밖에 없는 까닭이다. 전국 여러 곳에 산재한 다양한 한반도의 河系하계 역시 수많은 흐름과 갈래를 보였을 테고, 낯선 물 흐름이 나타났던 곳에서는 심심찮게 이 신천이라는 지명이 생겨났을 것이다. 이름은 말 그대로 새(新) 내(川)다.

냇물을 포함해 地表지표 위를 흐르는 다양한 물길이 바로 河川하천이다. 엄격한 구별은 존재하지 않지만, 우선 큰 물 흐름이 江강과 河하, 그보다는 작은 물의 흐름이 川천이다. 그러나 한반도 水系수계에서는 큰 물 흐름을 보통은 江으로 적는다. 『지하철 한자 여행 1호선』에서 이미 설명한 내용이다.

조금 간추려 보탠다면, 한자로 적는 지표 위의 큰 물 흐름은 대개

江강과 河하다. 사실 이 둘은 각기 중국 대륙에서 가장 긴 강인 長江장강과 黃河황하를 가리킨다. 따라서 중국 대륙 남방의 큰 물 흐름은 長江을 따라 대개 江이라는 글자를 붙이고, 북방의 큰 하천은 대개 黃河를 따라 河라는 글자를 붙인다.

그러나 한반도의 큰 하천은 거의 모두 江강이라는 글자를 붙였다. 漢江한강이 그렇고, 鴨綠江압록강, 洛東江낙동강, 錦江금강 등이 다 그렇다. 그래서 한반도 주요 수계를 일컬을 때는 河川하천이라는 단어보다는 江川강천이 더 적합하지 않겠느냐고 할 수 있으나, 이 단어는 우리의 쓰임에 들지 않았다.

그래도 지표 위를 흐르는 물 흐름을 표현할 때는 일반적으로 '하천'이라는 단어를 쓴다. 河하는 큰 강의 흐름이다. 川천은 그보다는 작은 물의 흐름이다. 河는 곧 우리의 江강과 같다. 한강을 예로 들자면, 본류인 한강에 지류인 淸溪川청계천과 中浪川중랑천 등이 유입하는 형국이다. 한강이 큰 흐름인 本流본류고, 청계천과 중랑천 등이 작은 흐름인 支流지류에 해당한다.

하천의 종류는 아주 많다. 乾川건천은 순우리말로 '마른 내'다. 평소에는 물이 흐르지 않다가 비가 많이 온 뒤에야 비로소 물의 흐름이 나타나는 내다. 이순신 장군이 지금의 서울 중구 乾川洞건천동의 명보극장 자리에서 태어나 자랐다는 얘기는 제법 유명하다. 우리 하천의 모습이 대개 이 건천을 닮았다. 그래서 이 건천이라는 이름 역시 전국 곳곳에서 나타난다.

이 건천을 학문적으로 적는다면 '間歇河川간헐하천'이다. 사이사이 (間)에 쉰다(歇)의 엮음인데, 비가 오면 흐름이 생겨났다가 평소에는 흐름을 멈추는 하천이다. 끊겼다(斷) 이어지기도(續) 한다는 뜻에서 '斷續河川단속하천'으로도 적는다. 그 반대는 늘(恒常) 물의 흐름이 있다고 해서 '恒常河川항상하천'으로 부르고 적는다.

'扇狀地선상지'라는 지형 이름이 있다. 산의 계곡 등을 흘러 평지로 내려온 물 흐름이 급격한 流速유속의 감소로 인해 많은 흙과 모래를 남김으로써 부채(扇) 모습(狀)을 이룬 땅(地)이다. 하천이 바다로 빠져나가는 河口하구 등에서는 또한 물이 품고 왔던 대량의 흙과 모래가 堆積퇴적해 三角洲삼각주 형태의 땅을 이룬다. 그곳에 역시 물이 번져 복잡한 흐름을 형성하는데, 그 모습이 그물처럼 복잡하게 얽히는 경우가 많다. 이는 곧 그물 모습의 내, 즉 '網狀河川망상하천'이다.

'感潮河川감조하천'도 있다. 바닷가의 어귀에 있는 내가 바다 썰물과 밀물의 영향을 받는 경우다. 밀물과 썰물의 조류(潮)에 감응(感)하는 하천이라는 엮음이다. 중앙정부에서 직접 관할하는 하천은 '直轄河川직할하천', 지방자치단체에서 관할하는 하천은 '準用河川준용하천'으로 각각 부른다. 행정에서 다루는 용어라서 조금 어렵다.

하천의 중심을 이루면서 물길을 유지하는 좁고 긴 곳을 河道하도라고 적으며, 그곳에서 이뤄지는 물의 흐름을 河流하류라고 하는데, 이 둘을 합쳐 부르는 정식 명칭이 바로 하천이다. 하천으로서 큰물의 흐름을 형성하는 게 本流본류, 그곳에 흘러들어 물을 보태는 내를 支

流지류로 다시 나눈다.

물 흐름에 따라 만들어진 내의 바닥을 河床하상, 그 양쪽이나 한 곳에 넘치는 물을 막기 위해 쌓은 둔덕을 堤防제방으로 적는다. '高水敷地고수부지'는 한때 자주 썼던 말이지만, 일본식 한자 용어라서 잘 쓰지 않는다. 우리 생활과 행정상의 적지 않은 용어들이 일본의 造語조어 영향을 받았는데, 물의 흐름에 의해 생기는 土砂토사의 축적으로 만들어진 내 양쪽의 높은 둔덕이다. 순우리말 '둔치'가 그에 비해 훨씬 듣기 좋은 말이다.

山河산하는 울림이 제법 큰 말이다. 산과 강, 즉 나라의 땅 전체를 가리키는 말이기 때문이다. '故國山河고국산하'라고 하면 어쩐지 나라 잃고 밖으로 유랑하며 조국을 그렸던 우리 조상들의 설움이 생각난다. '山川산천'이라는 말도 그에 조응하는 단어다. '故國山川고국산천' 역시 같은 맥락의 단어로서 마찬가지의 정서적 울림을 품은 말이다.

大河대하는 말 그대로 큰(大) 강(河)이다. 큰 강은 흐름이 悠長유장해 공간적으로, 또는 시간상으로 적지 않은 상상력을 자극한다. 그래서 작고 아기자기한 형식이 아닌, 길고 먼 안목과 포부로 사안을 다루는 예술의 형식을 가리킬 때 등장한다. 특히 소설이 다루는 주제가 광범위하며 퍽 긴 篇幅편폭을 형성할 때 우리는 그를 '大河小說대하소설'이라고 적는다. 드라마 역시 마찬가지여서 호흡이 꽤 긴 작품을 대하드라마라고 부른다.

이 강의 흐름을 표현하는 한자 단어 중 하나는 悠悠유유다. 느릿

유광종의 지하철
한자을 여행

느릿하다는 얘기다. 폭이 좁은 골짜기를 맹렬하게 흘러내려가는 계곡의 물, 즉 溪水계수와는 다르다. 그런 강의 흐름을 형용했음인지 川川천천이라는 단어가 생겼다. 漢한나라 때 나온 말이니 제법 시간의 때가 쌓인 단어다. 이 단어의 새김은 '빠르지 않고 둔하며 무거운 모습'이다. 따라서 서둘지 않고 느긋하게 움직이는 모습을 가리킨다.

우리가 부사적인 용도로 아주 많이 쓰는 '천천히'라는 말이 예서 나오지 않았을까 추정할 수 있는 대목이다. 형용사 '천천하다'도 마찬가지다. '동작이나 태도가 빠르지 않고 느리다'는 뜻의 형용사다. 물은 꾸준하다. 높은 곳에서 낮은 곳으로, 가득 찬 곳에서 텅 빈 곳으로 흐르고 또 흐른다.

그런 물의 흐름은 땅에 발을 딛고 사는 사람들에게 많은 靈感영감을 준다. 그로써 남은 말 중에는 '川流不息천류불식'이라는 말이 있다. 내(川)의 흐름(流)에는 쉼(息)이 없다(不)는 엮음이다. 여기서의 내는 乾川건천은 아닐 듯. 그렇다고 恒常항상의 내만을 가리키는 것도 아닐 듯하다.

끊임이 없는 물의 흐름 자체를 일컫는 것으로 봐야 옳겠다. 『千字文천자문』에 등장하는 구절이다. 아이들에게 글자의 겉과 속뜻을 함께 깨우치도록 하기 위해 만든 『천자문』이니만큼 교훈적인 내용일 게다. 儒教유교 가르침의 전형적 실천자인 君子군자의 행위를 일컫는 말이다. 늘 변함없는 자세를 일컫는 말이다. 행위의 꿋꿋함, 변함이 없이 늘 꾸준한 군자의 행위와 마음가짐을 가리키는 말이다.

유교의 가르침이 다른 어느 곳에 비해 강하게 자리를 잡았던 과거 조선 선비들이 이 말을 두고 벌인 해석은 그런 지향을 보인다. 그러나 유교가 싹을 틔웠던 중국의 요즘 사람들이 보이는 해석은 그와 조금 다르다. 물의 흐름처럼 줄곧 이어진다는 字句자구의 해석에서는 차이가 없는데, 속뜻은 사람 또는 말이나 수레 등 교통의 수단이 끊이지 않고 줄곧 이어지는 모양을 가리킨다. 사업의 번창이요, 사람의 기운이 왕성함을 가리킨다.

그와 가까운 뜻의 성어가 '車水馬龍거수마룡, 또는 차수마룡'이다. 사람 타는 수레(車)가 물(水)처럼, 길을 오가는 말(馬)은 기다란 용(龍)처럼 이어진다는 얘기다. 길에 죽 늘어선 수레와 말 등이 어느 한 사람의 사업 번창 또는 권세 등을 표현해 준다는 말이다. 비슷한 성어로는 '絡繹不絶낙역부절'도 있다. 실이 이어지는 모습이 絡락, 실을 풀어가는 행위가 繹역이다. 그런 상황이 끊이지 않고(不絶) 벌어지는 상황을 묘사하는 성어다. 역시 흐름이 끊기지 않고 줄곧 이어지는 왕성한 분위기, 번창하는 모습을 가리킨다.

중국인들의 요즘 해석은 삶속에서 행복을 찾는 현실적인 마음을 담았고, 과거의 틀에 충실한 한국인들의 해석은 좀 더 규범적인 마음을 담았다. 다 나름대로 살아온 환경의 지배를 받은 결과일 것이다. 어느 해석이 더 나을까. 정답은 없다. 그를 단지 우리의 현재 상황에 따라 받아들일 뿐이다.

유광종의 지하철
한자을 여행

잠실 누에 蠶, 집 室

조선시대 누에를 쳐서 비단실을 뽑는 養蠶양잠과 관련이 있는 지명이다. 누에가 토해내는 明紬명주실이 비단, 곧 실크의 원재료다. 옷감을 뽑을 수 있는 여건이 지금과 같지 않았던 과거 왕조 시절에는 비단을 만들어낼 수 있는 양잠사업이 곧 국가적 과제의 하나이기도 했다.

사람들을 먹여 살릴 수 있는 農事농사와 함께 이 양잠은 자연스레 주목을 받았다. 그래서 農蠶농잠이라든가, 農桑농상 등의 단어가 만들어졌다. 농사 일반을 일컫는 農농이라는 글자와 양잠을 가리키는 蠶잠, 桑상을 함께 병렬한 엮음이다. 桑은 뽕나무가 우선 새김이지만, 그를 먹고 자라는 누에, 나아가 양잠의 뜻까지 얻은 글자다. 어쨌든 두 단어의 예에서 보듯이 과거 왕조는 농사 못지않게 양잠을 중시했다는 얘기다.

조선은 건국 초기부터 민간의 양잠사업을 적극 권장했던 모양이다. 조선 3대 왕인 태종의 재위 16년인 1416년에 경기도 가평 등 두 곳에 최초로 조선의 蠶室잠실을 설치한 기록이 나온다. 여기서의 잠실은 왕실 또는 관아가 직접 설치한 누에 키우는 장소를 일컫는다. 1417년에는 경기도의 두 잠실 외에 개성과 청풍, 태인 및 수안 등 지역에 '都會蠶室도회잠실'을 세운다.

여기서의 都會도회는 '집중적인 장소'의 새김으로 보면 좋다. 따라서 都會蠶室도회잠실은 번듯한 규모와 시설을 갖춘 양잠 장소라고 풀 수 있다. 이런 조치를 통해 조선은 전국 8도 중 평안도와 함경도를 제외한 6도에 모두 도회잠실을 두었다고 한다.

先蠶선잠이라는 단어도 있다. 우선은 양잠을 관장하는 神신을 일컫는 명사다. 나중에는 양잠과 관련이 있는 제사의 의미도 얻었다. 조선에서는 임금의 부인, 즉 왕비가 이런 행사를 주도했던 듯하다. 서울에 만든 잠실은 왕비의 그런 의식과 관련이 있었다. 태종 다음의 임금 세종에 이르러서는 경복궁과 창덕궁에 內蠶室내잠실을 설치했고, 지금의 뚝섬 인근에 外蠶室외잠실을 뒀다는 기록이 있다.

지금의 잠실은 한강 이남에 있지만, 원래는 한강에 난 섬이었다. 앞의 역 이름인 新川신천, 즉 새내와 샛강이 바로 오늘의 잠실을 이룬 주역이다. 어느 땐가의 큰 홍수로 이 신천이 생기면서 지금의 잠실 땅을 섬으로 만들었다고 한다. 이 잠실 일대는 1970년대에 개발에 들어가면서 본격적인 강남의 땅으로 만들어졌다. 강북의 땅이 섬으로, 그 섬이 다시 강남의 핵심 요지로 개발된 셈이다.

이럴 때 흔히 쓰는 성어가 '桑田碧海상전벽해'다. 뽕나무 밭(桑田)이 푸른 파도 넘실대는 바다(碧海)로 변했다는 성어로, 아주 커다란 변화, 이루 형용키 어려운 변신, 나아가 세월의 무상함을 일컫는 말이다. 강 북안의 땅이 섬으로 변했다가, 강남의 땅으로 다시 변했으며,

이제는 고급 아파트 단지와 최첨단 쇼핑 장소로 변했으니 그런 상전 벽해의 성어가 이 땅에 딱 어울리는 말이지 않을까 싶다. 마침 잠실이 뽕나무가 자라 누에를 키웠던 조선의 蠶室잠실이었으니 그 성어와 꼭 들어맞는 경우다.

양잠이 매우 발달했던 옛 중국에서는 누에 키우는 잠실을 지을 때 많은 점을 고려했던 것으로 보인다. 양잠을 위한 전용실, 다른 용도와 함께 사용할 수 있는 兼用겸용의 시설, 간소하게 지은 簡易간이 잠실 등이 있었다고 한다. 전용실의 경우에는 누에의 씨랄 수 있는 蠶種잠종을 키우는 곳으로 사용했고, 그로부터 조금 자라나 기르기가 수월해진 누에는 겸용 잠실이나 간이 잠실에서 키웠다고 한다.

누에의 씨, 즉 蠶種잠종을 키우는 잠실은 우선 따뜻해야 했다. 열을 내서 방 안 전체를 따뜻하게 만들어야 했고, 외부에서 들어오는 차가운 공기를 막아 누에가 병균 등에 감염되는 일도 막아야 했다. 불을 때서 따뜻하게 덥힌 방에 통풍의 기미도 없으니 지금으로 따지면 실리콘으로 창 틈새 등을 철저하게 막은 아주 폐쇄적인 공간이었을 테다.

중국에서도 이 蠶室잠실이라는 단어의 우선적인 새김은 우리와 같다. 명주실을 뽑기 위해 누에를 키우는 곳이다. 그러나 그 다음 뜻으로 넘어가면 아주 아연해지기 십상이다. 후에 번진 2차적인 새김이 바로 남성의 생식기를 자르는 宮刑궁형과 동의어로 발전하니 말이다.

이 말이 궁형을 가리키는 단어로서 사람들의 입에 본격 오르는

데 기여한 사람은 바로 '중국 역사의 아버지'라고 일컬어지는 司馬遷사마천이다. 그는 아주 유명한 인물이다. 중국의 역사 토대를 세운 사람에 해당한다. 그는 저서 『史記사기』를 통해서 중국 역사의 系譜계보를 세웠다. 黃帝황제로부터 자신이 섬겼던 황제 漢한나라 武帝무제까지 이어지는 족보를 만들어 중국역사의 계통을 확립했기 때문이다.

그러나 그는 불행하게도 황제인 무제에게 괘씸죄를 얻어 생식기가 잘리는 궁형을 당한다. 그가 스스로 남긴 한 문장에서 "나는 (강제로) 잠실에 들어가 앉았다"는 표현을 사용한다. 궁형을 당했다는 고백이다. 왜 궁형과 잠실은 동의어에 해당할까. 궁형을 당한 사람은 생식기가 잘려나간 까닭에 세균 등에 의한 감염에 매우 민감하다고 한다.

따라서 궁형을 당한 죄인이기는 하지만 목숨만은 살리기 위해 세균 등으로부터 비교적 자유로운 밀폐형 잠실에 들어갈 수 있도록 궁

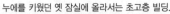
누에를 키웠던 옛 잠실에 올라서는 초고층 빌딩.

형 집행자들이 배려했다는 설명이다. 그로부터 일정 기간을 지내면서 몸을 추스르고 나서야 밖으로 나올 수 있었다는 것이다. 그 잠실이라는 밀폐형 건물에서 사마천은 몸만 추슬렀던 것은 아닐 테다. 그의 찬란한 저작 『사기』를 어떻게 집필할

것이냐에 관한 구상을 그곳 잠실에서 마쳤을지 모른다.

그는 이후에 피와 땀을 쏟는 맹렬함과 치밀함으로 역사를 추적하기 시작해 아주 이채로우며 빼어난 문장으로 『사기』를 엮는 데 몰입했다. 그가 이룬 성과는 찬연함 그 자체다. 이후 등장한 중국의 모든 역사가는 그가 세운 역사의 토대 위에 그대로 섰고, 그가 고안해 낸 중국의 '족보'는 중원의 사람들과 주변의 사람들을 뒤섞는 大一統대일통의 틀로 작용했다.

어쨌거나 사마천은 황제에게 괘씸죄를 얻어 궁형을 당했고, 그가 몸을 가까스로 추스른 곳이 누에를 키우는 잠실이었다. 따라서 중국에서 '잠실'이라는 단어는 누에를 키우는 양잠의 장소라는 새김과 함께 남성의 생식기를 자르는 궁형, 나아가 궁형을 당한 사람들이 몸을 추스르는 곳이라는 뜻을 얻었다.

이제는 우리 곁에서 제법 멀어진 일이 양잠이다. 그래서 이에 관한 여러 용어들이 우리에게는 낯설지만, 양잠이 성행할 수밖에 없었던 과거에는 그와 관련이 있는 용어가 아주 많았다. 일일이 다 익힐 필요는 없지만 대표적인 몇 용어는 알아둘 필요가 있겠다.

누에는 우선 누에나방의 幼蟲유충이다. 한자로 표기할 때는 蠶잠, 天蟲천충, 馬頭娘마두랑이라고도 한다. 天蟲과 馬頭娘은 신화와 전설에서 유래한 이름이다. 그 내용을 설명하는 일은 다음으로 미루자.

알에서 막 깨어난 유충을 蟻子의자라고 적는데, 개미(蟻)처럼 새카맣고 작은 모습이어서 붙은 이름이다. 번데기는 흔히 蛹용으로 적는다. 한자보다는 순우리말 '번데기'가 훨씬 더 친근하다. 먹는 게 변 변찮았던 시절, 3,000만 한국인들의 단백질 공급원이었던 그 번데기 말이다. 누에가 커서 성체를 이뤘을 때는 나방을 가리키는 蛾아, 실을 뽑는 누에의 고치는 繭견이라고 한다.

특히 繭견이라는 글자는 벌레를 가리키는 虫훼와 실을 가리키는 糸사 또는 멱가 어딘가에 갇혀 있는 모습을 표현했다. 바로 '고치'가 아 닐 수 없다. 누에가 뽕잎을 먹고 배출한 똥은 蠶砂잠사라고 해서 가축 의 사료 등으로 쓰는 유용한 부산물이다. 비단을 짜는 명주실을 뽑 고, 단백질을 제공하는 번데기로 사람에게 보시까지 하며, 그 똥으로 는 유용한 재료로까지 기여하니 과거에는 누에치기의 양잠이 보통 중요한 일이 아닐 수 없었을 게다.

그런 누에의 이름은 제법 많다. 우선 잠누에라고 하는 眠蠶면잠이 다. 뽕잎을 먹지 않고 자리에서 가만히 있는 누에가 마치 잠을 자는 것과 같다고 해서 붙은 이름이다. 잠에서 깬 뒤 고치를 짓고, 번데기 의 과정을 거친 뒤 다시 성체인 나방을 이룬다. 고치를 지은 누에를 繭蠶견잠, 집에서 키우는 누에를 家蠶가잠, 세 번 잠자는 누에를 三眠蠶 삼면잠, 네 번 잠자는 누에를 四眠蠶사면잠, 다섯 번 잠자는 것은 五眠蠶 오면잠이라고 불렀다.

누에가 자는 횟수를 나눠 부르는 이유는 그 품종이 각기 다르기 때문이다. 우리의 경우에서는 네 번 잠을 자는 四眠蠶사면잠이 '보급 형'이었다고 한다. 집에서 키우는 누에 외에 들이나 산에서 자라는 것을 野蠶야잠이라고 하는데, 실의 품질이 꽤 좋다는 설명이 있다. 山蠶산잠으로도 부른다. 누에를 키우고, 실을 뽑으며, 누에 품종까지 개량하는 등 종합적인 양잠의 사업을 蠶絲業잠사업이라고 했다.

사람을 위해 죽도록 실을 엮었던 누에의 희생이 배어 있는 곳이 잠실이겠다. 그 보잘 것 없는 곤충의 공이 쌓이고 또 쌓여 사람들을 따뜻하게 감싸주는 일로 이어졌으니 고맙기 그지없을 따름이다. 번데기로는 사람들 영양까지 채워주고, 배설물로도 인류의 생활을 윤택케 했으니 다시 고맙고 고마울 뿐이다.

우리의 삶은 반드시 누군가의 수고로움에 닿고 있다. 벌레든, 짐승이든, 아니면 사람이든…. 잊지 않고 사는 게 중요하다. 감사하는 마음 말이다. 세상은 그렇게 숱한 因緣인연으로 얽힌다. 따라서 나 혼자만 사는 세상이 아니다. 잠실을 지날 때 그런 누에를 한 번 떠올리자. 한 마리가 1,500m의 실을 뽑는다는 누에고치, 그처럼 우리는 많은 인연의 실타래 속에 산다는 점 말이다.

잠실나루 누에 蠶, 집 室

1980년 2호선 개통 당시의 역명은 城內성내였다가 2010년 지금의 '잠실나루'라는 이름으로 고쳤다. 나루라는 순우리말은 한자로 津진이다. 육로의 여행길도 험하지만, 그보다 사람의 통행을 결정적으로 가로막는 곳이 하천이다. 그런 물길이 좁아지는 곳에 사람과 물자 등이 건너가는 나루가 들어섰을 것이다.

그런 나루와 津진에 관해서는 『지하철 한자 여행 1호선』 중 鷺梁津노량진에서 이미 설명했다. 참고로 鷺梁노량이나 露梁노량, 鳴梁명량 등 우리 지명에 梁량이라는 글자가 붙은 곳이 제법 많다. 이 역시 나루가 들어서는 곳에 가깝다. 특히 조선의 이순신 장군이 왜군을 상대로 대승을 거뒀던 노량과 명량이 특히 유명하다.

梁량은 지형의 생김새가 가운데 물을 두고 있는 땅과 땅 사이를 가리킨다. 따라서 사람의 발길을 막는 강과 내, 나아가 바다 등의 물길을 비교적 짧은 거리로 건널 수 있는 곳에 해당한다. 영화로도 새삼 다시 유명해진 우리 땅 이름 鳴梁명량은 바다의 큰 물결이 아주 좁아진 땅과 땅 사이를 지나면서 물살이 내는 소리가 높아 '울다'라는 새김의 鳴과 그런 땅의 모양새를 가리킨 梁이 합쳐져 이뤄진 이름

유광종의 지하철
한자을 여행

이다.

그러나 솔직히 말하자면 순우리말이 더 와 닿는다. 울돌목이다. '울다'라는 새김의 울, 梁량에 해당하는 순우리말 돌, 그런 좁은 길을 가리키는 목이 엮였다. 울돌목에서 이뤄낸 이순신 장군의 승리가 워낙 극적이라서 우리에게는

멀리 성남 청량산에서 발원한 성내천.

적지 않은 감동이 마음속 깊은 곳에 자리를 잡았던 역사적인 명소에 해당한다.

잠실蠶室에 관한 설명은 앞의 잠실을 지나면서 자세하게 마쳤다. 그러니 여기서 다시 그를 푸는 일은 의미가 없을 듯하다. 나루라는 순우리말에 관해서도 津진과 梁량에 관한 설명으로 궁금증을 해결했다. 그러니 이번 역에서는 개명 전의 이름을 살피도록 하자. 왜 '성내'라는 이름을 붙였던 것일까.

이곳에는 하천이 흐른다. 멀리 성남의 남한산성이 있는 청량산에서 발원해 한강으로 흘러드는 지천의 하나다. 길이는 약 9.85㎞에 이른다고 한다. 지금 이 하천은 주변을 깔끔하게 정리한 공원으로 현지에 사는 주민들에게 아주 그럴듯한 川邊천변공원 노릇을 하고 있다. 그런데 왜 이 하천이 '성내'라는 이름을 얻었는지 궁금해진다.

하천이 청량산에서 발원해 한강으로 흘러들기 전에 거치는 곳 중 하나가 風納土城풍납토성이다. 하천은 그곳 성의 안쪽을 거친 뒤에 지금의 잠실나루역 근처를 지나 한강으로 흘러든다. 그런 이유 때문에 하천의 이름을 城內川성내천으로 지었다는 설명이 있다.

그 풍납토성은 백제의 초기 성으로 한강 유역에 세워진 것 중에는 가장 큰 규모를 자랑한다는 설명이 있다. 왜 風納풍납이라는 이름이 붙었는지도 꽤 궁금해진다. 순우리말로 풀자면 '바람들이'다. 백제 관련 기록으로 볼 때 蛇城사성의 기록이 있어 蛇사, 즉 뱀 또는 배암 등의 우리말이 바람으로 옮겨진 것 아니냐는 추정이 있다. 확실하지는 않은 추정이고, 이 잠실나루를 거치면서 풀기에는 바깥으로 번짐이 너무 심해져 이에 관한 설명은 다음 기회로 미루자.

그 대신 城성이 관심이다. 동양이나 서양이나 인류는 문물을 갖추고 번듯한 사회조직을 이루면서도 다른 한편으로는 늘 전쟁에 시달리게 마련이었다. 그래서 동서고금의 인류 발전사에서는 늘 남의 공격으로부터 나와 내 가족, 나아가 사회공동체를 지키기 위한 防壁방벽의 축조 기록이 등장한다. 나를 지키기 위한 그 방벽의 가장 흔한 이름이 바로 城이다.

그 성의 벽이 城壁성벽이다. 때로는 '城牆성장'으로도 적는다. 큰 규모를 자랑하는 성의 경우는 주변에 垓字해자를 둔다. 성을 감싸고 있는 물길이다. 제법 깊은 물은 성을 공격하는 사람들의 발길을 우선 막는다. 그런 해자를 두고 있는 성을 흔히 城池성지라고 적는데, 나중에는 방벽을 둘러 일정한 규모를 지닌 구역이라는 뜻도 얻었다. 해자는 壕호라는 글자로도 적는다. 따라서 城壕성호도 해자와 같은 말이다.

城郭성곽이라는 단어도 자주 눈에 띈다. 보통은 도시 안에 두른, 상대적으로 적은 규모의 방벽을 城성으로 적는다. 그보다 큰 규모로 城의 외부를 둘러친 방벽을 郭곽으로 적는다. 서울을 예로 들자면, 경복궁 등 왕궁의 주위를 두른 방벽을 城, 길이 약 18㎞에 이르는 지금의 '서울성곽'을 郭으로 구분할 수 있다.

城성은 나라의 안전을 지키기 위해서 반드시 필요했던 시설에 해당한다. 그만큼 중요한 시설이니 그에 따르는 명사도 꽤 발달해 있다. 城寨성채, 또는 城砦성채라는 말도 그와 유사한 명사다. 寨채와 砦채는 거의 같은 뜻이다. 군사적인 용도로 방벽을 치는 행위, 또는 그런 시설을 가리키는 글자다. 城堡성보는 요새처럼 구축한 작은 규모의 성을 가리킬 때 쓰는 명사다.

그렇게 방벽을 쌓아 사람들이 몰려 큰 규모를 이루는 곳에는 城市성시라는 말을 쓴다. 우리말 쓰임새에서는 별로 두드러지지 않으나, 중국에서 일반적인 도시를 가리킬 때는 이 단어를 아주 많이 쓴다. 城邑성읍이라는 단어도 그와 같다. 방벽을 두른 곳으로서, 이 또한 인구가 많이 몰려 사는 곳이다.

지금 우리가 자주 쓰는 國家국가라는 단어의 國국이라는 한자도 사실 원래의 출발점은 '성을 두른 곳'이라는 의미였다. 제법 큰 규모의 성곽을 둘러 정치적 권력의 핵심을 이루는 곳이라는 뜻이다. 이는 나중에 다시 왕조 체제의 나라, 지금의 민족 국가라는 뜻으로 발전했다. 干城간성이라는 말은 그런 나라를 지키는 방패(干)와 성(城)이라는 뜻, 나아가 나라 안보의 礎石초석, 국가공동체의 안보를 지키는 군대라는 뜻으로 발전했다.

성에 딸린 여러 시설에 관한 명칭도 무수하다 싶을 정도다. 우선 雉치라는 게 있다. 성벽 위에 작은 담을 다시 쌓아 성을 지키는 장병들이 몸을 숨기고 상대를 공격할 수 있도록 만든 시설이다. 垜堞타첩이라는 시설과 같아 보인다. 성벽 위에 다시 가운데가 움푹 들어간 凹요라는 글자 모양으로 쌓은 시설이다. 몸을 가리고 다가오는 적을 공격할 수 있는 장소다. 성벽 위에 다시 쌓은 작은 담이라는 뜻에서 부르는 女牆여장도 대개 이와 같은 시설이랄 수 있다.

총이나 활을 쏠 수 있도록 낸 구멍이 銃眼총안과 箭眼전안이다. 가까이 다가온 적을 쏘면 近銃眼근총안, 멀리 서 있는 적을 쏘는 구멍은 遠銃眼원총안이다. 一字일자 형태의 벽이 아니라, 항아리 모양으로 벽을 쌓아 그 안으로 들어온 적을 공격하게 쌓은 성은 甕城옹성이다.

못을 파고, 돌과 흙, 또는 벽돌로 섬세하게 가다듬어 다양한 장치를 만들어 올려 쌓고 또 쌓은 게 바로 城성이다. 한반도에 비해 전란이 빗발처럼 훨씬 많이 닥쳤던 중국에서는 이 城을 향한 외경심이 보통이 아니다. '衆志成城중지성성'이라는 성어가 있다. 여럿의 마음이 모이면 성을 쌓는다는 뜻이다. 위기에 닥쳐 한 곳으로 마음을 모아 外患외환을 막아내자는 얘기다. 이 말은 중국 國歌국가에도 등장한다.

萬里長城만리장성은 전란에서 목숨을 부지하기 위해 중국인들이 쌓고 또 쌓은 담의 상징이기도 하다. 길이 6,300㎞의 인류 최장의 담을 만들어냈으니 성벽에 대한 중국인의 염원은 세계의 으뜸이라고 해도 무방하겠다. 그래서 성을 소재로 만든 성어도 여럿이다.

'성하지맹城下之盟'은 성을 지키는 쪽이 성을 공격하는 쪽의 攻城공성을 이기지 못해 결국 성문을 열고 나아가 그 아래에서 맹세를 하는 일, 즉 投降투항과 降伏항복을 가리키는 성어다. 傾國경국과 傾城경성은 그렇게 힘들여 쌓고 가꾼 성채가 무너지는 일을 가리킨다. 그러나 누구 때문에? 바로 美色미색에 홀린 사람 때문이다.

漢한나라 武帝무제가 사랑했던 李夫人이부인을 누이로 뒀던 李延年이연년이라는 궁중악사가 자신의 여동생을 무제에게 천거할 때 썼던 노랫말에 나온다. "한 번 돌아보니 성이 기울고, 두 번 돌아보니 나라가 기운다(一顧傾人城, 再顧傾人國)"는 내용이다. '傾國之色경국지색'의 유래다.

그 성이 가장 위태로울 때는 언제일까. 적이 그 밑으로 당도했을 때다. '軍臨城下군림성하'의 성어다. 또 위태로울 때는? 튼튼했던 성벽이 어떤 이유로 인해 허물어지기 시작할 때다. 여우가 애꿎게 그에 등장한다. 城狐성호라는 성어는 그런 상황을 가리킨다. 성벽(城)에 틈을 파고 들어가 사는 여우(狐)를 가리키는 말이다.

그나저나 우리 대한민국의 성채는 아직 튼튼한지 모르겠다. 크고 작은 사건과 사고가 늘 잇따라 대한민국 성에는 늘 비바람이 닥친다. 그런 소란스러운 모습이 '滿城風雨만성풍우'다.

　늘 성(城) 가득히(滿) 맴도는 바람(風)과 비(雨)라는 엮음이다. 성
벽이라도 견고하고 단단하면 몰아치는 비바람쯤이야 아무것도 아닐
텐데…. 나라의 근간을 잘 유지하는 일, 바깥의 위협에 결코 경계를
풀지 않는 일. 그런 자세가 결국 우리가 쌓고 가꿔야 하는 성벽이 아
니고 뭘까.

강변 강江, 가邊

동서울터미널이 있어 이 이름으로도 불리는 역이다. 한강처럼 긴 강의 물이 닿는 양쪽 언덕 또는 둔치에 만들어지는 땅을 보통은 강변이라고 한다. 정서적으로 이 말을 눈에 띄게 읊은 현대 시인은 김소월이다. "엄마야 누나야 강변 살자/뜰에는 반짝이는 금 모래빛"으로 적었던 그 아름다운 詩語시어에 강변의 정서가 퍽 아름답게 살아 움직인다.

강과 내, 그래서 결국 地表지표를 흐르는 대표적인 물의 흐름을 河川하천으로 적는다고 앞의 역을 지날 때 이미 설명했다. 그와 관련이 있는 여러 용어도 함께 살폈다. 따라서 이 역에서는 이름을 이루고 있는 두 글자 중의 나중 글자, 邊변을 알아보자.

이 글자는 가장자리, 側面측면, 끝 등의 새김을 지닌 한자다. 二等邊이등변 삼각형이면 삼각형 중 두 측면이 같은 길이를 지닌 것을 말한다. 처음 이 글자가 어떤 의미로 먼저 새김을 세웠는지는 방배역을 지날 때 자세히 풀 예정이다. 아무튼 이 글자는 전쟁 때 포로로 잡은 사람의 시신을 나무 등에 걸쳐 놓아 지역의 경계를 표시했다는 맥락으로 먼저 등장한다.

강변역 역사에서 바라본 한강의 풍경.

　이 글자와 관련해서 우리가 새겨 볼 한자가 하나 있다. 사람이 맑고 깨끗해 부정과 비리를 멀리 할 때 우리는 그를 "청렴하다"고 말한다. 공직자에게 특히 강조할 수 있는 덕목의 하나다. 이 단어의 한자 표기는 '淸廉'이다. 앞의 글자 뜻은 아주 분명하다. 물이 맑아 깨끗함을 이루는 상태를 가리키는 글자다.

　그러나 뒤의 글자 廉렴이 아무래도 마음에 걸린다. 우리는 그저 '청렴하다', '깨끗하다'의 새김으로만 받아들인다. 원래 그랬을까. 의문이 슬쩍 찾아드는 글자다. 이 글자는 원래 건축에 관한 용어다. 집을 지을 때 한 건물의 가장자리, 즉 邊변을 가리키는 명사다. 커다란 집채가 있다고 생각해 보자. 번듯한 건물을 일컫는 堂당 또는 廳청이다. 이 당과 청의 변을 일컫는 글자가 廉이라고 생각하면 좋다.

그 선은 반듯해야 마땅하다. 조금이라도 휘어짐이 생긴다면 건물 전체의 모습이 일그러지게 마련이다. 따라서 건물의 正角정각을 잡아주는 기준에 해당하는 부분 중 하나가 바로 이 廉렴이다. 그 변이 모아지는 '구석', '모퉁이'를 한자로는 隅우라고 적는다. 이 隅 또한 곧아야 한다. 변이 모여 이뤄지는 구석이니 그 각이 정확하지 않으면 건물은 틀어진다.

그래서 생겨난 단어가 廉隅염우다. 곧고 올바른 행실, 節操절조가 분명한 행동거지, 나아가 廉恥염치라는 뜻까지 얻었다. 이로써 우리의 의문은 조금 풀린다. 한자 廉렴은 당초의 건축 용어에서 옳고 바름, 곧음, 나아가 청렴의 뜻을 얻었다고 볼 수 있는 셈이다.

청렴이라는 품성의 중요성은 달리 부연할 필요가 없다. 높은 공직에 올라 있거나 올랐던 사람이 곧고 바름을 유지함이 廉렴, 제 직위의 후광을 업고서 남의 재물을 엿보거나 받는다면 貪탐이다. 淸廉청렴에 이어 그런 관리를 뜻하는 廉官염관과 廉吏염리, 청렴하면서도 뚜렷이 살피는 淸廉明察청렴명찰의 '廉明염명'이라는 단어가 그래서 이어진다.

양속이라는 東漢동한 때 관리가 누군가 선물로 들고 온 생선을 건드리지도 않은 채 마루 앞에 걸어두고서 다른 누군가 또 선물을 들고 오면 그를 말없이 보여줬다는 '羊續懸魚양속현어' 또는 '懸魚현어'라는 성어가 있다. 또 뇌물이 성행했던 明명나라 조정에서 "상관에게 바칠 뇌물은 없고 두 소매에는 깨끗한 바람 뿐"이라고 했던 于謙우겸이라는 인물의 '兩袖淸風양수청풍'이라는 성어도 등장했다. 모두가 다 그런 청렴의 관리를 뜻하는 말들이다. 孟子맹자는 그런 대목에서 항상 멋진 충고를 던진다.

"가져도 좋고, 가지지 않아도 좋을 때, 가진다면 청렴함을 떨어뜨린다. 줘도 좋고, 주지 않아도 좋을 때, 준다면 은혜의 깊이가 떨어진다. 죽어도 좋고, 죽지 않아도 좋을 때, 죽는다면 용기의 진정성을 손상한다."
(可以取, 可以無取, 取傷廉. 可以與, 可以無與, 與傷惠. 可以死, 可以無死, 死傷勇)

여운이 남는 말이다. 그 담긴 뜻은 곰곰이 살피시라. 그러나 분명한 점은 公人공인 등의 도리를 따질 때 따라야 할 '아주 높은 강도의 節制절제'를 이야기하고 있다는 것이다.

사정이 그러하니 우리는 이 청렴함을 품고 있는 邊변이라는 글자 자체를 깔볼 수 없다. 변이 바르게 서야 건축물의 비틀어짐이 없는 셈이니 그렇다는 얘기다. 그저 가장자리와 끝의 새김을 지니고 있다는 이유로 이 글자를 우습게 볼 수가 없는 셈이다.

그럼에도 이 글자가 지니는 핵심적인 새김은 간과할 수 없다. 邊境변경이면 사회공동체가 지닌 가장 끝의 구역에 설정한 경계선을 말한다. 요즘은 변경이라는 말보다는 국가와 국가 사이를 긋는 國境국

경이라는 단어가 훨씬 더 많이 쓰인다. 조선시대 관청 명칭인 備邊司비
변사도 그와 같은 맥락이다. 변경(邊)에서 일어날 수 있는 사건이나 사
고에 대비(備)하는 곳이라는 뜻이다.

마침 「엄마야 누나야 강변 살자」라는 시를 지은 김소월의 고향
이 寧邊영변이다. 요즘은 핵을 개발해 우리 남쪽을 위협하고 있는 북
한 정권의 핵 발전시설 때문에 유명한 곳이다. 그런데 왜 하필 그런
이름을 얻었을까. 이곳은 군사적으로 유서가 깊은 곳이다. 우선 이
름 자체는 변경(邊)을 편안히 하자(寧)는 뜻이다. 이곳은 鐵甕城철옹성
으로 유명하다. 험준한 山勢산세를 따라 만든 방어형 성채가 있었다고
한다. 군사적으로 매우 중요한 곳이었고, 그에 따라 변경을 제대로
지켜낸다는 뜻을 얻었다.

김소월의 시 「진달래꽃」에는 "영변에 약산 진달래꽃/아름 따다/
가실 길에 뿌리오리다…"라는 시구가 나오고, 역시 그가 지은 시에
서 "엄마야 누나야 강변 살자"는 구절이 등장한다. 강변이나 영변이
나 모두 邊변이라는 글자를 두고 있으니 김소월 시인이 가장자리와
구석진 곳을 일부러 좋아했는지 괜히 궁금해진다.

어쨌든 邊변은 가장자리이자, 바깥의 어느 한쪽을 이루고 있는 線
선을 형성하고 있음은 우리가 앞의 예를 들어 충분히 짐작할 수 있
다. 강의 흐름을 중심으로 하고 볼 때 물 흐름의 양쪽 가장자리가
바로 江邊강변이다. 그러나 강의 둔치를 중심으로 볼 때 물의 흐름과
뭍이 만나는 곳은 岸邊안변이다. 바다를 중심으로 볼 때 물과 만나는

곳이 海邊_{해변}이다.

그런 뜻의 펼쳐짐을 거쳐 정착한 새김 중의 하나가 길미, 즉 利子_{이자}일 테다. 따라서 本邊_{본변}이라고 하면 원금과 이자를 가리키는 말이다. 곱으로 쳐서 받는 이자는 甲邊_{갑변}, 헐하게 쳐서 받는 이자는 歇邊_{헐변}, 輕邊_{경변}이라고 했다. 이자 자체를 일컬을 때 쓰는 邊利_{변리}, 부기의 용어로 쓰는 借邊_{차변} 및 貸邊_{대변} 등의 단어가 다 이와 관련이 있다.

邊幅_{변폭}이라는 단어도 제법 흥미를 끈다. 가장자리에 있는 옷감 등을 휘갑쳐서 꾸민 곳이다. 피륙 등의 올이 풀리지 않게 단단하게 잡아 맨 곳이다. 따라서 이는 옷차림 등에서의 정갈함을 따질 때 등장한다. 중국에서는 '不修邊幅_{불수변폭}'이라고 적는 성어가 있다. 옷 매무새 등을 잘 만지지 않고 대충 입는 사람, 제 관리에 신경을 쓰지 않는 사람, 나아가 건달과 같은 이 등의 뜻을 지닌 말이다.

하나의 한자에 그렇게 많은 단어가 따른다. 그 얘기도 끝이 없다. 이 邊_변이라는 글자가 들어가면서 직접 '끝'을 얘기하려는 단어가 있다. 邊際_{변제}다. 어떤 물체나 형상 등이 서로 맞물리는 곳 정도로 풀 수 있는 말이다. 하늘과 땅이 닿는 곳, 저 멀리의 지평선이 하늘과 물리는 곳, 그런 게 바로 邊際다. 따라서 無邊_{무변}이라고 적으면 끝이 없다는 뜻이다.

'廣大無邊_{광대무변}'이라고 하면 '넓고(廣) 커서(大) 끝(邊)이 없다(無)'의 엮음이다. 宇宙_{우주}가 바로 그렇다. 공간을 일컫는 宇_우와 시간을 일컫는 宙주가 만나 이뤄지는 게 宇宙다. 동서남북과 아래 위의 공간적 크기, 예와 지금의 古今고금을 가리키는 시간의 장구함이 합쳐진 단어다. 그야말로 가없어 끝을 헤아리기 어렵다.

끝이 없으니, 뒤집어 생각해 보면 중심도 없는 셈이다. 중심과 가장자리의 구별은 따라서 인위적이며 상대적인 나눔이다. 인생이 그렇다. 우주의 시공에서 그저 흘러가는 게 인생이니, 따로 定處정처를 두고 있는 게 아니다. 그 흐름 속에서 너무 그악스럽게 인생의 한 자락을 붙잡고 다툴 수만은 없다. 가없는 우주, 그 광대무변의 공간과 시간 속에서 우리는 어떤 마음을 품어야 할까. 아침의 강변, 석양의 강변, 저녁 무렵의 강변에서 생각해 볼 주제다.

구의 아홉 九, 마땅 宜

예전에는 四大門사대문 안이 진짜 서울이었다. 동대문과 남대문, 서대문과 북대문 안의 지역 말이다. 그곳 말고는 지금 서울의 다른 지역은 대개가 경기도에 속했었다. 지금 우리가 닿는 역, 九宜구의 역시 마찬가지다. 우물이 아홉 있었다고 해서 붙여졌을 九井洞구정동, 그 옆의 山宜洞산의동 등을 행정적으로 합치면서 두 명칭 중 각 한 글자씩을 따서 만든 이름이 구의다.

모두 조선시대에는 경기도 양주군에 속했다가 서울의 권역에 들어온 동네. 역시 일제강점기 초반인 1914년 행정구역 조정 및 개편 작업에 따라 지금의 이름을 얻었다는 설명이 나온다. 북쪽으로는 아차산의 자락에 닿았고, 남녘으로는 고운 한강의 언저리를 바라볼 수 있는 곳이다. 그 때문에 예전에는 風光풍광이 아주 빼어난 곳이었을 테다.

역명의 앞에 등장하는 글자는 숫자 九구다. 이 글자는 『지하철 한자 여행 1호선』에서, 숫자만으로 이뤄진 九一구일이라는 역에서 제법 자세하게 풀었다. 그 모두를 되풀이하는 일은 의미 없는 반복이다. 그래서 조금만 이곳에 덧붙이기로 하자.

숫자 九구는 실제 횟수를 가리키기도 하지만, 추상적인 의미에서는 '한없이', '끝없이'의 뜻이다. 중국에서 숫자 九는 가장 큰 숫자를 의미하는 경우가 많다. 우선 '九重宮闕구중궁궐'이다. 아홉(九) 차례 거듭(重) 이어지는 궁궐이라는 뜻이다. 겹겹이 쌓인 담을 우선 연상케 하는데, 왜 하필이면 아홉일까. 실제 담이나 건축물 등이 아홉 번 거듭 늘어서 있다는 표현은 아니다. 실제 '九重구중'의 풀이는 '끝없이 거듭 이어지는'의 뜻이다.

'九牛一毛구우일모'라는 성어도 있다. '아주 많은 것 중에서 극히 작은 하나'의 뜻이다. 소의 털이 얼마나 많은가. 그런 소가 아홉 마리 있다고 가정해 보시라. 그 털은 또 얼마나 많은가. 그중의 털 하나라는 뜻이다. 불교에서 흔히 말하는 '갠지스 강의 모래알 하나'의 의미와 같다.

九天구천은 가장 높은 하늘이다. 역시 불교의 가르침에서 나오는데, 하늘을 여러 층으로 나누고 가장 높은 하늘을 九天이라고 표현했다. 같은 발음으로서 九泉구천이라는 말도 있다. 九天이 하늘 가운데 가장 높은 하늘이라면, 九泉은 땅 밑의 세계를 일컫는 黃泉황천 중에서도 가장 아래의 저승세계를 일컫는 말이다.

'九死一生구사일생'도 여러 번, 그것도 매우 빈번하게 죽음 앞에 놓였다가 겨우 살아난 일을 일컫는 말이다. '九曲羊腸구곡양장'이라는 성어도 있다. 꼬불꼬불한 길을 가리킬 때 사용하는 말이다. 아주 많이 접힌 길이 주름 많은 양(羊)의 창자(腸)처럼 생겼다는 표현이다.

뭐 이런 식이다. 숫자에서 가장 큰 숫자, 그래서 끝이 없는 경우, 거듭 이어지며 무수하게 드러나는 물체나 형상 등을 표현할 때 이 숫자가 등장한다. 따라서 九구는 단순한 숫자나 횟수 등을 표현하기에 앞서, '아주 많은', '셀 수 없이 많은'의 형용이 필요할 때 등장하는 글자다.

다음 글자 宜의가 사실은 이 역에서 집중적으로 살필 대상이다. 집을 가리키는 부수인 갓머리 'ᅩᆷ면'을 위에 두르고 있으니 이 글자는 필히 집이나 건물, 그와 유사한 건축과 관련이 있다고 볼 수 있다. 이 글자는 漢字한자의 초기 형태인 갑골문에서 집 안에 도마(俎), 그 위에 고기 등이 올라가 있는 모습을 가리키는 것으로 등장한다.

『지하철 한자 여행 1호선』 영등포역 등에서 이미 설명한 내용의 하나다. 여기서 도마를 가리키는 俎조는 요즘 우리가 사용하는 부엌의 도마와 조금 뜻이 다르다. 그런 경우도 있지만, 옛 동양의 한자 세계에서는 일종의 祭器제기로 봐야 한다. 신이나 돌아가신 조상을 모시는 제사에서 쓰는 그릇 말이다.

그런 제사 그릇 위에 고기 등 제물이 올라 있고, 아울러 그 형상 자체는 집을 의미하는 모종의 건축물 안에 담겨 있다. 뭔가 여유로운 풍경 아닌가? 돌아가신 조상이나 神신에게 자신이 힘써 일한 노동의 결과물, 즉 제사의 제물을 바칠 수 있다는 일은 평화와 안정의 시절에나 가능하다. 전란이 벌어지고, 재난이 뒤를 이으면 그런 제사는 정말이지 한가롭기 짝이 없는 일에 지나지 않는다.

이 글자는 그래서 집안에 여인이 앉아 있거나 머무는 모습을 그린 安안이라는 글자와 뜻이 통한다고 했다. 아울러 일반적인 제사를 가리키는 경우도 있고, 그런 제사 등에 쓰이는 '잘 익은 고기'의 뜻도 얻었다. 초기의 한자 세계에서 그런 새김으로 등장하는 이 글자는 결국 지금 우리가 많이 쓰는 '적합', '합당', '적절'의 뜻으로 발전한다.

우리말에서 이 글자가 등장하는 경우는 퍽 많다. 요즘 한국인이 가장 많이 사용하는 시설 중의 하나가 바로 便宜店편의점이다. 편안하다는 새김의 便편과 적절하다, 또는 합당하다는 새김의 宜의가 합쳐진 가게(店)다. 이용하기가 '편안하고 쉬운' 가게라는 뜻인데, 그를 표현하기 위해 등장한 단어가 便宜편의다.

時宜시의라는 단어도 있다. 그때, 또는 그런 상황에 맞는다는 뜻이다. 거기에 우리는 適切적절이라는 단어를 붙여 '時宜適切시의적절'이라는 성어까지 만들었다. 宜人의인과 宜民의민이라는 단어도 있다. 사람(人) 또는 백성(民) 등을 편안하게 살도록 하는 일이다. 옛 官員관원들에게 내려진 임무에 해당한다. 국가의 근간인 사람과 백성 등을 잘 살게 하는 일이 중요하다는 점은 예나 지금이나 다를 수 없다.

宜當의당이라는 단어도 많이 쓴다. '마땅히'라는 뜻이다. 스웨덴의 유명한 가구업체 IKEA가 중국에 진출할 때 한자 이름을 달았는데, 그 명칭이 宜家의가다. '집에 잘 어울리다'의 뜻이다. 이 이름 참 잘 만들었다. 코카콜라 역시 중국에 진출할 때 '可口可樂가구가락'이라고 했는데, 입에(口) 딱 감겨(可, 의역이다. '맞다'라는 말이 직역이다) 퍽 즐겁다(可樂)는 뜻이다.

이에 뒤질세라 펩시콜라는 '百事可樂백사가락'으로 응수했다. 온갖 (百) 일(事)이 다 즐겁다(可樂)는 뜻이니 이 역시 최고의 번역에 속한다. 둘 다 '커커우컬러', '바이스컬러'라고 발음을 하니 원래의 영어 발음과도 매우 흡사해서 좋다. 그런 점에서 IKEA가 宜家의가로 둔갑한 일도 꽤 눈을 끈다. 집에 잘 어울린다는 뜻으로 풀 수 있으니 말이다.

한자 세계에서 宜年의년으로 적으면 '풍년'을 가리킨다. 곡식이나 채소의 작황이 매우 좋은 해를 지칭하는 말이다. 宜歲의세 역시 그와 같은 뜻의 단어다. 宜德의덕이라고 하면 좋은 덕행을 가리킨다. 宜合 의합은 걸맞고 알맞음의 뜻이다. 산간지대로 곳곳에 분지가 발달했으며, 낙동강 등 크고 작은 하천이 모여 수량도 풍부한 곳이 있다. 경상남도 宜寧의령이다. 마땅하고 알맞다는 宜의와 편안할 寧녕 또는 령이 모인 지명이다. 사람 살기 좋은 곳이라는 땅 이름이다.

時務시무라는 단어가 있다. 그때에 가장 힘을 쏟아야 할 일을 가리키는 단어다. 내가 처한 때의 흐름을 잘 알고, 그 안에 머물면서 전력을 다해 해결해야 할 중요한 사안을 알아낸다는 일은 생각만큼 쉽지 않다. 자신의 개인적 이해, 주변의 얽히고설킨 관계, 권력과 나의 거리, 개인적인 인연 등 아주 복잡다기한 환경에 있다 보면 제가 해야 할 일과 하지 말아야 할 일도 제대로 가리지 못하는 경우가 비일비재하다.

그래서 時務시무는 매우 중요한 함의를 지녔다. 옛 선비들은 항상 왕에게 이 時務의 중요성을 간언할 때가 많았다. 고려 成宗성종 연간에 최승로가 올린 「時務 28조」가 꽤 유명하다. 임금이 가장 힘을 쏟아야 할 사안 28개를 적어 올린 내용이다.

이 時務시무가 결국 위에서 잠깐 언급한 時宜시의다. 우리는 이 말을 두고 "時宜性시의성이 있느냐 없느냐" 등의 말을 만들었다. 결국은 그 상황에 적합하냐, 맞느냐 등을 따지는 작업이다. 마땅함, 적절함, 들어맞음은 그래서 중요하다. 그 모두를 안고 있는 글자가 바로 宜의다. 그러니 이 글자 깔보면 큰일 난다. 구의역을 지날 때도 그렇고, 매일 한 번 이상 들르는 편의점에 갈 때도 그렇다. 나는 이 시대의 상황에 걸맞은 삶을 살고 있는가를 스스로 물어야 한다. 내 삶에서 내가 해야 할 일과 하지 말아야 할 일이 무엇인가를 모두 묻는 꽤 깊은 뜻의 글자가 바로 宜다.

건대입구 세울 建, 큰 大, 들 入, 입 口

건국대학교 입구에 있다고 해서 붙인 역명이다. 1980년 첫 개통 때는
'華陽화양'이라는 역명으로 출발했다가 1985년 지금의 역명으로 바꿨
다. 2호선과 7호선의 환승역, 그리고 주변에 즐비한 음식점 등으로
많은 사람의 발길이 닿는 곳이다.

　역명에 대학 이름이 붙을 때는 가능하면 피해서 가자는 게 이 책
의 취지다. 그러나 이번 건대입구역은 풀기로 했다. 建國건국의 建건이
라는 글자는 한자 세계에서 한 번 짚고 넘어가야 할 대상이어서 그렇
다. 아울러 원래의 역명이었던 '화양'이라는 이름에도 그럴 듯한 유
래가 있기 때문이다.

　建건이라는 글자의 쓰임새는 아주 많다. 무엇인가 일으켜 세울 때
는 늘 등장하기 때문이다. 원래는 긴 걸음을 가리키는 廴인이라는 부
수가 들어가 있어 사람의 발걸음과 관련이 있다고 볼 수 있다. 실제
이 부수가 들어가는 글자는 당초 사람의 걸음걸이와 연관이 있다.

　이 부수는 '길게 걷는 동작'을 가리켰다. 거기에다가 '당기다',
'이끌다' 정도의 새김도 있었다. 옆의 聿율이라는 글자는 실제로는 법
률 등을 가리킬 때의 律률과 같은 글자로 보는 시각이 있다. 따라서

建은 '법률을 비롯한 여러 제도와 문물을 이끌다'라는 새김을 얻었고, 나아가 '무엇인가를 일으켜 세운다'의 뜻으로 진화했다는 설명이다.

따라서 이 글자는 어떤 물체나 형체를 일으켜 세우는 일과 깊은 관련이 있다. 建築건축이 우선 눈에 띄는 일반적인 쓰임이고, 建物건물, 建國건국, 建造건조, 建立건립, 建設건설 등의 수많은 단어로 이어진다. 의견 등을 일으켜 남에게 내는 행위는 建議건의, 학교를 일으켜 세우면 建學건학으로 쓸 수 있다. 처음 세우면 創建창건이고, 사업을 일으키면 建業건업이다.

'封建봉건'이라는 말도 한때 많이 썼다. 요즘도 옛날식의 고리타분한 문물이나 내용을 일컬을 때 "아주 봉건적이야"라는 말을 쓰기도 한다. 皇帝황제가 제후를 어느 한 지역에 冊封책봉하면서 그곳의 통치권을 부여하며 나라 세우기(建)를 허용하는 일이다. 과거 황제 중심의 권력 나누기에 등장했던 한 방식이지만, 과거 중국에서 오래 행해져 이제는 '과거' 또는 '과거의 방식'을 통칭할 때 자주 쓰는 말이다.

建牙건아라는 단어는 다소 생소하지만 알아두면 나쁠 게 없다. 말 그대로 풀면 이빨(牙) 세우기(建)다. 엉뚱한 상상력으로 한 걸음 더 나아가 '이빨 세우기, 곧 임플란트?'라고 푸는 사람도 있겠다. 그러나 아니다. 옛 시절 군대의 이야기다. 장수가 원정을 나갈 때 세우는 깃발의 이름, 또는 그런 행위다.

군대는 전쟁을 수행하는 무시무시한 집단이다. 그래서 군대의 깃발에는 사나운 맹수, 그리고 그들의 날카로운 이빨 등을 그렸다. 그래서 보통 군대의 깃발을 일컫는 단어가 牙旗아기다. 그런 깃발을 올려 세우는 일이 바로 建牙건아다. 그런 깃발이 세워져 있는 곳이 곧 牙門아문인데, 군대의 정문을 일컫다가 나중에는 그런 흉내를 낸 일반 관공서의 대문도 가리켰다. 그러면서 牙아라는 글자가 衙아로 변신해 나중의 일반 관공서인 아문으로도 이어졌다. 따라서 관공서의 일반 명칭인 官衙관아도 官牙관아로 쓸 수 있는 것이다.

'建制건제'라는 단어는 군대 갔다 온 사람이면 다 안다. 정부기관이나 군대의 조직과 행정 구획 등을 가리키는 단어다. '建元건원'이라는 단어는 역사서에서 많이 등장한다. 황제나 군왕 등이 즉위한 뒤에 자신의 治世치세에 해당하는 기간을 획정하면서 그에 이름을 붙이는 年號연호를 세우는 일이다. 원년(元)을 세운다(建)는 엮음이다. 황제 등의 통치행위에서 시작을 장식하는 일이니 매우 중요하게 다뤄졌다.

'建瓴건령'이라는 단어가 있다. 우리 쓰임에는 거의 없고, 중국에서도 일반인은 잘 모른다. 그러나 그 새김은 우리에게 매우 익숙하다. 破竹之勢파죽지세의 성어를 우선 보자. 대나무에 칼집을 내고 쭉 내리면 그게 바로 대나무(竹)를 쪼개

강북의 새 명소로 부상한 건대입구 앞 거리.

는(破) 기세(勢)다. 거침이 없이, 상대가 도저히 막을 수 없는 형국으로 공격을 벌이는 일이다.

건령도 마찬가지다. 뒤의 瓴령은 토기, 즉 질그릇의 일종이었다고 한다. '물동이' 정도로 풀어도 무방하다. 그런 그릇에 물을 담아 일으켜 거꾸로 세우면(建) 어찌 될까. 그를 성어로도 표시한 게 있다. '高屋建瓴고옥건령'이다. 높은 건물(高屋)에서 물그릇을 거꾸로 매단(建瓴) 형국이다. 물이 아래로 쏟아지는 것을 누가 막을 수 있을까. 역시 파죽지세의 그런 상황을 말한다. 함부로 막을 수 없는 기세를 가리키는 말이다.

建言건언, 建白건백, 建明건명. 이 세 단어는 거의 같은 뜻이다. 관료의 자세를 가리키는 말이다. 국가의 중대한 사안에 대해 제 의견을 내는 일, 즉 建議건의하는 행위다. 말(言)로써, 솔직히(白), 분명히(明) 자신의 뜻을 전해야 한다는 當爲당위를 이렇게 표현했다. 이렇듯 국사 논의에 참여하는 중요 관료들은 자신의 뜻과 생각을 분명하고 담백하게 밝혀야 한다. 지금 우리 국가 공무원들이 소신 있게 제 뜻을 펴는지는 불분명하지만, 원래는 그래야 한다는 얘기다.

이 역의 예전 이름인 화양도 잠시 살펴보자. 『지하철 한자 여행 1호선』에서 한 번 언급했던 이야기다. 춘추시대가 펼쳐지기 전, 周주나라에는 武王무왕이 있었다. 원래는 조그만 나라다. 그 주나라는 殷은나라를 섬겼다. 그 은나라 마지막 왕이 紂王주왕이다.

이 紂王주왕은 동양 고대의 역사를 언급할 때 꽤 많이 등장하는 인물이다. 暴君폭군의 대명사로 말이다. 실제 후대의 역사가들이 말하는 내용처럼 그가 정말 포악했는지는 의문이다. 역사는 늘 이긴 자의 뜻을 담아 서술하기 때문이다. 어쨌거나 그는 주나라가 내건 명분, 그에 따라 포장했을 법한 여러 가지 暴政폭정으로 유명하다. 오죽하면 폭군하면 먼저 떠오르는 수준으로 그의 이름이 알려졌을까.

어쨌거나 주나라 무왕이 은나라 주왕을 없앴다. 그 뒤 길고 길었던 전쟁의 역사를 마치기 위해서 주나라 무왕이 전쟁터에 끌고 다녔던 軍馬군마를 수도 인근에 있던 華山화산 남쪽에 풀어 길렀다고 한다. 역시 전쟁터를 함께 누볐던 소들도 인근의 숲에 풀어 줬다고 한다. 그러나 소보다는 말이 옛 시절의 전쟁을 더욱 높이 상징했다. 고대의 전쟁에서 말은 곧 전략적 무기에 해당했기 때문이다.

그래서 말을 풀어 줬던 華山화산의 남쪽이 매우 유명한 뜻을 얻는다. 'Peace', 곧 '평화'라는 의미로서 말이다. 이는 『지하철 한자 여행 1호선』 서울역에서 설명한 적이 있는 내용이다. 중국에서는 전통적으로 산의 남쪽, 그리고 강의 북쪽을 '山南水北산남수북'이라고 하면서 이를 볕이 잘 들어 따뜻하며 건조하다는 의미의 陽양으로 표기했다.

그 반대인 산의 북쪽과 강의 남쪽이 볕이 덜 들어 어둡고 차가우며 습기가 많은 陰음으로 지칭했다. 산의 남쪽에 볕이 잘 드는 일은 지구 北半球북반구의 일반적인 현상이다. 그에 비해 강의 흐름은 중국의 지리적 특성이 돋보인다. 중국의 큰 하천은 대개 서북에서 동남으로 흐른다. 서북이 높고 동남이 낮기 때문이다. 그래서 물이 동남쪽으로 흘러넘치는 경우가 대부분이다. 강을 기준으로 할 때 남쪽이 그래서 陰에 해당한다고 봤다.

그렇게 강을 기준으로 남쪽을 陰이라고 하는 지칭은 우리 한반도의 지리와는 맞지 않는다. 우리는 대개의 큰 하천이 동쪽에서 서쪽으로 흐르기 때문이다. 어쨌거나 중국은 지형적 특성 때문에 산의 남쪽과 강의 북쪽이 陽양이다. 따라서 周주나라 무왕이 전략 무기에 해당했던 말을 풀어 놓은 華山화산의 남쪽은 자연스레 華陽화양이라는 이름을 얻었다.

이 말은 곧 그런 스토리를 배경으로 '전쟁을 모두 끝내고 평화를 맞는 일' 또는 '평화를 위한 조치', 나아가 '평화'라는 뜻의 성어로 정착했다. 이는 우선 『尙書상서』에 등장하는 "말을 화산 남쪽에 풀고, 소는 도림의 들판에 놓아준다(歸馬于華山之陽, 放牛于桃林之野)"는 문장으로 전해졌다가, 나중에는 '散馬休牛산마휴우', '馬放南山마방남산' 등의 성어로 정착했다. 앞은 '말을 풀고 소를 쉬도록 한다', 뒤는 '말을 남산에 풀어놓다'의 뜻이다.

비록 휴전의 형식이기는 하지만 이 땅에도 이미 전쟁의 자욱한 흙먼지가 가라앉은 지 벌써 60여 년이 넘었다. 전쟁터를 휘돌아 다녔던 말과 소는 이미 존재조차 잊혀졌다. 바야흐로 평화의 시절이다. 그러나 한반도는 아직 엄연한 휴전의 상태에 불과하다. 잠시 전쟁을 멈췄을 뿐 끝내지는 않은 상태라는 얘기다.

전쟁을 잊으면 전쟁을 부를 수 있다. 비록 겉모습은 평화의 시기라 하더라도 우리의 안보를 위협하는 북한의 움직임은 여전할 뿐이다. 60여 년 전 이 땅을 피와 눈물로 얼룩지게 했던 전쟁을 송두리째 잊어서는 곤란하다. 잊지 말아야 함은 물론이고, 전쟁의 가능성에도 늘 대비해야 한다. 창을 머리맡에 두고 아침이면 행군하는 전쟁의 시절은 아닐지라도 항상 그 가능성에 대비하며 경계를 늦추지 말아야 한다.

華陽화양이라는 단어는 전쟁의 참혹함과 평화의 소중함을 일깨우는 말이다. 그 참혹함을 반복하지 않고, 소중함을 잃지 않기 위해 우리는 늘 대비하고 갖춰야 한다. 그래서 모든 전쟁의 가능성이 소멸했을 때 우리는 제가 지녔던 '말'과 '소'를 산의 볕 바른 곳에 풀어 진정한 평화를 만끽할 수 있다. 진정한 평화는 그를 누릴 수 있는 자격이 있는 사람에게만 깃드는 법이다.

유광종의 지하철
한자을여행

성수 성인 聖, 물 水

성동구의 남쪽에 있는 동네 이름이자 역명이다. 한강이 흐르고, 그에 합류하는 중랑천의 흐름이 보이는 곳이다. 한강의 흐름과 支川지천인 중랑천은 모든 물의 경우처럼 적지 않은 흙과 모래를 실어 날랐다. 따라서 이곳에는 비교적 너른 벌이 생겨났다. 그런 까닭에 이곳은 조선시대 군사훈련을 벌였던 지역이고, 그에 수반하는 軍馬군마를 길렀던 땅이라는 설명이 있다.

조선시대 임금이 이곳에 와서 군사훈련과 말 기르는 상황을 자주 점검했던 모양이다. 그런 임금의 행차에 대비해 '聖德亭성덕정'이라는 정자를 세웠던 듯하다. 성수의 지금 이름 첫 글자인 聖성은 이와 관련이 있다는 설명이다. 뒤의 글자 水수는 한강의 물을 길었던 뚝섬 水源池수원지의 첫 글자를 땄다고 하는데, 100% 석연치는 않지만 그렇게 받아들일 만하다.

한자 聖성은 우리에게 매우 친숙하다. 기독교 경전을 부르는 명칭인 『聖經성경』의 예에서 보듯이 우선은 종교적인 분야에서의 쓰임이 매우 많다. 종교가 추구하는 가치를 표방할 때 흔히 쓰는 글자다. 종교적 성질, 그 자신이 지니는 독자적인 가치를 형용할 때 대개 이 글자가 붙는다. 그렇지 않은 상태가 바로 俗속이다. 종교적 함의를 지닌 가치가 聖, 그와는 반대인 모습이 俗이다.

이 글자 聖성에 귀를 가리키는 耳이와 입을 뜻하는 口구라는 글자가 붙은 점에 주목하자. 귀를 잘 쓰고, 입을 잘 쓰는 사람을 표현했다고 한다. 귀와 입을 잘 사용하는 사람? 남과의 소통에 능한 사람이다. 소통에 능하니 이치에 밝다. 따라서 글자 초기의 뜻은 모든 이치에 두루 밝은 사람을 가리켰다고 한다.

나아가 극히 지혜로운 사람, 일반인의 수준을 훨씬 뛰어넘는 사람의 뜻도 얻었다. 옛 동양사회에서 가장 높은 지혜를 이룬 사람에게 붙인 호칭이 바로 聖人성인이다. 주로 孔子공자가 핵심을 이뤘던 儒家유가에서 도덕과 지혜로움으로 가장 높은 경계에 오른 사람을 일컬을 때 썼다.

그런 글자이다 보니 함부로 쓸 수는 없다. 최고의 도덕과 지혜를 이룬 공자를 성인이라고 부를 수 있었고, 왕조 시절 최고로 尊嚴존엄한 사람이었던 임금과 그 부인 등을 형용할 때만 쓸 수 있었던 글자다. 임금의 명령이나 뜻이 담긴 글을 聖旨성지라고 적었고, 임금의 생각을 聖慮성려, 그의 결정을 聖裁성재, 임금이 좋아하는 것을 聖眷성권, 임금이 듣는 일을 聖聰성총, 뛰어난 임금을 聖君성군, 임금에 대한 신하와 백성의 호칭을 聖上성상 등으로 적었다.

종교적 의미로 사용하는 단어의 조합도 무수하다. 예수가 태어난 날을 聖誕성탄, 또는 聖誕節성탄절로 부른다는 것은 잘 알려졌다. 크

유광종의 지아철
한자일 여행

리스마스는 우리에게도 큰 명절이기 때문이다. 신이 머무는 곳을 聖殿성전, 종교적 의미를 지닌 전쟁을 聖戰성전, 예수의 어머니 마리아를 聖母성모, 예수의 마지막 식사를 聖餐성찬 등으로 적는 예다.

조선 왕의 행차를 위해 마련했던 성덕정이 있던 곳. 지금은 천주교 성당으로 변했다.

그런 단어의 조합을 나열하는 일은 끝이 없다. 그러니 예서 이쯤으로 생략하고, 이 글자가 지닌 본래의 뜻으로 돌아가 과거 한문의 세계가 '사람의 뛰어남'을 어떤 글자와 단어로 표시했는지를 살펴보자. 과거 동양에서는 사람 중의 가장 뛰어난 사람을 일컬을 때 聖賢성현으로 적었다.

보통은 아주 뛰어났던 전설상의 옛 임금과 공자를 한 줄로 이었다. 즉 전설 속의 堯요, 舜순, 禹우를 먼저 언급했다. 태평의 시절을 이뤘고, 인류의 삶을 위해서 지극한 공로를 쌓았다는 점을 샀다. 이어서는 은殷 또는 商나라의 湯탕, 周주나라의 文문과 武무 임금, 周公주공에 이어 공자를 그 반열에 함께 올렸다. 유가의 맥락에서 성인의 계보를 이렇게 이었던 것이다.

과거 동양사회에 가장 깊은 영향을 미쳤던 게 유가의 사고다. 따

한강의 첫 수원지를 기념해 지은 수도 박물관 모습.

라서 성인은 그런 맥락으로 바라본 과거 사회 최고의 인물이다. 明명에 이르면서 공자는 한 걸음 더 나아가 최고의 성인이라는 뜻으로 至聖지성이라 적었고, 그의 제자 顔回안회는 공자의 뜻인 '克己復禮극기복례'를 잘 이뤘다고 해서 復聖복성, 子思자사는 공자의 가르침을 후대에 전하는 데 큰 공로를 세웠다는 이유로 述聖술성, 孟子맹자는 후세에 미친 영향이 공자에 버금간다는 이유로 亞聖아성이라고 적었다.

그런 연유에서인지 각 영역에서 가장 높은 수준의 성취를 이룬 사람에게도 이 글자가 붙었다. 시인으로 가장 유명한 사람인 杜甫두보에게는 詩聖시성, 중국 역사학의 기초를 다졌던 司馬遷사마천에게는 史聖사성, 최고의 명필인 王羲之왕희지에게는 書聖서성, 明명나라 때 『本草綱目본초강목』을 지은 李時珍이시진에게는 藥聖약성의 타이틀을 다는 식이다.

그 다음의 수준에 오른 사람이 바로 賢人현인이다. 우리는 이 단어의 앞 글자 賢현을 보통은 '어질다'라고 풀지만, 실제의 뜻은 지혜로움이다. 사물과 세상 돌아가는 이치에 밝아 함부로 말하지 않으며, 함부로 범하지 않는 사람이다. 따라서 인격적으로 아주 성숙한 사람

유광종의 지하철
한자로 여행

을 일컬을 때 쓰는 글자다. 賢明현명이라는 단어가 가장 대표적이고, 아주 뛰어난 재상 또는 총리를 부를 때 賢相현상이라고 쓴다. 재주 등이 뛰어난 사람에게 붙이는 英賢영현도 같은 맥락이다.

그 다음의 인재를 표현하는 글자는 뭘까. 英영, 俊준, 豪호, 杰걸 또는 傑이다. 이 네 글자를 각기 조합한 英俊영준, 英豪영호, 英傑영걸, 俊傑준걸, 豪俊호준 등이 그런 인재를 표현하는 단어들이다. 俊義준의라는 단어도 있는데, 그를 설명한 글에는 "재덕이 1,000명을 뛰어넘으면 俊준, 100명을 넘으면 義의"라고 했다. 한 사람 상대하기에도 사실은 벅찬 게 우리의 실정이다. 1,000명과, 100명을 넘어선다는 일이 정말 쉽지는 않다.

아주 지혜롭고 능력도 갖춘 사람을 彦언이라고 적었던 예도 있다. 아울러 髦모라는 글자도 눈에 띈다. '찰랑거리는 머리털'을 의미하는 다팔머리의 새김도 있지만, 털 중에서 삐죽 튀어나온 털을 가리키는 경우도 있다. 그래서 빼어난 사람에게 이 글자를 붙였다고 한다. 英髦영모, 髦俊모준이라는 단어가 그 예다. '재주'를 의미하는 才재라는 글자도 마찬가지다. 하늘이 내렸다고 보이는 재주를 지녔으면 天才천재, 뛰어난 재주는 逸才일재다.

집을 가리키는 家가의 행렬도 있다. 方家방가라고 하면 학식과 견식이 매우 뛰어난 사람이다. '大方之家대방지가' 혹은 '大方家대방가'로도 적었다. "일가를 이뤘다"고 할 때의 '일가'는 한자로 '一家'다. 어떤 영역에서 커다란 성취를 이룬 사람에게 쓰는 말이다. 音樂家음악가, 畵

家화가, 作家작가 등의 단어도 같은 맥락이면서, 직업의 영역을 표현하는 단어라고 할 수 있다.

巨匠거장의 匠장이라는 글자도 마찬가지다. 한 영역에서 깊은 성취에 이른 사람이다. 大匠대장, 哲匠철장, 宗匠종장은 학술의 영역에서 대단한 깊이를 다진 인물에게 붙이는 단어다. 그릇을 의미하는 器기도 있다. 국정을 잘 이끄는 능력을 지닌 인재는 國器국기, 커다란 임무를 수행할 수 있는 사람은 大器대기와 偉器위기 또는 重器중기다. 빼어난 재주를 지닌 사람은 佳器가기다.

巨擘거벽이라는 단어는 원래 엄지손가락을 가리켰다. 그러나 후에는 매우 특별한 재주를 지닌 사람의 뜻으로 발전했다. '泰山北斗태산북두'는 중국의 산 가운데 으뜸으로 꼽는 泰山태산과 별자리의 으뜸인 北斗七星북두칠성의 합성이다. 한 영역에서 으뜸을 차지한 사람에게 붙이는 말이다. 泰斗태두, 山斗산두라고도 적는다.

'執牛耳집우이'라는 표현도 있다. 옛 중국에서 諸侯제후들이 서로 모여 연합의 서약인 盟約맹약을 맺을 때 소의 귀를 잘라 낸 피를 그릇에 담아 돌려가며 그를 마셨던 모양이다. 그 그릇은 맹약을 주도한 사람이 잡았다고 하는데, 그에서 유래한 말이다. 그래서 執牛耳는 제후들의 맹약식인 會盟회맹의 주재자, 즉 가장 앞을 이끌고 있는 리더라는 뜻으로 자리를 잡았다.

이런 풍부한 표현만큼 우리 사는 세상에는 재주를 품고 있는 사람들이 많다. 둘러보면 내 주변에도 그런 재주를 지닌 사람이 적지

유광종의 지하철 한자 여행

않다. 사회가 성장하며 발전하는 토대는 그런 인재를 제대로 알아보고 그에 가장 맞는 자리로 안내하는 것이다. 인재가 제 자리에 가지 못하고, 오히려 최악의 자리에 내몰리면 그 사회의 미래는 어둡다.

그런 연유로 나온 성어가 '適材適所적재적소'다. 마땅한 인재가 그 재주를 풀어 펼칠 수 있는 마땅한 자리에 가는 일이다. 그러나 언제부턴가 우리 사회는 그런 시스템이 멈췄다는 생각이 든다. 인재를 알아보기는커녕, 누가 조금 재주 있다고 생각하면 헐뜯고 짓밟는 경우도 없지 않다. '사촌이 땅을 사면 배가 아픈' 특유의 기질 때문일까. 하여간 섭섭한 일이다. 갈 곳 잃은 인재가 이리저리 채이며 밟혀 울고 있는 사회. 우리 모습은 그렇지 않은지 진지하게 돌아볼 일이다.

뚝섬~을지로입구

뚝섬 독도 기 纛, 섬 島

이름이 다양하게 발전했던 곳이다. 뚝섬이 가장 일반적인 이름이었음은 물론이다. '살곶'이라는 이름도 있는데, 조선을 창업한 태조 이성계와 관련이 있다고 한다. 그가 왕위에 오른 아들 방원을 매우 미워했다는 사실은 매우 잘 알려져 있다. 그로 인해 벌어진 게 '咸興差使함흥차사'라는 성어다. 태종 이방원을 만나지 않으려 했던 이성계도 결국에는 함흥에서 줄곧 머물다가 서울로 돌아온다.

태종 이방원이 돌아오는 아버지 이성계를 마중하러 나왔던 곳이 지금의 뚝섬 인근이었고, 그곳에서 미운 아들 방원을 멀찌감치 봤던 이성계가 화살을 날렸다는 얘기도 잘 알려져 있다. 방원은 그 때 遮日차일을 친 기둥 뒤에 숨음으로써 아버지 이성계가 날린 화살을 피할 수 있었다. 이성계가 쏜 '화살(箭)이 차일 기둥을 꿰뚫다(串)'는 뜻에서 생긴 이름이 곧 '살(箭) 곶이(串)'이며, 아예 한자 이름으로는 그냥 箭串전관이라고도 적는다.

아주 낯선 한자 이름이 등장하기도 한다. 바로 纛島독도다. 이 한자 이름 때문에 지금의 '뚝섬'이라는 명칭이 생겼으리라고 많은 사람들이 추정한다. 앞의 纛독이라는 글자는 커다란 깃발을 가리킨다.

유광종의 지하철
한자 여행

주로 임금의 행렬 앞에 세우는 크고 장엄한 깃발이다. 아울러 군대를 지휘하는 장수의 대열이나 그 지휘소 앞에 세웠던 깃발이다.

앞의 성수역을 지나면서 우리는 이곳 일대가 한강과 중랑천의 흐름 때문에 생긴 너른 汎濫原범람원으로 인해 과거 조선 때에는 군대 사열, 또는 군사훈련 등의 장소로 쓰였다는 점을 설명했다. 뚝섬에서 벌어지는 군사훈련 등을 보려는 임금의 행차를 위해 정자인 聖德亭성덕정을 지금의 성수동 자리에 지었다는 점도 말했다.

그런 임금의 행차를 알리는 깃발이 纛독이었고, 임금의 행렬이 자주 이곳을 찾으면서 지금 뚝섬에는 언젠가 '임금의 깃발이 닿는 섬'이라는 뜻의 '纛島독도'라는 한자 이름이 붙었으리라는 추정이 있다. 그런 한자 명칭은 어느새 다시 발음하기 편한 우리식의 '뚝섬'이라는 이름으로 바뀌었다고 볼 수 있다는 것이다.

아무튼 '纛독'이라는 깃발은 임금의 행렬을 알려주는 장치다. 단순한 깃발의 모습이라고 볼 수도 있지만, 백과사전 등에서 채록한 그 모습을 보면 그리 단순치만은 않다. 사람을 공격하는 槍창이 가운데 우뚝 솟아있고, 그 주변에는 장식을 단 술이 많이 둘려져 있다. 그를 유지하는 둘레의 난간도 있다. 이를 지니고 움직일 때는 여러 사람이 필요했을 정도로 무게와 부피가 컸다.

고려와 조선 때 이 깃발은 자주 등장한다. 임금의 행차를 제외하고도, 궁중에서 벌인 의례 등에 따르는 춤에서도 이 깃발은 文舞문무와 武舞무무를 모두 이끄는 핵심 깃발이었다고 한다. 『樂學軌範악학궤

범』에 나오는 설명에 따르자면 그렇다는 얘기다. 그런 궁중의례에서도 어쨌든 이 '纛독'이라는 깃발은 대열을 모두 이끄는 역할을 맡았음에 분명하다.

한자의 세계에서 '깃발'을 표시하는 글자는 꽤 풍부하다. 특히 이런 깃발은 전쟁과 깊은 관련이 있다. 옛 사회에서 벌어진 전쟁은 현대전처럼 풍부한 정보통신기술을 사용할 수 없었다. 공격을 알릴 때는 북, 후퇴를 명령할 때는 징이나 꽹과리 등을 쳤다는 점은 잘 알려져 있다. 그중에서도 가장 중요했던 게 바로 깃발이다.

어느 깃발이 최고 지휘관의 진영에서 올라가느냐에 따라 예하의 각 진영은 움직임을 결정해야 했다. 따라서 옛 전쟁터에서의 깃발은 지금의 무전기, 나아가 모든 정보통신기기의 역할을 했던 중요한 도구였다. 그래서 깃발은 군대의 용어라고 해도 좋을 정도다. 우리에게 쓰임이 낯익은 단어의 하나가 麾下휘하다.

"누구의 휘하에서 활동했다"라는 말은 예전 전쟁터, 또는 군대생활을 오래 했던 세대들이 많이 썼다. 그 앞의 麾휘라는 글자가 바로 전쟁터 또는 군대의 최고 지휘관인 將帥장수의 깃발을 가리킨다. 이 역시 당초 쓰임새는 음악, 또는 舞樂무악 등과 관련이 있었다고 한다. 그런 행사에서 처음과 끝을 알리는 깃발이었다는 설명이다. 그로부터 더 나아가 전쟁터 최고 지휘관의 명령을 전달하는 신호체계에 등장했다고 볼 수 있다.

옛 왕조시대에는 烈女열녀와 孝婦효부에 관한 전설도 풍부하다. 그런 열녀와 효부가 생긴 곳에 들어서는 시설이 旌門정문이다. 붉은색 기둥에 가로로 막대를 올려 "이곳에 열녀가 살았다"고 표시하는 장치다. 그 정문의 앞 글자 旌정 역시 깃발을 가리켰다. 깃대 끝에 보통은 새의 깃털 또는 소의 꼬리 등을 달았던 군대의 깃발이다. 그런 깃발의 의미에서 무엇인가를 기리고 표현하는 시설의 의미를 더 얻었을 것으로 보인다.

깃발을 가리키면서 우리에게 가장 친근한 한자는 역시 旗기다. 초기에는 곰과 호랑이를 그린 깃발을 가리켰다는 설명이 있다. 우리에게는 '旗幟기치'라는 단어로 잘 알려져 있고, 쓰임새는 매우 많다. 우선은 太極旗태극기와 國旗국기를 비롯해 반란을 의미하는 "반기(反旗, 또는 叛旗)를 들다"의 쓰임도 있다. 애도와 조문을 표시하는 '半旗반기'라는 단어, 나아가 손에 잡고 흔드는 조그만 깃발인 手旗수기, 미국의 깃발인 星條旗성조기, 중국의 국기인 五星紅旗오성홍기 등 쓰임이 셀 수 없을 만큼 많다.

幡번과 幢당도 그런 깃발의 한 종류다. 주로 불교의 사찰에서 많이 썼던 글자이면서, 일반 주막이나 상점 등에서도 간판 대용으로 썼던 깃발의 종류라고 이해하면 좋다. 가로로 펼치는 것보다는 세로로 위에서 아래쪽을 향해 길게 내린 깃발이나, 간판 대용의 표지다.

중국을 석권했던 淸청나라의 건국 주체, 만주족은 八旗팔기로 유명했다. 왜 여덟(八) 깃발(旗)일까. 이는 군대의 편제를 일컫는 단어였다. 그러니까 깃발의 색깔과 모양으로 병력을 여덟 단위로 나눠 전쟁을 수행한 데서 나온 말이다. 그 창시자는 청나라 건국의 뿌리인 누르하치다. 그는 탁월한 지휘력을 발휘해 통합을 이루지 못했던 당시의 만주족을 강력한 조직으로 묶었다.

그 예하의 병력이 八旗兵팔기병이다. 우선은 깃발을 의미했고, 따로 나눈 병력의 服色복색을 그에 다시 맞췄다. 순서는 노랑(黃), 하양(白), 빨강(紅), 파랑(藍)이다. 각 네 가지 색깔에 아무런 무늬가 들어가지 않았으면 '正정'이라는 글자를 붙였고, 테두리를 별도로 둘렀으면 '鑲양'이라는 글자를 붙였다. 예를 들어 노랑의 경우, 正黃정황이 있으면 鑲黃양황이 있다. 正은 鑲에 비해 우월하다.

그런 규칙에 따라 각 네 가지 색깔의 깃발과 복색을 차등적으로 편제한 군대가 바로 팔기병이다. 그 예에서 알 수 있듯이 이 깃발을 가리키는 '旗기'라는 글자에는 전쟁의 피 냄새가 가득하다. 우선 이 글자가 등장하는 성어는 대개 전쟁과 관련이 깊다.

우리 사전에 올라있는 '偃旗息鼓언기식고'라는 성어가 그렇다. '깃발(旗)을 누이고(偃) 북(鼓)을 멈춘다(息)'는 엮음이다. 깃발은 위에서 설명했듯이 과거의 전쟁에서 없어서는 안 될 중요한 도구였다. 북 또한 마찬가지다. 공격을 명령할 때 장수는 북을 울린다. 심장을 마구 두드리는 북소리는 바로 피를 뿌리는 공격의 동의어다. 그런 깃발을 내리고 북을 멈춘다? 바로 싸움을 멎는 休戰휴전의 의미다.

'旗鼓相當기고상당'이라는 중국식 성어도 있다. 깃발과 북, 즉 전쟁을 위해 마련한 陣容진용을 가리킨다. 혹은 싸움을 벌이는 양쪽 진영이 구축한 勢세의 크기를 가리킨다. 그 둘이 서로 맞설 정도라는 뜻이 相當상당이다. 전쟁의 당사자 둘이 보이는 기세가 우열을 가리지 못할 만큼 대등하다는 의미다.

'重整旗鼓중정기고'라는 말도 있다. 역시 중국에서 많이 쓴다. 거듭(重) 깃발과 북(旗鼓)을 정비(整)한다는 가리킴이다. 싸움에서 밀려 패하거나 후퇴했을 때 다시 자신의 병력을 정비해 싸움터에 나서려는 사람의 준비 태세를 가리킨다. 싸움에서 패함이야 兵家병가에서는 늘 있는 일(常事)이니 이런 태도는 반드시 필요하다.

사정이 이러하니 뚝섬은 그냥 뚝섬이 아니다. 그 유래에 전쟁의 깃발로써 드리워진 흔적이 만만찮다. 조선의 왕들이 군사의 준비 태세를 점검하기 위해 행차했던 곳이었고, 그 임금의 행차를 알리는 깃발이 纛독이요, 그에서 다시 우리말 발음으로 전화해 나온 이름이 '뚝섬'이다.

전쟁을 찬양할 수는 없는 일이다. 그러나 그런 가능성을 함부로 대하거나 잊으면 아주 곤란하다. 전쟁은 피를 부르는 일이다. 병법의 대가 孫子손자는 그를 "죽느냐 사느냐, 남느냐 망하느냐를 가르는 일, 자세히 살피지 않을 수 없다"고 했다. 한자로 적으면 "死生之地, 存亡之道, 不可不察也사생지지, 존망지도, 불가불찰야"다.

지금의 우리도 마찬가지다. 호전적이며 예측이 불가능한 북한은 늘 한반도의 전쟁 가능성을 부쩍 높이는 존재다. 평화적 통일에 힘을 기울여야 하겠으나, 그로부터 번지기 쉬운 전쟁의 가능성을 잊으면 대한민국의 미래는 암울하다. 마침 뚝섬이 그런 역사의 흔적을 지닌 곳이다. 우리는 그로부터 단순한 깃발의 의미만 읽을 일이 아니다. 生死생사와 存亡존망의 무거운 그림자가 그 안에는 있다. 우리가 늘 곱씹어야 할 대목이 아닐 수 없다.

유광종의 지하철
한자옄여행

한양대 한수 漢, 볕 陽, 큰 大

'漢陽한양'이라는 이름. 사실 할 말이 많은 명칭이다. 앞서 펴낸 『지하철 한자 여행 1호선』의 첫 장이 서울역이다. 거기서 서울의 옛 지명인 한양을 설명할 때 산의 남쪽과 강의 북쪽을 개념적으로는 陽양이라고 간주한다는 설명도 했다. 건대입구역을 지나면서도 잠시 거론했다. 옛 중국에서는 이른바 산의 남쪽, 강의 북쪽이라고 해서 山南水北산남수북을 陰陽음양 중의 陽으로 적었다는 내용 말이다.

그러나 강의 흐름이 서북에서 남북으로 향하는 중국과는 달리 한반도의 큰 하천은 대개 동쪽에서 서쪽으로 흐른다. 따라서 강을 보는 눈이 달라야 마땅했다. 강을 기준으로 삼을 경우 漢江한강의 이북이 서울이자, 곧 한양이어야 한다. 그러나 한반도 하천의 북쪽은 陽양이라 일컫기가 불편하다. 남쪽 또한 볕이 쨍쨍하고 따뜻하다. 강물이 항상 동남쪽을 향해 넘치는 중국과는 달라도 많이 다르기 때문이다.

이 수도 서울의 옛 명칭인 '한양'을 달고 있는 한양대학교가 있는 곳이라서 이런 역명을 얻었다. 한양대학교에 대한 설명은 필요가 없을 듯하다. 꽤 유명한 대학이고, 校勢교세 또한 대단해 알 사람

은 다 아는 학교이기 때문이
다. '한양'이라는 그 명칭에 대
해서도 『지하철 한자 여행 1호
선』, 또 건대입구역에서 제법
자세히 풀었으니 생략하는 게
좋겠다.

길 건너편에서 바라본 한양대 전경.

우선 눈에 걸리는 한자는
그 이름 앞에 들어 있는 '漢한'
이라는 글자다. 이 글자는 어쩌
면 오늘날의 중국인들 정체성의 상당 부분을 형성하는지도 모른다.
초기 중국 왕조 중에서 지금 중국의 아이덴티티 형성에 상당한 영향
을 미친 주체가 있다. 바로 劉邦유방, BC 256~BC 195년이라는 인물이 창업
한 漢나라다.

진시황의 秦진나라에 이어서 지금 중국의 복판, 옛 중국의 중심인
中原중원에 들어섰던 왕조다. 유방이 창업에 성공한 과정은 잘 알려져
있다. 진시황의 진나라가 망한 뒤 혼란기에 접어들었던 당시의 상황
에서 項羽항우, BC 232~BC 202년와 천하의 패권을 두고 다투다가 마침내
그를 꺾고 중국의 거대 통일왕조를 이룬 사람이 유방이다.

그는 항우와 마찬가지로 정통 중원 사람이라기보다 남쪽 '촌뜨
기'에 해당하는 인물이었다. 옛 춘추전국시대의 지역 분포에 따르면
그는 중원 인구가 아닌, 남쪽 楚초나라 권역에 속했던 사람이기 때문

유광종의 지하철
한자을 여행

이다. 어쨌든 그런 출신이면서도 진시황의 진나라가 망한 뒤 세력 결집에 우선 성공했다. 라이벌이었던 항우와 옥신각신 다투다가 결국 천하 권력을 통째로 손에 넣었다.

그가 패권 장악을 앞둔 시점에 세력을 키웠던 곳이 漢中한중이라는 곳이었다. 그래서 그가 나중에 창업한 통일 왕조의 이름도 '漢한'이라는 글자를 썼다. 그가 세력을 키웠던 漢中은 지금의 중국 陝西산시 남부에 있는 땅이다. 이곳에 바로 漢江한강이 흐른다. 그 강과 떼려야 뗄 수 없는 명칭이 바로 漢中이고, 급기야 이는 유방의 천하 패권 장악으로 인해 초기의 중국이라는 정체성을 형성하는 매우 중요한 개념으로 자리 잡았다.

그곳의 漢江한강은 '漢水한수'라고도 적는다. 길이는 1,577㎞에 이르며 유역 면적은 17만 4,300㎢에 이른다. 한반도 한강의 길이는 약 481㎞에 유역 면적은 북한지역 포함해 3만 4,400여 ㎢에 이르는 점을 감안하면 중국의 漢江은 매우 길고 크다.

중국의 漢江한강은 중국 남부지역 허리를 가로지르는 제1의 강인 長江장강의 가장 큰 지류에 해당한다. 중국 남북을 가르는 그런 장강의 최대 지류가 한강이니, 이 강 또한 매우 중요했다. 중국에서는 長江과 黃河황하, 귤이 탱자로 변한다는 淮水회수와 함께 이 漢江을 가장 대표적인 하천으로 꼽는다. 그래서 넷을 차례대로 '江淮河漢강회하한'이라고 표기해 대표 하천으로 내세울 정도다.

이 글자가 초기 중국의 아이덴티티를 형성했다고 앞서 설명했다.

그 대표적인 예는 여럿이다. 우선 우리가 지하철을 타고 하는 여행의 테마인 漢字한자가 그렇다. 초기 상형문자의 틀을 벗어나 金石文금석문을 비롯한 몇 형태의 발전을 거쳐 자리를 잡았던 문자체계다. 이는 중국 문명의 토대에 해당한다. 그런 문자체계에 '漢'이라는 글자가 붙었음에 주목할 필요가 있다.

글자만 그렇지는 않다. 그로써 이뤄진 글, 즉 문장에는 漢文한문이라는 이름이 붙었다. 지금 중국인의 다수를 이루고 있는 민족은 漢族한족이다. 이에 대해서는 좀 더 부연해서 설명을 펼쳐야 할 필요가 있으나, 조금 있다가 다시 꺼내기로 하자.

아울러 '漢民한민', '漢人한인', '漢服한복'이라는 단어도 있다. 앞의 둘은 漢族한족과 비슷한 개념이다. 맨 뒤의 단어는 그런 사람들이 입었던 옷, 나아가 중국의 전통 복장이라는 뜻을 지닌다. '漢奸한간'이라고 적으면 그런 중국인으로서 못된 짓(奸)을 한 사람, 즉 민족의 배반자이자 정복자의 앞잡이, 곧 走狗주구의 뜻이다.

'漢한'이라는 글자는 일반적으로 장강의 최대 지류인 漢江한강 또는 漢水한수를 가리키는 것 외에 '雲漢운한', '銀漢은한', '天漢천한', '漢沂한기'라고 해서 하늘 저 먼 곳의 은하수를 가리키는 뜻도 있었다. 아울러 제법 풍채가 당당한 사내를 일컫는 뜻도 있다. 男子漢남자한이라고 하면 '당당한 사내'의 뜻이다. '好漢호한'으로 적기도 한다. 석가모니 부처의 제자를 일컫는 羅漢나한도 그와 같은 새김이다.

그러나 좋은 뜻만 있지는 않다. 취해서 형편없는 짓을 하는 사내에게 우리는 '醉漢취한'이라는 말을 붙이고, 여성을 성적으로 희롱하는 사람이나 남부끄러운 짓을 하는 사람에게는 '癡漢치한'이라는 단어를 붙인다. 산속에 숨어 도둑질하는 사람은 綠林好漢녹림호한이고, 버릇없이 행동하는 사내는 無賴漢무뢰한이다. 그저 나쁜 놈은 惡漢악한이다.

그에 비해 우리의 한강은 출발부터 그 이름을 얻었던 것은 아니다. 고구려 때의 기록에 따르면 지금의 한강은 '阿利水아리수'라고 했다. 광개토대왕비의 비문에 나오는 이름이다. 삼국시대 초반에는 한자로 '帶水대수'라고 적었다는 기록이 있다. 백제에서는 한강을 '郁利河육리하'로 적었다.

그러다가 언제 '漢江한강'으로 적기 시작했을까. 정확한 기록은 없으나 고구려와 신라, 백제가 싸움을 벌이다가 중국의 문물과 제도를 본격적으로 받아들이던 무렵이었으리라는 추정은 있다. 고구려의 '아리수'라는 표기 중 '아리'는 '크다', '대단하다', '거창하다'의 뜻이었다고 한다. 그래서 우리식의 '크다', '대단하다'는 뜻의 '한'이라는 발음과 '강'을 가리키는 '가람'이라는 말이 합쳐져 '한가람', 한자로는 음이 비슷한 '漢江'으로 정착하지 않았겠느냐는 추정이 있다.

사정이 그러하니 우리의 아리수와 한가람이 '漢한'이라는 중국 냄새 물씬 풍기는 글자를 얻었다고 불평할 필요는 없다. 제 사정에 따라 크고 아름다운 강이라는 뜻을 표현하다 보니 발음을 비롯한 여러 필요에 따라 그런 글자를 붙였다고 이해할 필요가 있다.

마침, 중국의 초기 아이덴티티를 이룬 유방도 순수한 중국 정통의 중원 지역 사람은 아니었다. 유방은 춘추시대에만 해도 남녘의 오랑캐, 즉 南蠻남만이라며 멸시를 받았던 楚초나라 사람이었기 때문이다. 중국은 유방도 섞이고, 항우도 섞이며, 서북쪽의 오랑캐였던 진시황도 섞이면서 이뤄진 역사적인 공동체의 집합이다. 그러니 그 안에 중국 고유의 것을 찾기란 중국인들이 지금 내세우듯이 쉬운 일은 결코 아니다.

우리는 그저 중국이라는 거대한 땅덩어리에서 온갖 사람과 문물이 섞이고 섞이며, 또 섞이던 과정에서 우러나온 풍부하고 거대한 문화적 축적 중에서 우리에게 필요한, 우리의 발전에 꼭 있어야 할 요소들을 잘 길어 올려 우리의 것으로 體化체화하는 일이 중요하다.

지구라는 땅, 그것도 동북아의 작은 구석에서 벌어지는 인문적인 현상을 두고 네 것이냐, 내 것이냐를 따지는 일은 그리 중요치 않다. 이 '漢한'이라는 글자가 강의 이름임과 동시에 시선을 들어 밤하늘 멀리를 바라볼 때 가득히 다가오는 은하수였다는 점도 기억하자.

그 거대함과 가없음의 은하가 사실은 한반도 중부를 이리저리 흐르는 한강에 내려앉은 것이리라. 그러기에 그런 이름을 다시 얻었으리라. 유방이 세운 한나라이기에 앞서, 나중의 중국인들이 제 정체성을 내세우는 그런 글자이기에 앞서 말이다.

유광종의 지하철 한자 여행

왕십리 갈 往, 열 十, 마을 里

"왕십리 밤거리에 구슬프게 비가 내리면/눈물을 삼키려 술을 마신다 옛 사랑을 마신다/정 주던 사람은 모두 떠나고 서울하늘 아래 나 홀로…"라고 부르는 노래가 있다. 콧수염 가수 김흥국이 특유의 둔탁한 목소리로 멋들어지게 부르던 〈59년 왕십리〉라는 노래다.

서울의 지역 명칭에 관심이 있던 사람은 대개 이 왕십리의 유래를 들으면서 자랐다. 태조 이성계가 조선을 건국한 직후라고 했다. 고려의 도읍이었던 개성에서 조선을 건국하는 데 성공한 태조 이성계는 새 도읍지를 물색했다고 한다. 조선의 수도를 새로 세움으로써 과거의 왕조였던 고려와 완벽한 결별을 시도하려는 의도였다고 보인다.

그 중요한 일에 나섰던 사람은 無學大師무학대사였다. 그는 태조 이성계의 자문역이기도 했다. 왕조를 새로 세우는 데 큰 힘을 발휘했던 참모의 하나였다고 봐도 무방하다. 그는 風水풍수에 조예가 깊었던 인물이었다. 그래서 무학대사는 이성계의 뜻에 따라 새로운 수도를 물색하는 데 나섰다.

그가 우선 둘러본 곳은 충남의 계룡산이었다고 한다. 그러나 계룡산은 끝내 눈에 차지 않았던 모양이다. 무학대사는 결국 지금의 서울로 발걸음을 옮겼다고 한다. 지금의 삼성동 봉은사 일대를 거쳐 뚝섬으로 건너와 이곳 왕십리에 도착했다. 제법 풍광이 좋은 곳이었다. 전해지는 내용에 따르면 무학은 내심 '이곳이 도읍지로서는 그만인 걸'이라는 생각을 했다는 것이다.

그러자 소를 몰면서 밭을 갈던 노인이 "미련한 소야, 아직 십리를 더 가야 한다"라며 은연 중에 무학을 꾸짖는 말을 했다고 한다. 무학은 그 말을 듣고 그로부터 십리를 더 가서 지금의 경복궁 터를 찾아냈다고 한다. '십리(十里)를 가다(往)'는 뜻의 '往十里왕십리'라는 이름이 게서 나왔다는 설명이다.

아무래도 민간의 口傳구전 형태 설화일 듯하다. 그러나 동네 이름의 유래로서는 아주 그럴 듯하다. 더구나 설화에 등장해 밭을 갈던 노인은 고려 때의 풍수학으로 큰 이름을 떨쳤던 道詵大師도선대사가 잠시 나타나 무학을 일깨운 현신이었다는 얘기가 있다. 그 내용을 뒷받침이라도 하듯이 왕십리 옆에는 '道詵洞도선동'이라는 동명도 있다. 그러니 구전이 아무 근거가 없다는 이야기라고 할 수 없다.

왕십리는 조선 왕조가 규정한 城底十里성저십리에 속한다. 城底성저는 도읍이나, 일반 행정 소재지, 또는 적과 맞서는 변경지대의 성곽을 중심으로 바깥쪽에 들어선 동네다. 전쟁이 벌어지면 성곽을 보호하는 완충지대로 작용하며, 평시에는 도성이나 성채 안쪽에 필요한 농산물이나 가공품 등을 공급하는 곳이다. 왕십리는 도읍에서 동쪽으로 벗어나는 중요한 길목에 있어 예로부터 사람과 물자의 왕래가 매우 활발했던 곳이라는 설명이 있다.

참고로, 四大門_{사대문} 밖을 이루는 대부분의 지역이 조선의 서울 성 저십리에 해당하는 곳이다. 옛 길이 단위로 십리라고 하면 지금으로 는 대략 4㎞에 달한다. 그러니까 도성인 경복궁으로부터 4㎞의 바깥 이 대개 성저십리에 해당한다. 서울 성곽의 바깥쪽, 또는 사대문의 외부 영역이 이에 든다고 보면 좋다.

이번에는 역명을 이루는 앞 글자 往_왕을 따라가 보자. 우선은 '가 다'라는 새김이다. 왕십리라는 이름에서 쓰인 '往'이라는 글자가 우 선 그런 새김이다. "십리를 더 가야 한다"라고 했으니까 말이다. 우 리는 이 말을 생활 속에서도 잘 쓴다. "내가 왕년에 말이야…"라

무학대사와 도선대사의 전설을 품고 있는 왕십리.

고 폼을 잡을 때다. 그 왕년은 한자로 '往年'이다. '지나간(往) 세월(年)'이라는 뜻이다.

'旣往之事기왕지사'라는 성어적인 표현도 우리에게는 친숙하다. '이미(旣) 흘러간(往之) 일(事)'이라는 엮음이다. '已往이왕'이라는 단어도 꽤 가깝다. "이왕 일이 이렇게 벌어졌으니…"라고 할 때의 그 이왕이다. 역시 이미(已) 지나갔다(往)의 구성이다. 가고 오는 일을 우리는 往來왕래라고 한다. 가고 돌아오는 일을 거듭하면 往復왕복이다.

『禮記예기』에 등장하는 유명한 성어가 있다. '禮尚往來예상왕래'다. 예절(禮)에서는 가고(往) 오는 일(來)을 중요시한다(尚)는 뜻이다. 사람이 짐승과 다른 점은 예절을 알아 익히는 데 있다고 주장하면서 나온 말이다. 그 예절의 바탕 중 하나가 바로 내가 얻었으면 남에게 베풀 줄 알아야 한다는 것이다. 그렇다고 "오고 가는 현금(뇌물)으로 싹 트는 우정"이라고 하면 곤란하다. 받고 베풀 줄 아는 삶의 이치로 한 말이니, 주고받는 뇌물 또는 현금의 음험한 거래와는 상관이 없다.

오고 감, 가고 옴, 즉 '왕래'라는 단어가 등장하는 유명한 성어가 또 있다. '繼往開來계왕개래'다. 옛것, 혹은 '지나간 것(往)을 이어(繼) 미래(來)를 연다(開)'는 엮음이다. 朱子學주자학으로 조선의 사상계에 절대적인 영향을 미친 朱熹주희의 발언에서 나왔다. 그는 "옛 성현을 본받아 미래의 배움을 이어가야 한다"고 강조했다. 한자로 적으면 '繼往聖開來學계왕성개래학'이다.

유광종의 지하철
한자유유여행

옛날에 쌓인 지식은 매우 중요하다. 경험적으로도 그렇고, 사변적으로도 그렇다. 옛것을 깡그리 무시하고 새로움에 맞서는 일은 얼핏 보면 용기 하나만을 볼 때 가상스러울지 모른다. 그러나 무모하다 싶을 경우가 대부분이다. 옛것에서 길어 올리는 지혜는 미래를 보다 튼튼하게 열어갈 수 있는 열쇠이자 문고리다. 그래서 옛 사람들이 쌓은 지혜를 빌리려는 자세가 동양에서는 아주 돋보인다.

孔子공자가 언급한 溫故知新온고지신이 대표적이다. '옛것(故)을 익혀(溫) 새로움(新)을 알아간다(知)'는 엮음이다. 그뿐이 아니다. '承前啓後승전계후'라는 말도 있다. '앞의 것(前)을 이어받아(承) 뒤(後)를 열어감(啓)'이다. '承上啓下승상계하'도 마찬가지다. '위의 것(上)을 이어(承) 아래(下)를 연다(啓)'는 뜻이다.

이런 말에 토를 달 필요는 없다. 단지 옛것에 지나치리만큼 묻히거나 빠져들면 곤란하다. 그런 경우가 墨守묵수다. 전국시대 힘이 약한 나라를 도와 強國강국의 공세를 막아내는 데 도움을 줬던 墨子묵자의 이야기에서 나왔다. 그는 사상가이기도 했지만, 한편으로는 군사전략가이기도 했다. 특히 약한 나라를 도와 방어를 하는 데 매우 뛰어났다.

그런 방어술을 일컫는 단어가 '묵수'다. 그러나 일정한 방어 방법에만 매달려 고집만을 피우거나 새로움을 받아들이지 않는 경우가 문제다. 그래서 생겨난 말이 墨守成規묵수성규다. 묵자의 가르침대로 방어하는 것까지는 좋으나, 그것이 규범처럼 변해버리는 일(成規)이 문제였다. 그래서 '묵수'라는 말은 옛것, 또는 한 가지 방도에 무조건 매달리다 개선의 여지를 모두 없애버리는 일이다. 어리석음의 또다른 표현이 아닐 수 없다.

그래서 가고 옴, 이미 간 것과 새로 열 것을 일방적으로만 보면 좋지 않다. 둘에는 긴장관계가 숨어 있다. 옛것에만 몰두하는 사람은 발전의 여지가 적다. 그렇다고 옛것을 깡그리 무시하는 일도 어리석다. 그저 과거에 쌓은 축적에서 지혜의 빛을 얻고, 새로 다가서는 상황에도 둔감하지 않아야 한다. 역시 밸런스balance, 즉 균형의 올바름이 있어야 한다.

더위가 가시면 추위가 다가선다. 한자로 적으면 寒來暑往한래서왕이다. 더위가 가서서 가을이 오면? 그 뒤를 잇는 말이 秋收冬藏추수동장이다. 가을에 거둬들여 겨울에는 쌓아둔다는 뜻이다. 한자를 처음 익히는 아동들의 옛 교과서 『千字文천자문』에 등장하는 어구다. 그와 같은 계절의 변화는 春去秋來춘거추래다. 봄(春) 가니(去) 가을(秋)이 오는(來) 현상이다.

그렇게 흘러가는 것이 세월이자 시간이다. 그러나 한 사람의 생애만을 기준으로 볼 때 그렇다는 얘기다. 세월의 흐름은 흐르는 물(流水)과 같아서 멀리 떠내려 간 뒤 돌아오지 않을 듯도 하지만 보다 장구한 흐름에서 보면 그 세월은 오고 감, 즉 往來왕래의 끝없는 이어짐이다. 오고 감, 그의 반복은 우주의 끝없는 循環순환을 이야기한다.

그럼에도 내 눈앞에서 사라지는 것에 대한 미련은 크지 않을 수 없다. "만물이 모습을 바꾸고 별자리가 달라지니 가을은 몇 번이나 지났는고(物換星移幾多秋)"라는 탄식(唐당나라 시인 왕발의 『滕王閣序등왕각서』)이 흘러나오고 "산천은 의구하되 인걸은 간 데 없다"는 한숨(고려 말 야은 길재)도 새어나온다.

　　그래도 어쩔 것인가. 우주와 하늘, 그리고 땅은 세월을 향한 인간의 미련과는 상관없이 흐르고 멈췄다가 다시 흐른다. 우리는 무한한 그 세월의 흐름 속에서 어떤 마음가짐으로 살아가야 할까. 무엇을 지향하며 어떻게 살아가야 옳을까. 답은 없다. 묵묵히, 그저 꾸준하게 방향을 모색하며 앞으로 나아갈 뿐이다.

신당 새 新, 집 堂

조선에는 이곳에 巫堂무당이 많았다고 한다. 그 조선 왕조의 말년 비운을 우리에게 깨우쳐 줬던 구한말의 임금 고종 때의 각종 기록을 보더라도 그렇다. 궁중과 세도가의 집안을 버젓이 드나들던 이들이 무당들이었다. 神占신점을 치면서, 굿판을 벌이면서 활발하게 움직이던 이들이 무당이었다.

지금의 신당동에도 그런 무당들이 많이 살았던 모양이다. 서울 도성에서 죽은 사람의 운구행렬이 동쪽으로 나갈 때는 光熙門광희문, 또는 水口門수구문이라고 했던 곳을 빠져나가 땅에 묻혔다고 한다. 이 광희문은 서울 동남쪽의 四小門사소문 중 하나다.

그런 연유에선지는 몰라도 이곳에는 神靈신령에게 사람의 저승길 축복을 빌어주는 무당집이 꽤 발달했다고 한다. 그런 무당이 거처하는 공간, 내지는 사람들을 위해 복을 빌어주는 곳이 바로 神堂신당이다. 신을 모시는 당집이 크게 세워져 있고, 그를 중심으로 여러 무당들이 활동하는 모양새였을 것이다.

그런 무당들은 개화기에 접어들 무렵의 한반도에서는 '찬밥'신세를 면하기 어려웠을 테다. 그 대부분의 행동은 迷信미신으로 치부되

114

거나 적어도 과거의 유산 중에서는 가장 먼저 버려야 할 것으로 지목을 받았을 것이다. 무당이 많아 '신당'으로 불렸던 곳은 그래서 새 집이라는 새김의 '신당'이라는 이름으로 고쳐져 지금까지 전해지고 있다는 설명이다.

지금의 신당동을 이루는 한자 '新堂신당'이라는 두 글자는 『지하철 한자 여행 1호선』에서 모두 풀었던 대상이다. 新신은 신설동을 지나면서, 堂당은 시청역과 당정역 등을 지나면서 웬만큼 설명은 마쳤다. 사정이 그러하니, 여기서는 '堂'이라는 글자의 추가적인 쓰임새에 눈을 돌려보도록 하자.

堂당은 이미 설명했듯이, 집안의 공개적이면서 가장 멋진 건물에 해당한다. 물론 사립문에 닭과 병아리, 강아지 등이 틈을 헤집고 들락날락하는 시골의 초가집 이야기는 아니다. '高臺廣室고대광실'이라는 표현이 따르는, 높은 축대가 보이면서 넓고 우람한 기와집이 들어선 버젓한 양반집 가옥의 경우가 그렇다는 얘기다.

이 堂당은 廳청과 거의 동의어다. 양반의 기와집 가장 핵심 건물 중간에 넓게 만들어진 대청마루를 떠올리면 좋다. 외부 손님이 들더라도 이곳에 올라 주인과 함께 마주 앉거나, 집안의 크고 작은 행사 등이 벌어지는 곳이다. 일가친척이 대거 모여들어 치르는 제사와 결혼식 등 冠婚喪祭관혼상제의 중요한 이벤트가 대부분 이곳에서 치러진다.

그런 堂당과 대조를 이루는 곳이 室실이다. 우선 '寢室침실'이라는 단어가 있듯이, '室'이라는 글자가 따르면 이는 공개적인 곳이라기보다 비공개적이며, 개인적인 공간이다. 즉 나와 가족만이 들어갈 수 있는 방, 'room'이다. 그래서 '堂室당실'이라는 단어가 생긴다. 공개적인 대청마루와 은밀한 내실을 가리키는 단어다.

堂室당실은 '堂奧당오'라고도 적는다. 奧오라는 글자는 '구석', '잘 보이지 않는 곳'의 의미에서 한 걸음 더 나아가 은밀한 내실을 가리키는 뜻으로 발전한 셈이다. 孔子공자가 제자인 子路자로를 평하면서 "당에는 올라섰으나, 실에는 들어서지 못했다(昇堂而未入室)"고 한 점은 음미할 만한 대목이다. 높은 경지이기는 하나 최고의 단계에는 아직 이르지 못했다는 평가다. 이 점은 『지하철 한자 여행 1호선』에서 시청역을 지날 때 이미 풀었다.

'堂당'이라는 글자를 활용하는 단어는 꽤 많다. 우선 어머니의 별칭으로 등장한다. 예로부터 아버지는 엄하고, 어머니는 慈愛자애롭다고 했다. 그래서 嚴親엄친이면 아버지, 慈親자친이면 어머니다. 아버지가 내리는 가르침이면 嚴訓엄훈, 어머니가 주시는 그것은 慈訓자훈이다. 그만큼 어머니는 한 생명체에게 빼놓을 수 없는 사랑 그 자체다.

어머니를 이르는 호칭은 여럿이다. 우선 남의 어머니를 부를 때 '慈堂자당'이라는 말을 썼다. '집'을 가리키는 '堂'이라는 글자가 붙은 이유는 '어머니가 머무시는 곳'을 가리키려 함이다. 北堂북당도 마찬가지다. 남북으로 향한 집의 구조에서 가장 뒤편이자 북쪽의 내실에 머무는 모친을 가리키는 말이다.

'萱堂훤당'이라는 단어도 있다. 萱훤은 '忘憂草망우초'라고도 한다.

'근심(憂)을 잊는(忘) 풀(草)'이다. 먼 길을 떠나는 아들이 어머니 머무시는 곳 섬돌 아래에 '잘 돌아올 테니, 근심하지 마시라'는 뜻에서 심어 놓고 길을 떠나던 일에서 유래했다는 설명이 있다. 어머니 머무시는 곳이라며 직접적으로 적는 母堂모당도 마찬가지 단어다.

別堂별당은 건물의 본채 흐름에서 떨어뜨려 지은 건축이다. 일반적으로는 內別堂내별당과 外別堂외별당으로 구분한다. 앞의 내별당은 건축 구조에서 가장 안쪽에 있는, 별도로 사이를 띄워 지은 건축물이다. 시집가기 전의 딸을 비롯해 외부와는 접촉이 잦지 않은 가족의 여성 구성원들이 거처하는 곳이다. 男女有別남녀유별의 엄격한 성리학적 세계관을 보이는 건축이다. 그에 비해 외별당은 집 바깥에 별도로 지은 건축물로 바깥주인인 남성이 외부의 손님들과 만나서 어울리는 공간이다.

건축을 가리키는 용어는 이 밖에도 높이 축대 등을 쌓아 올린 臺대, 궁궐이나 사찰 등에서 양쪽 지붕이 높게 올라가도록 지은 閣각, 사방에 벽을 만들지 않아 풍광을 즐기면서 쉬어가도록 한 亭정, 역시 높게 우뚝 솟아 돋보이게 만든 軒헌이 있다. 궁궐 건축의 개념 중 하나인 殿전은 공개적인 행사를 치르도록 한 건축으로서 흔히 堂과 함께 어울려 殿堂전당이라는 단어로도 발전했다.

'堂號당호'라는 단어도 있다. 집주인의 성취, 그의 성격, 아울러 기호까지 드러내주는 집의 이름이다. 보통은 남성인 집 주인의 사회적인 성취와 그를 이뤘던 바탕의 성격 등을 표현하는 명칭이다. 구한말 때 일본의 제국주의 야욕에 강렬한 저항을 펼쳤던 萬海만해 韓龍雲한용운의 거처 당호는 尋牛莊심우장이었다. 소(牛), 찾아 나서기(尋), 사람의 집(莊)이라는 엮음이다. 여기서 소는 부처님이 설파한 진리의 요체를 가리킨다.

그런 당호는 무수하다 해도 좋을 정도로 많다. 조선의 웬만한 사대부, 또는 세도가의 지체 높았던 사람들의 집에는 그런 당호가 붙어 다녔으니 말이다. 중국에서는 상점의 호칭에도 많이 쓰였다. 중국의 가장 유명한 전통 약방인 同仁堂동인당의 경우가 대표적이라고 할 수 있다.

당호 가운데 제법 흥미를 끄는 게 있어 여기서 소개한다. 하나는 一言堂일언당이다. 한(一) 마디 말(言)이라는 뜻이다. 이는 집을 가리킬 수도 있고, 가게의 이름인 商號상호를 가리킬 수도 있는 말이다. 원래는 "가격을 두고서는 왈가왈부하지 말라"는 뜻이었다고 한다. 이른바 '정찰제'에 가까운 상거래를 주도하는 점포였던 듯하다.

주인이 제시하는 가격에 토를 달지 말라는 뜻인 셈인데, 품질과 가격에 있어서 거품을 빼고 진실하게 장사하는 집안이니, 제시한 가격 그대로를 받아들이라는 의미다. 어떻게 보면 정직한 장사일 수 있다. 아니면, 남들을 억누르려는 장사치일 수도 있다. 어쨌거나 일언당은 그런 의미에서 출발한 당호다.

그러나 이는 나중의 중국에서 "그렇다면 그런 것이지, 웬 잔말이 많으냐"는 뜻으로 변질했다. 내가 정하는 규범에 잠자코 따라오면

유광종의 시사칼럼
한자울여행

그만이지 웬 잔소리가 많으냐는 얘긴데, 지금 중국에서는 다른 이의 異論이론 제기를 원천적으로 봉쇄하는 독재적이면서 비민주적인 사람의 태도를 일컫는 말로 쓴다.

이와는 반대의 당호가 百忍堂백인당이다. 唐당나라 高宗고종 때 張公藝장공예라는 사람이 살았다. 고향집에서 9대에 달하는 대가족이 모여 살았다고 한다. 그러나 이 집은 집안 가족들이 서로 화목하게, 조그만 마찰도 없이 살아가는 일로 인근에 퍽 유명했다. 그 소문이 점점 퍼져 나라 임금인 고종의 귀에 들어갔던 모양이다.

고종은 급기야 궁금증을 참지 못해 장공예를 찾아가기로 했다. 기록에는 고종이 泰山태산에 제례를 올리러 가는 길에 그의 집을 들렀다고 했다. 고종은 "도대체 어떻게 해야 많은 가족들이 서로 화목하게 지낼 수 있느냐"고 물었다고 한다. 세상을 다스리는 최고 권력자인 황제로서 그 방법이 몹시 궁금했던 셈이다.

고종의 방문에 당황했던 장공예는 900명에 달하는 자신의 가족들이 모든 음식을 잘 나눠먹는다는 점을 설명했다. 그러자 고종은 배 두 개를 건네면서 "이런 상황이면 어찌 처리하느냐"고 물었다. 그러자 장공예는 배 두 개를 잘게 부숴 즙으로 탕을 만든 다음 가족들과 나눠먹는다고 했다.

이어 장공예는 황제에게 '참는다'는 새김의 글자인 忍인을 100번 써서 바쳤다고 한다. "부모인 사람이 참는 일을 제대로 하지 않는다면 자애로움을 잃을 것이고, 형제 된 자가 이 참음을 이루지 못하면

밖으로부터 집을 지키지 못한다…"는 내용의 설명과 함께였다. 그 래서 황제는 장공예의 집안에 百忍堂백인당이라는 당호를 하사했다는 것이다.

가정을 이루려면 一言堂일언당은 금물이다. 百忍堂백인당은 행하기가 어려워서 그렇지, 백 번 옳고 또 옳은 내용이다. 가정만이 아니다. 사 회생활에서도 마찬가지다. 내 마음에 자리를 잡고 있는 '인품의 집' 이 堂당일 텐데, 그 집의 堂號당호는 무엇일까. 스스로 한 번 달아볼 일 이다.

동대문역사문화공원

동녘 東, 클 大, 문 門, 지날 歷, 역사 史, 글월 文, 될 化, 공평 公, 동산 園

역명이 비교적 많이 바뀐 경우다. 인근에 들어서 있던 운동장 때문이다. 당초에는 이곳에 유명한 서울운동장이 있었다. 그래서 1980년 2호선 개통 때의 역명은 서울운동장역이었다. 그러나 이 운동장은 다시 동대문운동장으로 이름이 바뀐다. 1985년의 일이다. 그래서 그때 이름이 한 번 바뀐다. 동대문운동장역이다. 이름은 늘 그렇게 바뀌는 모양인데, 그에서만 그치지 않는다.

한국 축구와 야구 등의 체육사에 있어서 이 운동장의 역할은 지대했다. 1970년대 한국사회를 열광의 도가니로 몰아넣었던 고교야구를 비롯해 청룡과 백호팀이 활동하던 한국 축구 국가대표팀도 이곳에서 크고 작은 국내외 경기를 치렀다. 때문에 사람들에게 이곳은 한국 체육의 메카로 여겨지기도 했다. 그러나 이 운동장은 현재 모두 없어졌다. 도시의 발전이 불러온 필연적인 결과다.

2009년 이곳은 서울

최첨단의 DDP 건물이 들어선 옛 서울운동장 터.

시가 새로 만드는 명소로 변했다. 거대한 돔 형태의 문화와 예술 시설이 들어설 계획이 세워지면서 역명이 또 한 차례 바뀐다. 지금의 동대문역사문화공원이다. 서울 옛 성곽의 일부 시설이 있고, 세계적인 명소로 부상할 수 있는 대담한 형태의 디자인 플라자가 위용을 자랑하고 있다. 지하철 2, 4, 5호선이 지나가면서 인구 유동이 매우 많은 역세를 이루고 있다.

역명이 자그마치 아홉 글자에 달한다. 1~9호선 수도권 지하철 및 전철 역 가운데 가장 긴 이름을 자랑한다. 그러나 '東大門동대문'은 우리가 1호선 지하철을 여행하면서 이미 풀었던 내용이다. 歷史역사와 文化문화를 거론하자니, 그 범위가 너무 방대하다. 그러니 이 역에서는 마지막에 매달린 단어 公園공원을 이야기해 보도록 하자.

公園공원의 앞 글자인 公공은 公共공공을 뜻하는 글자다. 개인적인 공간이 아닌, 여러 사람이 함께 누리는 공간이라는 얘기다. 영어로 하자면 'public'이다. 이 글자에 대한 풀이는 다음으로 넘기자. 우리가 주목할 대상은 다음의 園원이다. 우선적인 새김은 '동산'이다. 그러나 자연적으로 만들어진 것이라기보다 인위적인 손길이 가해져 만들어진 장소다.

큰 집의 庭園정원이라고 보는 게 훨씬 빠르다. 그런데 이 글자는 다른 한자와 새김이 겹치는 경우가 있다. 우선 苑원이다. 아울러 뜰을 가리키는 院원과도 겹치는 경우도 있다. 모두 동산이자 정원, 나아가 집의 뜰이기는 하다. 그러나 쓰임새는 다른 때가 많다.

우선 園원은 식물이나 과일을 키우는 곳이라는 뜻이 대부분이다. 田園전원의 경우가 대표적이다. 농사의 목적을 달성하기 위해 식물이나 과실수 등을 심어 가꾸는 곳으로 보면 좋다. 때로는 황제 또는 임금이나, 그의 일족이 이승에서 숨을 거뒀을 때 묻히는 곳이다. 일종의 陵墓능묘에 해당한다. 園陵원릉이라고 적을 때는 그런 뜻이 더 분명해진다.

園林원림이라고 적을 때는 정원의 의미가 더 확실해진다. 중국에서는 일반적으로 큰 집에 딸린 정원을 가리킨다. 拙政園졸정원과 豫園예원 등 중국 장강 이남의 지역에 들어선 대규모의 정원들이 모두 이에 속한다. 농사적인 용도가 분명할 때는 園圃원포로 적는다. 이는 전통적인 정원은 아니고, 채소를 가꾸고 과수를 재배하는 곳이라는 의미다.

그런 곳에서 식물을 재배하며 과일을 키우는 기술이 바로 園藝원예다. 일정한 농업기술이 필요한 영역이다. 그런 농사를 전문으로 하는 사람이 園藝農원예농이다. 요즘은 사용하는 빈도가 낮지만 '園囿원유'라는 말도 있다. 뒤의 글자 囿유는 조금 있다가 다시 등장하지만, 어쨌든 울타리를 두른 정원을 '園囿'라고 했다.

일제강점기 때 조선을 지배했던 일본의 제국주의자들은 조선의 왕궁을 격하하는 데 제법 심혈을 기울였다. 그 가운데 대표적인 행위가 바로 왕궁에 宮궁이라는 이름을 붙이는 대신, 그를 苑원으로 낮춰 부르는 일이었다. 昌慶宮창경궁과 昌德宮창덕궁이 대표적이었다. 앞의 창경궁은 그래서 한때 昌慶苑창경원이었고, 창덕궁은 조그만 황실의 정원이었던 秘苑비원으로 대체했다.

창덕궁의 '비원'이라는 이름은 고종 때인 1904년 생겨난 이름이라고 한다. 그전에는 後苑후원, 北苑북원, 禁苑금원 등으로 불렸다는 것이다. 이런 쓰임새에서 눈치 빠른 독자들은 이미 알아챘을 테다. 이苑원이라는 글자가 임금의 居所거소 또는 활동장소인 궁전과 관련이 있다는 점을 말이다. 실제 사전적으로 볼 때 이 苑원은 왕조의 권력자인 임금 등이 동물과 식물을 키우는 정원이라는 뜻이다.

그곳에는 일반인의 출입이 불가능했을 게다. 그래서 둘레에는 엄격한 담을 두르는데, 그런 형태의 임금님 정원이 바로 苑囿원유다. 일제는 아마도 창경궁을 창경원, 창덕궁을 비원으로 격을 낮춰 부르고 그곳을 코끼리와 사자, 호랑이, 물개, 백곰 등으로 채운 뒤 일반인들에게 개방함으로써 조선의 왕권이 이미 사라졌음을 부각시키려 했을지 모른다.

'囿유'라는 글자 또한 정원을 가리킨다. 우리 사전에서 우선적인 새김은 '동산'으로 나와 있다. 그러나 엄격하게 따지자면 역시 帝王제왕이 노니는 장소다. 둘레에 일반인들이 함부로 출입하지 못하도록 담을 둘렀다는 점이 특징이다. 이곳에는 동물을 많이 키웠던가 보다. 임금 등이 이곳에서 사냥을 즐겼다는 점에서 그렇다. 둘레에 긴 담을 치고 짐승을 자라게 해 임금이 즐길 수 있도록 했던 제왕의 사냥터였다는 얘기다.

院원은 그에 비해 의미가 조금 다르다. 주택의 건축물로 둘러싸

유광종의 지하철
한자 역사 여행

인 마당이라고 해야 옳다. 우리 사전의 새김은 '집'으로 하고 있지만, 그에 앞서 사방의 건축물이 둘러싸면서 생긴 터라고 하는 게 낫다. 院落원락이라고 하면 집 건축물 가운데 생긴 뜨락의 의미다.

중국의 전통 주택 가운데 四合院사합원이라는 게 있다. 동서남북의 네(四) 건축물이 가운데 마당(院)을 향해 모였다(合)는 엮음이다. 우리식의 'ㅁ' 형태 한옥과 같은 꼴이다. 그런 바탕에서 이 院원은 나중에 '집'의 새김으로 발전한 듯하다. 法院법원이 그렇고, 病院병원이 그렇다.

담을 치든 말든 모두가 즐기는 정원이 필요하다. 왕조시대에나 임금 또는 그의 일족만이 즐기는 정원이 가능했겠다. 이제는 많은 사람이 함께 즐길 수 있는 곳이어야 한다. 그런 의미에서 公園공원이라고 했으니 얼마나 좋은가. 특권과 특혜가 없어져 만인 모두 평등하게 즐기고 쉴 수 있는 곳이 공원이다.

園원은 각종 기록에 많이 등장한다. 劉備유비와 關羽관우, 張飛장비가 복숭아밭에서 의형제로 맺어지는 장면을 우리는 桃園結義도원결의라고 기억한다. 그 다음에 벌어지는 사내들의 흥미진진한 이야기는 우리를 꽤 흥분시켰다. 복숭아 열리는 곳이 있으면, 배 열리는 곳도 있었을 테다. 그곳이 바로 梨園이원이다.

진짜 배가 열렸던 곳은 아닌 듯하다. 唐당나라 長安장안의 한 지명이었다는 설명이 있기 때문이다. 아무튼 이곳은 좀 유별난 곳이다. 옛 당나라 때의 '연예인 양성소'였으니 말이다. 楊貴妃양귀비와의 염문으로 유명했던 당나라 황제 玄宗현종은 음률에도 밝았던 모양이다. 이곳을 별도로 지정해 300여 명의 연예인들을 키웠다고 하니 말이다. 그래서 梨園子弟이원자제라고 하면 과거 중국에서는 곧 연예인을 가리켰다. 요즘의 중국에서도 문장을 쓸 때 사용하는 단어다.

梁園양원이라는 곳도 있다. 漢한나라를 세운 劉邦유방의 손자 梁孝王양효왕이 지은 정원이다. 중국에서 가장 화려한 정원을 일컫는 대명사이기도 하다. 둘레가 40~50㎞에 달했고, 그 안에는 각종 화려한 건축과 집기가 즐비했던 모양이다. 양효왕은 당시의 한나라에서 손꼽히는 실력자였다. 그래서 그가 지은 정원에서 머무는 식객이 한 둘이 아니었던 듯하다.

여러 사람이 그곳에서 먹고, 자고, 즐기는 데 부족함이 없었다고 한다. 그러나 양효왕은 나중에 황실의 견제에 밀려 권력을 잃고 만다. 따라서 화려하기 짝이 없던 양원도 황폐함을 면치 못했을 법. 그래서 사람들은 "양원은 비록 좋지만, 오래 머물 곳은 아니다(梁園雖好, 終非久戀之家)"는 말을 남겼다고 한다.

정원이 아무리 좋다고 해도 밥을 먹고 잠을 자는 거처만 같을까. 남이 꾸며 놓은 정원이 아무리 좋다 한들 내가 발 편히 뻗고 TV 리모컨 돌려대는 안방보다 편할까. 그런 의미를 건네는 성어다. 일시적인 안락은 결국 물거품처럼 사라지는 법이다. 내 중심을 잃지 않고 굳건히 서는 일이 중요하다. 공원은 잠시 즐기라고 만들어 둔 곳이다. 오래 그곳을 배회하면 사람 꼴이 조금 이상해진다. 공원 역시 하염없이, 아주 오래 머물 곳은 아니다.

유광종의 지하철 한자음 여행

을지로4가 새 乙, 지탱할 支, 길 路, 넉 四, 거리 街

이제 乙支路을지로다. 조선시대에는 '구리개'라는 이름으로, 일제강점기 때에는 黃金町通황금정통으로 적었던 거리다. 그 유래는 을지로입구역에 도착했을 때 다시 풀 예정이다. 옛 조선의 서울 판도에는 크게네 개의 간선도로가 지나간다. 서울 복판을 동서로 가로지르는 鐘路종로, 淸溪川路청계천로, 을지로, 退溪路퇴계로다.

이 가운데 을지로는 길이 약 2.7㎞에 너비 30m 정도의 거리다. 종로와 청계천로 등과 같이 서울 시내의 중요한 상업, 비즈니스 기능을담당하는 구역이다. 이 거리에 을지로라는 이름이 붙었을 때는 1946년이다. 일제가 물러간 뒤 해방을 맞이하면서 생긴 이름이다. 해방을맞아 민족의 얼을 기리기 위해 고구려의 최고 명장인 乙支文德을지문덕장군의 성을 따와 지었다는 설명이다.

을지로에 발을 들여놓는 김에 을지문덕 장군을 간단하게나마 회고하지 않을 수 없다. 그는 612년 고구려 영양왕 때 고구려가 중국대륙을 석권했던 隋수나라와 벌인 전쟁에서 기록적인 승리를 거둔 명장이다. 좀 더 자세한 고증이 필요하기는 하지만, 지금의 북한 청천강 일대라고 여겨지는 살수라는 곳에서 거둔 거대한 승리는 '薩水大

捷살수대첩'이라는 이름으로 우리에게 매우 잘 알려져 있다.

그가 수나라 장수 于仲文우중문에게 보낸 시는 아주 유명하다. 전략의 덫에 빠져든 敵將적장에게 군사를 돌려 이제 그만 돌아가는 게 어떻겠냐고 떠보는 내용이다. 전략의 우위에 서 있는 승자로서의 여유와 지혜로움이 그 안에 엿보인다.

신통한 책략은 하늘의 흐름에 닿았고	神策究天文
좋은 꾀는 땅의 이치를 꿰뚫었으니	妙算窮地理
싸움에서 이겨 그 공 또한 높겠구나	戰勝功旣高
이제 족함을 알아 그치는 게 어떠할까	知足願云止

중국의 사서인 『資治通鑑자치통감』에는 그의 이름이 尉支文德위지문덕으로 등장한다. 그가 어느 곳에서 태어나 어떻게 자랐는지에 관한 기록은 거의 없다. 고구려가 羅唐나당 연합군에 패망하면서 고구려에 관한 기록도 대부분 없어졌던 게 이유일지는 모르겠다. 그러나 조선 시대 후기의 洪良浩홍량호가 저술한 『海東名將傳해동명장전』에는 을지문덕 장군이 평안도의 石多山석다산 사람이라는 기록이 나온다.

100만이 넘는 병력을 이끌고 고구려를 치기 위해 먼 거리를 이동했던 수나라 煬帝양제의 대군은 살아남은 사람이 얼마 없을 정도의 참패를 당했다. 고구려 원정에서 그러한 대패를 당해 결국 국력이 기울어 마침내 수나라가 당나라에게 중국 대륙의 패권을 빼앗겼다는 점도 잘 알려진 사실이다.

이 을지문덕 장군을 기리는 일은 고구려의 패망 이후 지지부진했다. 『三國史記삼국사기』의 기록이 그나마 을지문덕의 영웅적인 면모를 전했고, 홍량호 등에 의해 조금 보완이 이뤄지다가 일제강점기의 역사학자로 항일에 나섰던 단재 申采浩신채호 선생이 "한반도 역사에서 최고의 영웅"이라고 기리면서 분위기가 조금 나아졌던 정도다.

실제 고구려 때도 을지문덕은 隨수나라와의 대전이 끝난 뒤 추가적인 행적이 드러나지 않는다고 한다. 수나라 100만 병력을 막아 세웠던 명장 중의 명장, 을지문덕은 왜 그렇듯 갑자기 역사의 무대에서 사라졌을까. 많은 상상력이 깃드는 대목이 아닐 수 없다.

춘추시대 병법의 대가였던 孫子손자는 전쟁을 가리키는 兵병이라는 글자를 두고 "죽느냐 사느냐, 남느냐 망하느냐를 가르는 길(死生之地, 存亡之道)"이라고 규정했다. 국가와 사회의 모든 힘을 쏟아 나서야 하는 곳이 바로 軍事군사의 영역이라고 주장했던 것이다. 지금도 마찬가지지만 고대의 왕조 사회 역시 전쟁이 따르는 군사의 영역은 국가존망의 갈림길이었음에 틀림이 없다.

요즘 대한민국의 장군은 출발부터 모양새가 이상하다. 처음으로 별을 달았다면 그 계급의 이름은 准將준장이다. 이 계급에 관한 한자 명칭을 언제, 누가 만들었는지는 잘 모르겠으나 문제가 만만치 않다. 准준이라는 글자가 '~에 합당하다'를 뜻한다. 따라서 언뜻 보면 그럴듯하지만, 그 의미에는 '겨우', '가까스로'라는 의미가 들어가 있다.

따라서 한자를 이해하는 사람의 입장에서 보면 대한민국 준장들은 '가까스로 별을 단 사람'의 이미지를 피해갈 수 없다.

少將소장 계급은 별 둘이다. 전술 단위인 사단을 직접 이끄는 사단장 반열의 계급이다. 그런 장군에게 '적다', '젊다'의 少소를 붙였다. 그나마 그 위의 계급인 中將중장과 大將대장 계급에 비해 '젊다'는 점을 강조한 이름이라고 이해할 수 있다. 그래도 나이 50줄을 훨씬 넘겨 오르는 소장 계급에 '젊다'의 뜻을 붙였으니 어딘가 개운치 않다.

한자 세계에서 將軍장군이라는 명칭은 조금 늦게 나왔다. 춘추전국 시대 기록을 보면 당시의 장군들은 대개가 卿경이나 大夫대부의 명칭을 얻었다. '將軍'이라는 용어도 나오기는 하지만, '군(軍)'을 이끌다(將)'는 의미였다. 그러나 전쟁이 빈발했던 고대의 환경에서 장군은 금세 자신의 자리를 찾는다. 오늘날의 將軍과 같은 의미로 말이다.

을지로4가 역에서 만나는 중부시장 입구.

간혹 지금의 소위, 중위, 대위를 적는 한자 尉위라는 글자도 장군을 가리켰다. 진시황의 진나라는 중국 전역을 통일한 뒤에도 최고의 장군을 太尉태위라고 불렀으며, 이는 漢한나라 때까지 제법 긴 시간 이어졌다. 한나라 武帝무제 때에는 大司馬대사마라는 직함을 얻기도 했다.

將帥장수라는 단어도 우리에게는 눈에 익다. 장군 중에서도 최고의 장군을 일컬을 때 쓰는 말이다. 帥는 여기서 '거느리다', '이끌다'의 새김이 강하다. 그 자체로서도 군대의 최고 지휘관을 일컫는다. 統帥통수, 大帥대수라는 단어도 그와 같다. 모든 지휘권을 쥐고 있는 사람은 元帥원수라고 적어 군대 조직에서 최고의 계급에 오른 사람을 가리키는 경우도 있다.

을지문덕이라는 영웅을 회고하다 보니 장군 얘기가 길어졌다. 전쟁은 국가와 사회의 존망을 다루는 영역이라 그를 이끄는 장수의 무게감이 대단하지 않을 수 없다. 하나 덧붙이고자 하는 것은 '어떤 장수가 싸움을 잘 할까'다. 고대 중국의 병법서인 『六韜육도』에 아주 그럴 듯한 대목이 나온다. 먼저 장수에게 있어야 할 다섯 가지 덕목인 勇용, 智지, 仁인, 信신, 忠충의 五才오재를 얘기했다.

"용기가 있으면 적이 덤비지 못하며, 지혜로우면 어지럽히지 못할 것이요, 어질다면 (부하를) 아낄 것이요, 믿음직하다면 속이지 못할 테며, 곧다면 다른 마음이 없을 것이다."
(勇則不可犯, 智則不可亂, 仁則愛人, 信則不欺, 忠則無二心.)

여기까지만 있으면 『육도』라는 고대 병법서는 그저 그렇다. 다음이 더 눈길을 끈다. 장군으로서 범하지 말아야 할 열 가지 사항을 거

론하고 있다. 이 점이 무척 흥미롭다. 열 가지 피해야 할 사항은 十過
십과라고 표현했다.

> "용기는 있으나 생명을 가벼이 보는 사람, 성격이 급해 마음으로 서
> 두르는 이, 탐하는 게 많아 이득을 좋아하는 인물, 어질지만 과감하
> 게 나서지 못하는 사람, 지혜롭지만 겁이 있는 이, 믿음직하지만 사
> 람을 함부로 믿는 인물, 깨끗하지만 남을 아끼지 못하는 사람, 머리
> 는 좋으나 행동이 굼뜬 이, 겉으로 강해도 자신만을 아는 사람, 부
> 드럽지만 남에게 의지하길 좋아하는 이."
> (有勇而輕生者, 有急而心速者, 有貪而好利者, 有仁而不忍人者, 有智
> 而心怯者, 有信而喜信人者, 有廉潔而不愛人者, 有智而行緩者, 有剛
> 毅而自用者, 有儒而喜任人者.)

'五才十過오재십과'는 아주 유명한 評語평어다. 국가의 존망을 다루
는 전쟁터에 서는 장군의 재목과 덕목을 함께 이야기하고 있다. 용기
를 먼저 세우고, 지혜를 다음에 이었다. 어짊과 믿음, 충직함이 그 다
음이다. 그러나 그게 다가 아니다. 그런 덕목을 지녔으면서도 전쟁터
에 선 사람으로서의 '현장감'이 없으면 패망하기 쉽다. 마음속 다짐
과 현장에서의 긴장감을 다 강조하고 있다.

씹고 또 씹으면서 새겨볼 대목이다. 모든 삶이 사실은 싸움 아니
고 무엇일까. 높은 경지의 성취를 이루기 위해서는 나 자신과의 싸움
에서 우선 이겨야 한다. 마음속의 수많은 갈등과 번민에서 먼저 이겨

유광종의 지하철
한자어행

야 한다. 위의 평어들은 사실 그런 점도 함께 지적하고 있는 듯하다.

이에 견줘도 을지문덕은 아마 대단한 장수였을 테다. 名將명장의 반열을 넘어 하늘이 내린 神將신장, 심지어는 군사의 신이라는 뜻에서 軍神군신이라고 해도 좋을 정도겠다. 그러나 왜 그는 1,400여 년 전 고구려의 시공에서 홀연히 사라졌던 것일까. 우리는 그를 기억하기 위해 얼마큼의 노력을 기울였을까.

영화에서 잠깐 만나는 이순신 장군도 마찬가지다. 영화 자체에는 흥분하지만, 우리가 직접 겪었던 전쟁을 우리는 얼마나 기억하고 있는 것일까. 우리가 전쟁에 둔감하지는 않을까. 잊으면 또 당하는 게 전쟁의 참화인데, 우리는 60여 년 전의 전쟁을 제대로 알고는 있기나 할까. 을지로에 들어서는 마음이 우선은 가볍지 않다.

을지로3가 새 乙, 지탱할 支, 길 路, 석 三, 거리 街

을지로라는 이름을 단 세 개의 역, 2호선 '을지로 3형제'의 이번 3가
역은 주변에 명동성당을 두고 있어 유명하다. 이 역에서는 支지라는
글자에 대해서 알아보자. 이 글자는 대나무 반쪽(十)을 손으로 움켜
쥐고 있는(又) 모습의 형용이다. 따라서 우선은 무엇인가를 떠받치는
뜻을 지닌다.

　어떤 물건 등을 떠받치고 있을 때 우리는 그런 행위를 '지탱'이라
고 부르며, 한자로는 '支撑'이라고 쓴다. 역시 비슷한 새김의 동작을
일컬을 때 支持지지라는 단어를 사용한다. 버티다, 견디다 등의 새김이
이 글자에는 들어 있는 셈이다. 그런 뜻에서 한 걸음 더 나아가 어떤
상태를 유지하면서, 또는 그럴 수 있도록 도움을 보탠다면 支援지원
이다.

　대부분의 한자가 그렇듯 이 글자 또한 새김이 아주 여럿이다. 모
두 다 소개할 수는 없지만 대표적인 새김을 꼽자면 우선 눈에 띄는
게 '가지', '갈라진 것' 등이다. 나뭇가지의 갈라짐, 큰물의 갈라짐 등
에 다 등장한다. 본점에서 갈라져 나간 작은 영업장소 등을 支店지점
이라고 표현하는 경우, 큰물에서 갈라진 흐름을 支流지류라고 적는 경

우가 그렇다. 큰 산맥에서 떨어져 나간 흐름은 支脈지맥이라고 적는다.

아울러 손에 무엇인가를 쥐고 있으면서 이를 교환하는 의미도 있었던 모양이다. 그래서 상대에게 금전이나 곡식 등을 내준다는 뜻도 얻었다. 支給지급, 支拂지불,

서울 도심의 주요 간선인 을지로 거리.

支出지출 등이 그런 예다. 거두고 지급하는 경우를 收支수지라고 하는데, 역시 같은 맥락이다.

支障지장이라는 단어는 우리 입말에서 꽤 익숙하다. 그러나 한자의 엮음이라는 측면에서 살필 때는 아무래도 자연스럽지 못하다. 위에 소개한 새김이나, 용례 등을 덧대 풀려고 해도 풀기가 제법 어려운 단어다. 역시 일본식 조어다. 일본에서는 어떤 맥락으로 이런 단어를 만들어 냈는지 궁금해지는데, 아무래도 전체적인 고장이 아닌 부분적인(支) 고장(障)을 말하는 듯하다.

支配지배라는 단어가 아무래도 마음에 걸린다. 支가 '지탱하다', '유지하다'의 뜻에서 한 걸음 더 나아가 '장악하다'라는 의미를 얻었던 것일까. 어쨌든 무엇인가를 유지하면서 지니는 행위로 볼 수 있

다. 뒤의 配배는 물자를 포함한 일반 자원을 남에게 配分배분하는 행위로 볼 수 있다. 물자를 포함한 자원 일반을 남에게 배분하거나 配給배급해 주는 일은 사실 '권력'에 가깝다.

일반 생활에 없어서는 안 될 물자 및 자원 등을 남에게 나눠주는 일은 일정한 범위에서 상황을 주도할 수 있는 '권력' 또는 '주도권', 나아가 헤게모니를 쥐지 않으면 불가능한 일이다. 그런 뜻에서 이 支配지배라는 단어를 풀 수 있을 듯하다. 결국 그런 권력을 지닌 이는 상황을 제 마음대로 요리할 수 있는 법이다. 따라서 '남들을 다스리다'의 뜻으로 발전했을 듯하다. 支配的지배적이라는 단어는 우리에게 아주 익숙하고, 支配力지배력이라는 단어 또한 그렇다.

天干천간과 地支지지는 옛 선조들의 생활에서 반드시 따랐던 개념이다. 甲乙丙丁戊己庚辛壬癸갑을병정무기경신임계 등 10개가 위의 줄기(天干)를 이루고, 子丑寅卯辰巳午未申酉戌亥자축인묘진사오미신유술해의 12개 글자가 아래의 바탕(地支)을 이룬다. 둘을 하나씩 조합해 60개의 묶음을 만들어 내면 이른바 60干支간지다. 천지우주의 조화, 만물의 운행 등을 이 60개의 조합으로 풀어내는 게 동양의 易理역리다.

우리가 이번 역에서 집중적으로 다루는 支지라는 글자가 중국을 가리킬 때가 있다. 바로 支那지나다. 옛 중국을 가리켰던 단어다. 원래의 출발은 산스크리스트어인 梵語범어를 한자로 번역하는 과정에서 등장했다고 한다. 그러나 나중에 이 단어는 옛 중국을 가리키는 단어로 발전했다. 그러나 이 단어를 현대 중국인들 앞에서 함부로 썼다

유광종의 지하철
한자로 여행

가는 낭패를 보기 십상이다.

원래의 쓰임과는 상관없이 일본의 근대 제국주의자들이 중국을 침략하고 유린하면서 중국이나 중국인들에 대한 蔑稱멸칭으로 남용했기 때문이다. 제국주의의 야욕은 힘없는 대상을 함부로 다루고 짓밟았다. 따라서 그런 맥락으로 부른 제국주의자들의 멸칭을 배경에 대한 이해 없이 함부로 사용하는 것은 현대 중국인들을 욕보이는 일이다. 그러니 이 단어를 중국과 중국인에게 사용하는 데 있어서는 조심하는 게 좋다.

그러나 원래 이 단어의 생성과 발전을 감안하면 제국주의자들의 멸칭과는 큰 상관이 없다. 잘 알려져 있다시피 이 단어는 고대 중국의 최초 통일체인 秦진나라의 호칭에서 유래했다. 지금 중국은 '중국'이라 부르지만, 원래 이 단어의 쓰임은 고유명사로서의 중국을 가리키는 말은 아니었다. 한자로 中國중국으로 적는 이 단어의 원래 쓰임은 '가운데 있는 나라(또는 성)'의 의미였다. 따라서 고유명사라기보다 일반명사에 가까웠다.

원래의 중국인들이 스스로를 일컬을 때 썼던 명사는 다양하다. 우선 赤縣적현이라는 단어가 보인다. 진시황이 출현하기 훨씬 전에 등장했던 단어다. 아무래도 빨강을 선호했던 周주나라와의 전통과 관계가 있는 듯하다. 아울러 중국 전역을 아홉 개의 주로 나눴다고 해서 九州구주, 또는 신령한 땅이라는 뜻에서 神州신주라고도 했다. 뒤의 神州는 요즘 중국인들이 쏘아 올리는 우주선의 이름으로도 쓰이고 있다.

가장 많이 썼던 옛 중국의 명칭이 華화 또는 夏하다. 중국을 세계의 중심이라는 뜻에서 華로 표기했는데, 이는 1호선 여행에서 언급했듯이, 원래 해나 달의 주변에서 나오는 光彩광채를 가리켰다. 그래서 아름다운 것, 훌륭한 것, 나아가 예쁘고 고운 것의 의미를 얻으면서 발전했다. 자신을 華로 표기하고, 주변을 '오랑캐'라는 뜻의 夷이로 적어 세계를 華夷화이로 적었던 중국의 옛 세계관은 잘 알려져 있다.

夏하는 전설상의 왕조를 가리키는 글자다. 어쨌든 華화와 夏가 번갈아 끼어들면서 고대 중국의 자부심을 표현했다. 게다가 '모두', '전체'라는 뜻의 諸제라는 글자를 앞에 붙여 諸華제화, 諸夏제하라는 호칭이 등장했고, 때로는 中夏중하, 方夏방하라는 호칭도 나왔다.

治水치수에 성공해 중국을 다스렸다는 禹우 임금을 등장시켜 禹城우성, 禹甸우전이란 명칭도 만들었고, 급기야 바다의 안쪽이라는 뜻의 海內해내라는 이름도 선보였다. 그러나 압권은 역시 中華중화다. 세상의 가운데에 있다는 자부심을 표현하는 中에 가장 아름다운 것을 가리키는 華를 덧댄 표현이다. 지금의 중국을 문화적으로 표현하는 대표적인 단어가 바로 이 中華다. 그 중심에 관한 자부심이 지나쳐 제 것을 마냥 높게, 남의 것을 줄곧 낮춰 보려는 경향이 바로 中華主義 중화주의다.

남이 중국을 불렀던 옛 명칭도 다양하다. 우선은 앞에 소개한 支

那지나가 대표적이다. 원래는 인도에서 중국을 호칭하는 말이었다고 한다. 인도인들은 고대 중국을 'Chini'라 불렀고, 한자로 음역하는 과정에서 支那가 나왔다는 설명이다. 인도유럽어계의 고대 로마제국 사람들이 중국을 부르는 호칭 'Sinoa', 프랑스어 권역 사람들이 불렀던 'Chine' 등이 다 이런 맥락이다. 물론 중국 전역을 최초로 통일했던 진시황의 秦진나라를 겨냥했던 호칭이다.

'Serice'라고 부르면서 賽里斯새리사라고 적는 호칭도 있다. Serice 는 비단을 일컫는 고대 로마어라고 한다. 역시 비단의 종주국인 중국을 일컫는 이름이다. Sin, Thin, Sinai, Thinai 등의 단어도 고대 로마인들이 중국을 부르는 명칭이었다고 한다.

'Cathay'라는 표현도 있다. 조금 후대의 이야기다. 契丹거란이 중국의 광역을 다스렸을 때 서양의 사람들이 중국을 불렀던 호칭이다. 지금은 캐세이퍼시픽Cathay Pacific, 한자로는 國泰이라는 항공사의 이름에서 볼 수 있는 단어다. Cathay는 거란 사람들을 일컫는 '키타이'에서 유래한 것으로 볼 수 있다. 중국 광역을 점령했던 옛 거란의 위세를 느끼게 해주는 명칭이다.

중국은 또 漢한과 唐당이라는 글자로 통칭되기도 했다. 중국 역대 왕조 중에서 가장 강력하며 번창했던 왕조라서 그랬던 모양이다. 그러나 두 글자 중 일반적으로는 唐이 조금 더 우세를 보인다. 외국에 나가 있는 중국인의 거리를 唐人街당인가라고 적는 사례가 그렇고, 중국인의 전통 복장을 唐裝당장이라고 적는 경우, 외국에 있는 중국인들이 자신의 고향을 唐山당산이라고 적는 경우가 다 그렇다.

그러나 漢한은 중국 초기 문명이 자리를 잡을 때 그 정체성을 이루는 바탕 개념으로 등장했던 까닭에 지금도 효용이 매우 높은 편이다. 당시의 글자체계를 漢字한자로 표현한다거나, 그 문장을 漢文한문으로 적는 경우가 그렇다. 지금까지 중국인의 대부분을 漢族한족으로 적는 일도 마찬가지다.

아무튼 중국의 호칭은 아주 다양하다. 거대한 면적에 세계 최다의 인구를 자랑하는 지구촌 구성원이라서 그렇다. 그래도 支那지나라는 호칭을 중국인에게 쓰는 일은 가급적 삼가자. 문화적인 맥락에서는 편견이 스며들지 않은 호칭이기는 하나, 19세기와 20세기 초에 일본의 제국주의가 이 명칭을 아주 고약하게 써먹었기 때문이다. 그들이 한반도 사람들을 '朝鮮人조센진'이라며 낮춰 불렀던 것과 같은 맥락이다.

1930년대 중국을 지배했던 蔣介石장제스의 국민당 정부는 "일본이 우리를 支那지나라고 적은 모든 외교 공문은 받지 말 것"이라는 훈령을 내렸을 정도다. 그렇게 제국주의 야욕이 고스란히 담긴 용어를 우리가 중국인에게 쓸 이유는 없다. 그런 말 함부로 썼다가 낭패를 본 한국 기업인의 경우가 있어서 그렇다. 조심하고 또 조심할 일이다. 이웃을 배려하는 마음은 괜히 중요한 것이 아니다.

유광종의 지하철
한자을 여행

을지로입구 새 乙, 지탱할 支, 길 路, 들 入, 입 口
을지로1가 乙支路1街

이곳을 불렀던 원래의 지명은 '구리개'다. 을지로 1가와 2가 사이의 나지막한 고개를 일컬었던 이름이라고 한다. 짙은 색깔의 황토로 이뤄져 있었고, 비가 오면 진창으로 변해 사람의 통행에 고초를 보탰던 곳이라는 설명이 있다. 아울러 먼발치에서 보면 고개가 구리 색깔로 보여 구리와 고개의 합성인 구리개라는 이름을 얻었다는 것이다.

이 구리는 원래 구름을 지칭하는 방언과 비슷해 때로는 구름재로 불리기도 했다고 한다. '재' 또한 고개를 뜻하는 순우리말이다. 이에 따라 조선 때에는 구리개를 한자 仇里介로 적었고, 뜻만을 뽑아 銅峴동현으로 적기도 했다. 구름재라는 이름을 한자로 적을 때는 雲峴운현으로 적었고, 일제가 한반도를 강점한 시기에는 구리 색깔을 황금으로 각색해 黃金町황금정으로도 불렀다.

이번에 우리가 집중적으로 살필 한자는 '길'을 가리키는 路로다. 을지로와 종로, 청계천로, 퇴계로 등 서울의 큰 길 명칭에는 대개 이 글자가 붙는다. 劉熙유희라는 이가 펴낸 중국의 고대 事典사전 『釋名석명』에는 이 글자를 '드러내다'라는 새김을 지닌 한자 露로로 풀었다. 사람이 밟고 다녀 '드러난' 흔적, 그런 의미에서의 '길'이라고 본 셈

을지로입구에 있는 옛 한국전력 본사 건물.

이다.

일반적으로 길을 가리키는 한자어는 道路_{도로}다. 그러나 앞의 道_도는 추상적인 의미를 많이 간직하고 있어 路_로와는 조금 다르다. 사람의 머리를 가리키는 首_수라는 글자가 들어 있다는 점을 눈여겨보는 사람이 제법 있다. '머리로 헤아리는 길'이라는 의미가 들어 있다는 주장이다. 그래서 이는 단순한 길이 아니다. 머리를 써서 헤아려야 하는 길이다.

그러니 孔子_{공자}도 그랬고, 老子_{노자}도 그랬다. 종국에 다다를 진리, 그곳에 이르는 길이라는 道_도의 개념으로 이 글자를 썼다. 그래서 道라는 글자는 진리, 또는 그곳에 도달하기 위해 가야 하는 길의 의미로서 동양의 정신세계를 줄곧 지배했던 글자다. 그런 점에서 길은 길이되, 단순히 사람이 밟고 다니는 길이 아니다. 그러나 이제는 일반적인 의미의 길을 가리키는 단순 명사로도 쓴다.

길은 국가와 사회의 근간이다. 사람이 오가고, 물자가 오가며, 마소와 수레가 움직이며, 싸움이 붙어 군대가 이동하는 게 길이다. 이

길을 제대로 닦지 못하면 국가와 사회의 사람 움직임, 물자의 이동이 불가능하거나 크게 움츠러든다. 그래서 옛 왕조에서는 이 길을 닦고 보전하는 데 국력의 상당 부분을 쏟았다.

殷은, BC 16~BC 11세기이라는 왕조에서도 벌써 그 길의 중요성을 알아챘던 모양이다. 왕조의 흔적이 남아 있는 고고 발굴 현장에서는 당시에 이미 토기의 파편을 이용해 단단하게 다진 길의 흔적이 나왔다. 그 뒤를 이은 周주, BC 11~BC 5세기나라는 그 도로에 관한 구획이 더 엄격했던 모양이다.

관련 기록을 보면 "길이 단단하고 화살처럼 쭉 뻗었다"는 표현이 나온다. 아울러 수도에 해당하는 곳과 그 바깥의 교외지역 도로를 구분했다. 당시 도회지와 시골의 경계는 성벽으로 갈랐다. 성벽 안쪽을 國中국중으로 표현했고, 그 바깥을 鄙野비야라고 적었다. 아울러 그곳의 도로를 經경, 緯위, 環환, 野야로 구분했다.

經경은 남북으로 낸 길, 緯위는 동서로 뻗은 길이다. 도회지 외곽을 두른 성벽을 따라 낸 길이 環환이고, 성벽 바깥인 지역의 길을 野야라고 적었다. 서양인들이 지구를 'longitude'와 'latitude'로 나눴고, 동양의 한자 세계 사람들은 이를 다시 왜 經度경도와 緯度위도의 한자로 번역했는지 알 수 있는 대목이다. 성 바깥인 鄙野비야 지역의 도로에도 등급을 매겼다.

路로, 道도, 塗도, 畛진, 徑경이다. 가장 작은 길인 徑은 사람이 겨우 다닐 만큼 좁은 길, 畛은 마소가 다닐 수 있는 길이다. 그보다 큰 길이 塗, 다시 더 넓은 길이 道, 가장 큰 길이 路였다고 한다. 이 길을 닦고 보전하는 사람도 있었는데, 匠人장인과 遂人수인이다. 요즘 건설 교통부 장관에 해당하는 관직으로는 司空사공도 뒀다고 하니, 고대 왕조인 주나라가 길을 얼마나 소중히 여겼는지 알 수 있다.

중국을 최초로 통일한 진시황의 秦진나라는 馳道치도로 유명했다. 달린다는 새김의 馳치가 말해주듯 거침없이 말을 타고 달릴 수 있는 당시의 '고속도로'였다. 진시황이 머물렀던 咸陽함양의 아방궁에서 중국 전역을 향해 뻗어나간 도로다. 길을 보전하기 위해 이미 가로수도 심었고, 흙을 다지기 위해 금속으로 만든 장치를 부설했다고도 한다.

街가도 매우 큰 길을 가리킨다. 行행과 圭규의 합성 글자인데, 사전적인 풀이에 따르면 行은 '가다'라는 새김 외에 '네 갈래 길'의 의미가 있으며 圭는 '평지'의 뜻이라고 한다. 평지에 네 갈래 길이 맞물려 있는 꼴이다. 일반적으로는 양옆에 민가와 상점 등이 즐비한 큰 거리를 가리킬 때 이 글자 街를 썼다는 설명이다.

이 行행이라는 글자가 부수로 작용하면서 만들어지는 글자가 여럿이다. 衝충이 그 한 예인데, 이 글자를 우리는 "충격적이네"라면서 많이 쓴다. 왜 '충격'일까. 한자로는 衝擊이다. 衝은 고대 싸움터에 등장했던 전차 중에서 가장 큰 것에 속한다. 주로 상대의 성벽을 허물 때 등장하는 아주 큰 덩치의 전차였다. 그런 거대한 전차가 때리는(擊) 일이 바로 충격이다.

유광종의 지하철 한자로 여행

이 글자 衝충은 그로부터 한 걸음 더 나아가 '큰 길'의 의미를 얻었다. 대단한 크기의 수레가 다닐 수 있을 정도로 큰 길이라는 뜻이다. 그런 큰 길이 모여 있는 곳은 어딜까. 군사적으로 매우 중요한 곳이 아닐 수 없다. 그래서 우리는 要衝요충이라는 말을 쓴다. "이곳이 바로 전략적 요충"이라고 표현할 때다.

'康衢煙月강구연월'이라는 성어를 한때 자주 썼다. 아주 평화로운 모습을 표현하는 성어다. 康衢강구라는 두 글자 모두 아주 큰 길이다. '四通八達사통팔달'의 성어로 표현할 수 있는 사방팔방으로 통하는 길을 가리킨다. 煙月연월은 은은하게 내(煙)가 끼어 있는 상태에서 비추는 달빛을 표현했다. 성어는 크고 넓은 길, 은은하게 비치는 달을 표현했다. 따라서 전쟁이 없어 평안한 상태를 가리키는 성어다. 衢구라는 글자에도 行행이 들어가 있는 점에 주목하자.

일반적인 길을 가리키는 글자 중에는 途도가 있다. 우리 쓰임도 제법 많다. 이 글자는 塗도, 涂도와 통용했었다. 그러나 대표적으로 쓰는 한자는 途다. 道도와 路로에는 미치지 못하지만, 수레가 다닐 수 있는 제법 넓은 길에 해당한다. "중도에서 뜻을 접었다"고 할 때의 '중도'는 한자로 中途다. 길을 가던 중이라는 뜻이다. "별도로 해라"고 할 때의 '별도'는 한자로 別途, 쓰임새를 가리키는 '용도'는 한자로 用途다.

康莊강장이라는 한자어도 가끔 출몰하는데, 얼핏 봐서는 안녕(康)하며 장엄(莊)하다고 풀기 쉽다. 그러나 이 두 글자 역시 사통발달의 큰 길을 가리킨다. 康衢강구는 앞에서 나왔고, 康途강도라고 적으면 '큰 길'의 뜻이다. 逵규라는 글자도 역시 사통팔달의 도로다. 그래서 康逵강규, 逵途규도, 逵路규로라고 하면 큰 길을 지칭한다.

좁은 길도 많다. 앞에서 소개한 徑경이 대표적이다. 사람 하나 겨우 지나가는 길이다. 蹊혜와 徯혜도 모두 같은 뜻이다. 우리식으로 생각하면 오솔길 정도가 이에 맞을 듯하다. 지름길을 한자어로 적을 때는 捷徑첩경이다. 가로질러 빨리 목표에 이르는 길이니 아주 좁을 것이다. 그래서 徑으로 표현했다.

阡陌천맥도 좁은 길이다. 논이나 밭이 있는 시골 지역의 작은 길을 일컬었던 한자다. 앞의 阡천은 남북으로, 뒤의 陌맥은 동서로 난 작은 길이다. 중국에서는 '낯설다'는 말을 陌生맥생으로 적는데, 원래는 작은 길을 걷다 마주친 생소한 사람을 가리키는 말에서 나왔다. 그런 사람을 陌路人맥로인 또는 陌路맥로라고 적었던 데서 유래했다.

절벽이 발달한 중국 일부 지역에서 흔히 볼 수 있는 길이 棧道잔도다. 절벽에 구멍을 내서 나무나 쇠로 받침대를 끼운 뒤 판자 등을 위에 올려 낸 길이다. 험준한 산악지역을 오가기 위해 낸 길이다. 높이 낸 길이라는 뜻에서 閣道각도라고도 적으며, 때로는 棧閣잔각이라는 단어로도 부른다.

좁은 길은 羊腸양장과 鳥道조도로도 적는다. 양의 창자처럼 구불구불하면서 매우 좁은 길이 羊腸, 새만 겨우 날아 지나갈 정도로 높고 험한 길을 鳥道라고 했다. 그럼에도 사람은 길을 가야 한다. 버티면서 살고자 하는 사람은 결국 길을 나서는 법이다. 唐당나라 천재 시인 李白이백의 경우가 그랬던 모양이다. 棧道잔도가 많아 험한 길로 유명한 지금의 쓰촨(四川) 북부지역에 들어섰을 때다. 친구를 보내면서 그는 이런 한탄을 한다.

"어허야아! 위태롭구나, 높을시고.
촉나라 길은 어렵다, 푸른 하늘 오르기보다 어렵다."
(噫吁嚱, 危乎高哉. 蜀道難, 難於上靑天.)
          - 지영재 편역, 『중국시가선』(을유문화사, 2007)

아주 유명한 표현이다. 쓰촨은 옛 촉蜀나라가 있던 곳이라 그곳 가는 길을 蜀道촉도로 표현했다. "하늘 오르는 일보다 어렵다"면서도 이백 역시 길을 나서고 있다. 무거운 짐을 지고 먼 길을 가는 게 인생이다. 그러니 꾸준해야 옳다. 소의 걸음으로 부지런히, 서둘지 않으며, 꿋꿋하게 길을 가야 한다. 그런 멋진 성어가 있다. '負重致遠부중치원'이다. 무거운 짐(重)을 지고(負) 먼 곳(遠)에 이르는(致) 일이다. 길을 나서면서 이 말 떠올리자. 천천히 뚜벅뚜벅. 그래서 이르는 경지가 저 먼 곳이면 좋다. 짐을 놓지도 말아야 하며, 먼 곳에 이르려는 마음가짐도 허물지 말아야 한다. 인생의 길이 꼭 그렇다.

시청~대림

시청 저자 市, 관청 廳

1호선과 겹치는 환승역이다. 1호선 구간을 여행할 때 이 시청역은 자세히 언급했다. 그렇다고 2호선을 여행하면서 건너 뛸 수는 없다. 1호선 여행 때는 영어인 'City hall'을 왜 市廳시청이라는 한자로 옮겼는지 설명했다. 그러면서 뒤의 廳청이 원래는 예전 건축물을 일컫는 글자였음을 말했다.

그 廳청과 거의 같은 새김으로 쓰는 글자가 堂당이다. 앞의 廳은 한옥에서 조상에게 제례를 올릴 때 사용하는 大廳대청을 떠올리면 좋다. 그와 거의 같은 쓰임으로 만든 곳이 堂인데, 옛 동양 건축에서 공개적이어서 집 바깥의 사람들이 들어와 집 주인과 어울릴 수 있는 곳이다. 아울러 집의 바깥주인이 이곳에 기거하는 게 보통이라, 번듯한 옛 동양의 건축물 중에서 이 堂은 가장 핵심을 이루는 건축이다.

그래서 이 堂당과 廳청은 제대로 공을 들여 짓는다. 따라서 다른 건축물에 비해 모양이 가장 멋지고 뛰어나다. 그런 까닭에 堂堂당당이라고 적으면 모양과 기품이 그럴 듯함을 형용하는 말이다. 그에서 더나아가 우리는 '正正堂堂정정당당'이라는 말을 얻었다. 바르고 멋진 모습이다.

유광종의 지하철
한자로 여행

그렇듯 옛 동양에서는 집의 건축물에 사람의 모습을 비유하는 경우가 적지 않았다. 따라서 우리가 지나는 2호선 시청역에서는 옛 동양 건물에 관한 명칭을 간단하게나마 훑어보도록 하자. 대개가 우리에게는 어딘가 눈에 익다고 느껴지는 용어들이다.

자주 쓰는 성어식 표현에 '高臺廣室고대광실'이라는 말이 있다. 높은(高) 대(臺)에 넓은(廣) 방(室)이다. 아주 좋은 집을 가리키는 내용이다. 여기서 臺대와 室실이 건축을 일컫는 글자다. 臺는 흙이나 돌로 쌓은 축대 위에 올려 지은 집을 가리킨다. 따라서 그냥 평지에 짓는 집보다 훨씬 웅장하며 크게 돋보이리라는 점은 충분히 짐작할 수 있다. 병자호란 때에 남한산성에 쫓겨 들어간 임금 仁祖인조 등 왕조의

구한말 고종의 비애가 서린 덕수궁 대한문 모습.

서울시청의 옛 청사(왼쪽)와 새 청사가 대조를 이루고 있다.

실력자들이 연일 회의를 열었던 곳이 守禦將臺수어장대인데, 그런 건물을 지칭한다.

室실은 위에서 소개한 堂당이나 廳청과는 대조를 이루는 건축이다. 공개적인 행사를 치러 외부의 사람들도 모여드는 堂과 廳에 비해 집 주인이 거처하는 매우 사적인 공간이다. 우리식으로 따지면 그냥 방이다. 건축물 가운데 가장 은밀한 곳, 가장 사적인 장소를 가리키는 글자다.

모래 위에 지은 집을 지칭할 때 '砂上樓閣사상누각'이라는 성어를 쓴다. 부드러운 모래 위에 집을 지으면 무너지기 십상이다. 기초가 튼튼하지 못한 상황, 그래서 부질없을 듯한 일 등을 가리킬 때 쓰는

유광종의 지하철
한자음여행

성어다. 여기에 등장하는 樓閣누각 중 앞의 樓루는 층을 여러 개로 올린 건축이다. 보통은 2층 이상으로 짓는다.

閣각은 아래 공간을 비워둔 채 올리는 건축이다. 보통은 주위에 난간 등을 두른다. 종로 거리 복판에 있는 普信閣보신각을 떠올리면 좋다. 아래의 공간을 기둥만 세운 채 훤히 비웠고, 2층에 鐘종을 매달았다. 亭정은 亭子정자를 가리키는 글자다. 벽을 세우지 않았으며, 지붕은 얹었다. 길가 혹은 경치를 조망할 수 있는 높은 곳, 정원 등에 경치를 감상할 수 있도록 세운 휴식과 웰빙을 위한 공간이다. 산 좋고 물 좋은 한반도 곳곳에는 유명한 정자가 많아 우리에게 익숙한 건축이다.

館관이라는 글자도 우리에게 친숙하다. 公館공관, 圖書館도서관, 大使館대사관, 會館회관 등 우리 생활에서 흔히 볼 수 있는 글자다. 원래는 작은 규모로 지은 廳청이나 堂당, 즉 공개적인 장소로 보면 좋다. 집을 방문한 손님 등과 만나는 장소다. 그러나 지금은 일반적인 건축을 일컬을 때 많이 쓴다.

宮궁은 제왕이 머무는 곳의 일반적인 지칭이다. 서울의 景福宮경복궁, 昌慶宮창덕궁, 德壽宮덕수궁 등이 다 그 예다. 殿전은 높고 큰 건축의 지칭이다. 제왕이 머무는 곳에 있는 그런 건축이 바로 宮殿궁전이다. 높고 우람하게 지은 공개적인 장소, 즉 堂당과 합쳐질 때는 그게 바로 殿堂전당이다.

집 안에 머무는 사람의 신분을 표시하기 위해 세우는 게 闕궐인데, 제왕이 머무는 곳에 있는 이 장치를 합쳐 부르면 宮闕궁궐이다. 왕궁의 정문 양 옆에 높게 지은 건축으로 흔히 이 모두를 통칭해 大闕대궐로도 부른다. 궁궐이나 대궐이나 제왕이 이끄는 朝廷조정 자체를 지칭하기도 한다. 원래 이 闕의 용도는 적의 침략 여부를 미리 살피는 군사적인 용도의 望樓망루였다고 한다.

이몽룡을 기다리다 새로 부임한 변사또의 守廳수청 요구를 거듭 거절하다가 춘향이는 옥에 갇힌다. 그러다가 심술궂은 변사또가 춘향이를 불러내 린치를 가하는 곳이 東軒동헌이라는 곳의 앞뜰이다. 원래 이 軒헌이라는 건축은 난간이나 장막 등으로 주위를 가릴 수 있게 만든 커다란 수레(車)의 의미였다. 그러나 나중에는 가운데 구조를 넓게 틔워 大廳대청을 만든, 그래서 모양새가 당당하고 멋진 건축물의 뜻을 얻었다.

조선의 지방 주재 관료들이 집무를 보던 공간이 바로 東軒동헌이다. 지방 관리가 사적으로 생활하는 공간을 西軒서헌이라고 불렀던 것에 호응하기 위해 만든 명칭이다. 관료의 사적인 공간인 서헌은 內衙내아라고도 불렀다. 관아의 핵심 건물인 셈이니 이 軒헌은 될수록 높고 크게 지어야 했다.

보통은 높은 축대 위에 넓고 크게 지었다. 그래서 전체적으로는 이 건축의 모양새가 크고 우람하며, 위엄까지 내비치는 경우가 많았다. 그런 건축의 모양새에 사람의 인격이나 풍모를 견주기도 했다. 신체가 우람하며, 기상이 늠름한 사내를 우리가 軒軒丈夫헌헌장부라고 곧잘 불렀는데, 이 경우가 바로 그렇다. 그런 사람의 모습을 크고 우람한 집에 비유했던 것이다.

軒然헌연이라는 형용도 곧잘 등장한다. 중국에서는 크고 거센 파도를 비유할 때 그 뒤에 '큰 물결'을 가리키는 大波대파를 붙인다. 軒然大波헌연대파다. 이 말의 영향 때문인지는 모르겠으나, 우리가 자주 쓰는 말에도 '집채만 한 파도'라는 형용이 있다. 둘은 아무래도 관계가 있어 보인다. 몸체가 크고 기품도 큰 사람을 일컬을 때 그냥 軒軒헌헌이라고 적기도 한다.

府부는 고관이나 귀족의 집을 일컬을 때 흔히 썼던 글자다. 지금은 국가수반이 머물면서 공무를 보거나, 생활하는 곳을 지칭할 때 잘 쓴다. 우리보다는 중국의 용례가 많다. 대만의 대통령에 해당하는 總統총통이 있는 곳을 總統府총통부라고 적는 경우가 그렇다.

고위직 관료가 살거나 공무의 필요에 의해 지어 관료들이 사는 곳을 적을 때는 邸저를 쓴다. 우리의 해외 주재 외교관, 그중에서도 고위직인 대사나 공사 등이 생활하는 공관을 官邸관저라고 적는 경우다. 그럴 듯하게 크게 지은 주택을 邸宅저택이라고 한다.

사람이 만드는 건축은 현란하다. 제가 지닌 권력과 物力물력을 자랑하고자 함이 큰 이유다. 그러나 몇 척에 불과한 한 몸 뉘일 공간에 덧칠을 하느라 그런 수고를 다할 필요는 없다. 우리식 草家三間초가삼간도 정신이 풍요로운 사람에게는 넉넉하고 좋은 공간이다.

唐당나라 때의 유명 문인이자 관료였던 劉禹錫유우석, 772~842년은 수도 장안에서 감찰어사를 지내다가 정쟁에 말려 저 먼 남쪽의 그냥 별볼 일 없는 관료로 좌천됐다. 현지의 책임자는 그를 골탕 먹이려 아주 허름한 거처를 그에게 제공한다. 그래도 주눅이 들지 않자, 책임자는 한 번 더 꾀를 부려 한 칸짜리 방에 그를 몰아넣는다. 유우석은 그 때 '陋室銘누실명'이라는 문장을 쓴다. 누추한(陋) 방(室)에서의 새김(銘)이다.

> "산이 이름을 떨치는 것은 그 높음에 있지 않다. 그곳 산에 신선이 있으면 이름이 나게 마련이다. 물도 그렇다. 깊고 얕음에서 이름을 내지 않는다. 그곳에 용이 있으면 물은 영험해진다."
> (山不在高, 有仙則名. 水不在深, 有龍則靈.)

문장이 시작하는 부분에 나오는 명언이다. 그렇다. 분명하다. 겉만 번지르르하다고 속까지 훌륭한 것은 결코 아니다. 내면을 채우는 일은 그래서 중요하다. 허름한 거리에 있으면서 거친 밥에 그저 그런 물을 마시며 살아도 뜻이 좋고, 기품이 훌륭하면 그 사람은 좋고 훌륭한 사람이다. 부를 축적했으면서도 그렇다면? 뭐, 더 할 나위 있을까만…. 내면의 깊이를 향해 던진 이 말은 돈이 있든 없든 모두 귀 기울여 들을 내용이다.

충정로 충성 忠, 바를 正, 길 路

일제의 강점에 항의하기 위해 순국 자살한 忠正公충정공 閔泳煥민영환의 시호를 따서 붙인 길과 동네 이름이다. 물론 우리가 거쳐 가야 하는 2호선의 역명으로도 자리를 잡았다. 이 길의 길이는 약 1km 남짓이다. 원래는 그보다 조금 더 길었으나 서대문에서 아현삼거리까지를 이 이름으로 부른다. 충정로라는 이름이 붙은 때는 해방 뒤다.

그 전, 그러니까 일제가 한반도를 강점하고 있던 시절의 이름은 완연히 일본 색을 띠고 있다. 竹添町죽첨정이라고 적고서는 '다케조에 마치'라고 읽었다. 이는 1882년에 일본의 공사로 한국에 발을 디딘 뒤 甲申政變갑신정변을 막후에서 지원했던 竹添進一郎다케조에 신이치로, 1842~1917년의 이름을 따서 지은 것이다.

일본 제국주의의 첨병으로서 갑신정변이 일어나는 무렵에 맹활약했던 그의 그림자를 투영한 이름이 해방 뒤에 그대로 남아 있을 수는 없는 노릇이었다. 그에 따라 일본의 야욕에 항의하며 순국했던 민영환의 시호를 이 길에 붙이는 일은 매우 타당했다.

원래는 서울의 서부 9개 坊방의 하나인 盤松坊반송방에 속했던 곳이다. 盤松반송은 키가 작은 대신에 가지를 옆으로 많이 뻗으면서 넓게 자라는 소나무를 일컫는다. 이런 반송이 제법 많았던 곳이라서 얻었던 이름이라고 볼 수 있다. 그런 소나무야 한반도 곳곳에서 자란다. 따라서 반송이라는 이름을 달았던 고을 명칭은 꽤 많은 편이다.

조선시대 최고의 문인이라고 꼽을 수 있을까. 아무튼 『熱河日記열하일기』로 조선시대 후기의 문단 활동에서 걸작이라고 내세울 수 있는 작품을 써서 이름을 크게 떨친 燕巖연암 朴趾源박지원 선생이 바로 이곳에서 출생했다. 서울 어느 곳이든 자세히 들여다보면 우리 역사에서 만만찮은 발자취를 남긴 명인들의 자취가 드러난다.

그러나 우리의 관심은 아무래도 한자다. 우선 이 길 忠正路충정로의 앞 글자 忠충이 눈에 들어온다. 괜히 골치 아파하는 사람도 있을 법하다. 忠君충군과 忠國충국이라는 왕조시절의 옛 덕목이 우선 눈에 들어오기 때문이다. 그러나 이 글자 자세히 들여다보자. '가운데'를 가리키는 中중이라는 글자와 마음을 이르는 心심이라는 글자가 합쳐졌다.

마음 한가운데를 가리킨다. 마음 그 자체이기도 하다. 여러 삿된 마음을 없애고, 오로지 한 마음으로 일관하는 일이 바로 忠이다. 무엇인가를 얻으려는 貪心탐심도 아니고, 남을 속이려는 欺心기심도 아니다. 뭔가를 노리려는 機心기심 또한 그에는 들어있지 않다. 제가 추구하는 가치 등을 위해 오로지 마음을 쏟아 붓는 사람에게 붙일 수 있는 글자다.

이런 마음을 임금만을 위해 바치라고 '강요'하면 그게 바로 忠君

忠君충군인데, 조선의 사대부들은 대개 이런 왕조의 틀에서 우러나오는 가치체계에서 자유로울 수 없었다. 그런 왕조의 틀을 유지하는 데 필요하다 해서 권력자인 임금은 신하들에게 이런 忠君충군의 자세를 늘 요구했다. 忠國충국 또한 마찬가지의 얼개다. 그러나 忠충이라는 글자가 지닌 본연의 뜻은 제 마음을 오로지 하는 일이다.

그래서 忠誠충성이라고 하면 마음에서 우러나오는, 삿된 마음을 배제한 정성을 일컫는다. 忠直충직함도 마찬가지다. 마음에서 우러나와 비틀거리지 않는 자세, 제가 세운 뜻을 일관되게 밀고나가는 그런 유형의 사람에게 붙는 단어다. 오로지 하는 그런 마음으로 두터운 축적을 이루는 사람에게는 忠厚충후라는 단어를 선사할 수 있다.

孔子공자가 펼친 儒家유가 사상의 윤리적 토대는 뭘까. 여러 가지의 갈래가 있지만, 핵심적인 틀은 사람과 사람 사이의 관계를 원만하게 이끌고 가는 일이다. 그런 맥락에서 孔子는 忠恕충서라는 덕목에 집중했다. 그의 손자이자 제자인 曾子증자는 "나의 도는 하나로써 관통하고 있다(吾道, 一以貫之)"는 공자의 말을 전하고 있다. 하나로써 관통하는 게 바로 忠恕다.

忠충은 앞에서 이미 설명한 그대로다. 그로써 남의 마음에 들어서는 행위다. 恕서는 우리가 흔히 '容恕용서'라는 말로 이해하지만, 그 요체는 나를 헤아려 남을 이해하는 일이다. 한자로는 推己及人추기급인이다. 이를테면, 처지를 바꿔 남을 생각해보자는 易地思之역지사지와 같은 맥락이다. 그래야만 남을 이해할 수 있고, 남이 저지른 잘못도 너

그렇게 받아들일 수 있는 법이다. 그러니 '용서'의 흐름과 같아진다.

공자의 이야기가 나왔으니 그에 관한 일화도 하나 소개하겠다. 우리가 방에 걸어 놓거나 사무실 책상에 적어두고 마음속으로 되새기는 문구 등을 흔히 座右銘좌우명이라고 한다. 그러나 이 좌우명의 원래 판본은 글귀가 아니라 그릇이다. 그 이름은 敧器기기다.

춘추시대 魯노나라 桓公환공은 자신의 의자 오른쪽에 이 그릇을 두고 늘 지켜봤다고 한다. 이 그릇은 묘한 기능을 품고 있었다. 물을 적당히 붓지 않으면 앞으로 기울어지고, 물을 중간 정도 채우면 똑바로 선다. 그러나 물을 가득 부으면 엎어져 모두 쏟아내는 그릇이다.

공자가 그런 노나라 환공의 사당을 방문했을 때 이 그릇을 발견했다는 내용이 『荀子순자』라는 책에 전해진다. 그릇의 효용은 과도함과 부족함을 모두 경계하자는 데 있다. 양 극단에 치우치지 않는 공정함으로 자신을 일깨우기 위한 장치다. 자리의 오른쪽에 두고 새긴다는 뜻의 '좌우명'이라는 말이 예서 유래했다.

공자가 목격했다는 이 그릇은 후에 모습을 감춘다. 그러나 후대 왕조의 통치자들은 여러 차례 이 진기한 그릇을 다시 만들려고 노력했다. 마지막 복제품은 1895년 淸청의 光緒帝광서제 때 만든 것으로, 현재 베이징(北京)의 고궁박물원에 있다. 예나 지금이나 어느 한 곳에 치우치지 않음을 마음에 새기고자 했음이 분명하다.

1900년대 초반 중국 대륙을 주름잡았던 蔣介石장제스의 이름은 中正중정이다. 기기를 살핀 공자가 "(물이) 가운데 채워져야 바로 선다

유광종의 지하철
한자음 여행

(中而正)"고 했던 말에서 따온 듯한 인상이다. 흔히 사용하는 그의 이름 제스(介石)는 字자로서, 역시 너른 바위처럼 굳건해 평형을 유지한다는 뜻이다. 『易經역경』에 등장하는 용어다.

어쨌거나 장제스의 이름에 쓰인 中正중정이라는 두 한자가 눈에 크게 들어온다. 공자가 살폈다는, 묘한 균형을 이루는 기기라는 이상한 그릇의 특징은 기울어지지 않음이다. 조금이라도 기울어지거나 가득 찬다면 물이 쏟아지는 구조다. 그러지 않기 위해서는 적절한 균형을 유지해야 한다. 넘치지도 않아야 하고, 모자라지도 않아야 한다. 그런 긴장감 속에서의 '가운데', '바름'을 의미하는 글자가 바로 中正이다.

행위와 사고에 있어서 '가운데'를 지향하는 것은 통합적인 자세다. 극단에 머물지 않고 가운데로 나아가 양쪽을 모두 끌어안으려는 태도다. 지식인의 표상인 공자, 중국의 역대 왕조 통치자, 나아가 자신을 바르게 세우려는 모든 이들이 이 덕목을 매우 중시했다. 그러니 이상한 그릇 기기에 변함없는 관심을 기울였으리라. 중국 현대 정치사의 거목인 장제스도 그 점은 마찬가지였다.

忠正公충정공이라는 시호는 사실 흔했다. 『朝鮮王朝實錄조선왕조실록』을 검색해 봐도 이 시호는 역대 임금의 기록에 고루 등장한다. 諡號시호는 죽은 이에게 평소의 행적을 따져 내리는 명칭상의 '표창'이다. 조선시대 내내 그런 시호가 줄곧 등장했다는 사실은 그 단어의 뜻이 아주 좋았다는 점을 말해준다.

사람이 忠충하면서 正정하다는 점은 아무래도 좋은 뜻이다. 오로지 하는 마음가짐(忠)에 어느 한 곳으로 치우치지 않는 바름(正)이 들어가 있으니 그렇다. 이 말을 그저 왕조를 향한 忠節충절에 깊숙이 파묻히라는 뜻으로만 치부하지 말자. 우리 시대는 오로지 하는 마음가짐을 지닌 사람도 적을 뿐만 아니라, 제 政見정견과 이리저리 얽히고설킨 연줄에 따라 세상을 쉬이 저울질하는 사람이 너무 많지 않은가.

제가 추구하는 가치에 忠直충직하다 해도 한 곳에 너무 쏠리면 평형을 잃는다. 감성적 취향이 강한 우리는 그런 충직함에 도달하기는 쉬울지 몰라도, 냉정하게 사물과 현상의 전체적 흐름을 보면서 중심을 잘 잡아가는 사람은 드물다. 그러니 사건과 사고가 도지면 열심히 제 목소리 내기에만 열중이다. 그로써 사회에 바람 잘 날 별로 없는 게 우리 대한민국의 평소 모습이다.

충정로를 지나면서 생각해 볼 일이다. 우리는 忠충하면서도 남을 헤아리는(恕) 사회일까. 그로써 치우치지 않으며, 쏠리지 않는 바름(正)의 균형에는 익숙한 사회일까. 답은 글쎄다. 우리 사회는 분명 그와 제법 사이가 먼 곳일 게다. 그렇다면 나로부터 그런 덕목을 새기는 일은 어떨까. 마음가짐을 오로지 하면서, 내 옆에 있는 이를 너그러운 시선으로 보면 어떨까. 그로부터 나오는 조그만 실천이 이 사회의 잦은 風波풍파를 조용히 가라앉힐 수는 있을까, 어떨까.

아현 언덕 阿, 고개 峴

'고개'라는 단어를 듣노라면 한국인은 왠지 울컥한다. 심성이 담고 있는 깊은 바다 어느 한구석에 어느덧 조그만 울림이 인다. 그런 고개와 관련이 있는 지명이 阿峴아현이다. 앞의 글자는 뭔가 수상쩍은데, 아무튼 뒤의 글자가 우리말 '고개'를 가리키는 한자 峴현이다.

아현이라는 이름이 어떤 유래를 타고 흘러 지금의 모습으로 정착했는지를 두고서는 설이 여럿이다. 그래도 나름대로 다 그럴 듯한 곡절을 담고 있어 여기에 간단하게 적는다. 먼저 지금 아현이라는 이름의 순우리말 명칭은 애오개, 아기고개, 애고개, 애우개 등이다. 이를 지금은 한자로 阿峴이라고 적지만 兒峴아현, 阿耳峴아이현으로도 적었다고 한다.

지금과는 다른 한자 명칭에 아동을 뜻하는 兒아, 직접 순우리말 '아이'를 옮겼을 법한 阿耳아이라는 글자가 들어가 있는 점을 감안하면 이 고개가 적어도 어린아이와 제법 깊은 관계를 지니고 있다는 점을 미뤄 짐작할 수 있다. 그 짐작대로다.

우선 이 고개는 큰 고개 사이에 끼어 있다는 지형적 이유로 '작은 고개'라는 의미의 '아이 고개' 또는 '애고개', 나아가 애오개, 애우개 등의 이름을 얻었다는 설명이 있다. 실제 아현동에서 볼 때 남쪽의 만리동 고개는 매우 가파르고 고개의 몸집도 크다. 그런 만리동 고개, 즉 '만리재'와 서북쪽으로 신촌을 향하고 있는 큰 고개, 즉 大峴대현이 아현동을 감싸고 있다.

그 둘에 비해 이 아현동의 고개는 작은 규모임에는 틀림없다. 그러나 이와 달리 설명하는 내용도 있다. 옛 조선의 서울에서 사람이 죽으면 그 시체를 운구해 사대문 밖으로 옮겨 매장을 했는데, 그 주요 통로가 남쪽으로는 四小門사소문의 동남 출구인 光熙門광희문이었고, 북쪽으로는 서북의 西小門서소문이었다고 한다.

그래서 광희문과 서소문은 줄곧 시신이 빠져나가는 문이라는 뜻의 屍口門시구문이라는 별칭으로 불리기도 했다. 특히 서소문을 빠져나간 시신 중 어린아이의 것은 대개 이곳 아현동 일대에 묻히도록 했다고 한다. 실제 지금 아현동 산7번지 일대에는 조선시대 아이들만을 매장토록 한 兒冢아총이 있었다고 한다. 왜 아이들을 이곳에 묻게 했는지를 설명하는 내용도 있기는 하지만, 여기서는 생략키로 한다.

그런 까닭에 아이의 시신이 넘어가는 고개라는 뜻에서 이곳을 애고개, 애오개 등으로 지칭했다는 설명이다. 위생과 보건이 충분히 발달치 못했던 옛 시절이라 아이들은 제 명을 다 하지 못하고 일찍 세상을 뜨는 경우가 많았다. 그런 시절 사랑하는 자식을 잃은 부모들의 情恨정한이 이곳에는 꽤 많이 스며들었을 법하다.

풍수로 설명하는 내용도 있다. 사람들은 인근의 산들이 이루는

지형이 아이가 부모 품을 떠나 막 도망치려는 모양새와 닮았다고 여겼고, 도망치는 아이의 발을 묶어두기 위해서 이곳에서 애를 달랜다는 뜻으로 그런 이름을 붙였다는 설명이다. 이 셋 다 그럴 듯하지만, 어쨌거나 이 고개가 최소한 아이와 관련이 있다는 점만은 확실하다고 보인다.

산악이 매우 발달한 한반도의 거주민들에게 고개라는 지형은 어떤 모습으로 비쳤을까. 고개 너머의 알 수 없는 땅, 그곳으로 떠나는 님, 고개 이쪽에 갇혀 있는 나, 그로써 벌어지는 헤어짐, 기약할 수 없는 만남, 가슴속으로 밀려드는 아픔….

대표적인 우리의 민요 〈아리랑〉을 떠올리면 좋다. "나를 버리고 가시는 님은 십리도 못 가서 발병 난다"라는 노랫말에는 '고개', 즉 아리랑 고개를 설정하고 있다. 고개 넘어 가시는 님과의 이별이 주된 줄거리다. 아리랑의 지역적 분포는 다양하지만, 대개는 아리랑과 고개가 합쳐지면서 노래 부르는 이의 情恨정한을 담고 있는 경우가 대부분이다. 그래서 우리 한반도 사람들을 '아리랑

작은 고개인 애오개를 차량들이 넘고 있다.

민족'이라고도 부르며, 정서의 토대는 恨한이 주축을 이루고 있다는 점도 분명하다.

그런 정서를 담은 아리랑의 '고개'는 현대사회로 오면서도 없어지지 않고 줄곧 이어진다. 북한의 기습적인 남침으로 인해 벌어진 60여 년 전의 6·25전쟁으로 인해 나온 가요 '단장의 미아리 고개'가 우리에게 잘 알려져 있다. 북한군에게 잡혀 북으로 끌려간 남편을 그리는 노래다. 역시 미아리의 고개가 등장하면서 그 너머로 사라져 생사를 기약하기 어려운 남편, 그 전반에 관한 抱恨포한을 담고 있다.

고개를 표현하는 순우리말은 그 말고도 '재'와 '티' 등이 있다. 백두대간에 있는 큰재, 신의터재 등이다. 서울의 한티 역시 큰 고개를 알리는 지명이다. 그러나 다른 주장도 있다. 한자 세계에서 고개를 알리는 글자는 峙치, 嶺령, 崗강 등이 있다. 우리말로 알려진 '티'는 한자 峙의 옛 발음에서 유래했으리라 보는 사람이 많다.

'재'라는 명칭도 사실은 어딘가 심상찮아 보인다. 고개, 즉 재는 그 지형적 특성을 감안할 경우 사람이 다니는 要地요지에 해당한다. 높은 지형으로 생긴 길목이라고 보면 좋다. 따라서 이곳은 군사적으로 매우 중요했을 터. 그런 재를 따라 군사적 방어를 위한 城성이 들어서는 일은 매우 자연스럽다. 城이라는 글자를 우리가 처음 배울 때 그 새김을 '재'라고 배웠던 기억이 있다. 그래서 '재 城'이라고 새기며 글자의 발음을 익혔다.

그 재와 城성이 그래서 어울렸다고 보인다. 사람 사는 세상에 반

드시 따르는 현상이 전쟁이다. 통일적 정치체제를 구축하지 못한 상태에서 사람들은 헤게모니의 다툼, 나아가 먹고 사는 자원의 확보를 위해 서로 끊임없는 싸움을 벌였을 것이다. 따라서 사람이 지역에서 지역으로 이동할 때 반드시 거쳐야 하는 요지에 성을 쌓는 일은 매우 자연스러웠을 것이다. '박달재'가 그런 재라는 이름이 붙는 대표적 지명이다.

어떤 이는 고개 중에서 티라고 부르는 峙치를 비교적 넘기 용이한 야트막한 고개, 산맥 등의 거대한 흐름의 중간에 나 있는 험준한 고개를 嶺령이라고 구분한다. 실제 嶺령은 큰 산들이 지나는 산맥 중간에 나있어 사람들이 그곳을 통해 왕래하는 경우가 많다. 그 가운데 '재'는 중간쯤에 해당하는 고개라는 설명도 있는데, 확정하기에는 근거가 부족하다.

중국에서도 고개를 표시할 때는 峙치와 嶺령을 모두 쓴다. 그러나 더 관심을 끄는 글자는 崗강이다. 흔히 '언덕' 정도로 새김을 표시하는 경우가 많은 글자인데, 의미 자체로 보자면 완연한 '고개'다. 중국은 한반도의 인문적 환경보다는 훨씬 가혹한 곳이었다. 전란이 빗발치듯 간단없이 닥쳤던 곳이다. 상상하기조차 어려울 정도였다.

그래서 한반도에 비해 전쟁에 관한 의식, 상상, 경계심리 등이 매우 많이 발달한 곳이 중국이다. 중국인들이 많이 사용하는 '고개'라는 뜻의 한자 崗강도 그에 견줘 생각해 볼 대상이다. 중국에서 '고개'를 지칭하는 데 보편적으로 쓰이는 이 崗은 우선적인 새김이 '높이 솟아오른 곳'의 의미이기는 하지만, 2차적으로 바로 등장하는 새김은 역시 城성과 관련이 있다.

중국인들은 자신의 일자리를 이야기할 때 崗位강위라는 한자 단어를 쓴다. 우리식의 관찰로는 언덕(崗)의 자리(位) 정도로 보이지만, 실제 뜻은 '내가 맡은 자리'라는 뜻이다. 나아가 자신의 일자리를 가리킬 때도 쓴다. 원래는 언덕이나 고개 등에 쌓은 城성에서 내가 지켜야 했던 자리라는 뜻이었다고 한다. 그러니까 군사적으로 성을 지키는 장병들이 다가오는 적을 막아야 했던 원래의 자리라는 얘기다. 그런 뜻이 더 발전해 지금의 '일자리', '맡은 직무' 등의 의미로 정착했다는 설명이다.

그러니까 현대 중국인들의 언어생활 속에는 '고개'가 지닌 전쟁의 의미, 그 요소 등이 한국보다는 더 직접적으로 개입하고 있음을 알 수 있다는 얘기다. 그러나 단순한 의미의 고개, 또는 언덕이라는 의미도 없지 않다. 『三國志演義삼국지연의』의 실제 주역이라고 해도 좋을 諸葛亮제갈량이 劉備유비 등을 만나 천하패권의 경쟁에 뛰어들기 전 몸을 숨기고 있던 곳이 臥龍崗와룡강이었으며, 『水滸傳수호전』 양산박의 108두령 중 하나인 武松무송이 타고난 완력으로 호랑이를 때려눕힌 곳이 景陽崗경양강이다.

그러나 우리는 아무래도 이런 동양의 '고개'에서 전쟁을 읽어야 옳다. 충청북도 영동에 있는 秋風嶺추풍령, '가을바람의 고개'라는 이곳이 사실은 임진왜란 등 조선의 전쟁을 거론할 때 피해갈 수 없는 군사 요새였다는 점이 그렇다. 새도 쉬어 넘어간다는 경상북도 문경의 새재는 어떤가. 우리는 이를 鳥嶺조령이라고 부르면서 그 험준함을 거론한다. 역시 그런 지형적 이유 때문에 이곳 또한 우리가 다가오는 적을 막을 때 빼놓을 수 없던 곳이다.

중국은 더 대단하다. 모든 험준한 산맥이 흐르다가 잠시 그 흐름을 멈춘 곳, 아니면 산맥과 산맥이 겹치는 중간 지점의 조금 내려앉은 깊은 山嶺산령에는 반드시 웅대한 關門관문이 들어섰다. 일일이 다 그를 적을 수 없을 만큼 중국의 '고개'에는 그 주변의 산세에 결코 뒤지지 않는 험하고 막중하며, 웅장한 규모의 수많은 요새와 관문이 보인다.

사람 삶에서 피할 수 없는 게 전쟁이다. 우리 사는 곳의 고개들은 그런 흔적을 희미하게나마 전한다. 물론 조선의 서울에 바짝 붙어 있던 애오개, 아현이 꼭 그랬다는 얘기는 아니다. 그러나 우리는 그런 고개에서 전쟁과 인류의 역사를 기억할 필요는 있다. 고개를 두고 情恨정한만을 읊조리기에 우리 삶은 매우 각박하다. 어쩌면 이 세상에서 살아간다는 일 자체가 싸움이자 전쟁이다.

이대 배나무 梨, 클 大

이화(梨花)에 월백(月白)하고 은한(銀漢)이 삼경(三更)인 제
일지춘심(一枝春心)을 자규(子規)야 아라마는
다정(多情)도 병(病)인 냥 하여 잠 못드러 하노라

고려 후기의 명신 李兆年이조년, 1269~1343년의 시조다. 梨花이화는 배
꽃이다. 거기다가 하얗게 피어나는 배꽃을 받쳐주는 배경이 하얀 달
빛(月白)이다. 어느 시간일까. 銀漢은한은 은하수를 일컫는 또 다른 이
름이다. 은하가 길게 걸려 있는 야심한 밤, 三更삼경의 시간이다.

나뭇가지 가득 피어난 봄의 마음을 一枝春心일지춘심이라고 했다.
배꽃 피어난 나무의 모습을 그렇게 적었다. 子規자규는 소쩍새다. "소
오~쪽" 거리면서 깊은 밤 산속에서 슬프게 울어대는 새다. 그런 다정
다감한 마음에 잠 못 들어 하는 사람의 심사를 그린 유명 시조다.

그 배꽃이 그려진다. 하얗게 피어난다. 천지자연의 맥동을 느닷없
이 일깨워 준다 싶을 정도로 배꽃은 아주 도저한 기세로 피어오른다.
그러나 배꽃 자체는 소박하기 그지없다. 그 하양이 나무 전체, 과수
원 가득 피어날 때의 정취는 사람으로 하여금 純白순백의 감회를 지니

게 한다. 시조의 작자인 이조년은 거듭 올린 간언에 귀를 닫은 임금, 그를 향한 안타까움을 토로하고 있다. 제 자신이 지닌 순수한 뜻을 주변을 온통 순백으로 물들이는 배꽃에 견줬다. 아울러 달빛까지 하얀 밤이다. 배꽃이 등장하는 우리의 문학작품으로는 이조년의 이 시조가 으뜸이라고 할 수 있을 정도다.

봄에 피어나는 꽃이야 부지기수다. 그러나 우리 생활에 밀착해 있으면서 자태를 크게 뽐내는 꽃들이 몇 있다. 우선 사람이 즐겨 먹는 과실이 눈에 띈다. 그런 果實樹과실수 가운데 문학적 정취로 자주 이름을 올리는 나무가 복숭아나무다. 봄을 물들이는 또 하나의 상징적인 식생은 벚나무다. 우리가 문득 봄을 이야기할 때 아주 빈번하게 언급하는 꽃과 나무들이다.

복숭아나무, 게서 피어나는 복사꽃은 桃花도화다. 벚나무, 예서 자라나는 꽃은 벚꽃, 즉 櫻花앵화다. 복사꽃, 도화는 진분홍이다. 벚꽃은 그에 비해 다소 엷은 색조의 연분홍이다. 그 화려함, 요염함의 속내가 매우 깊어 역대 동양 문인들의 사랑을 받았던 꽃이다.

지난해 이 날 이 문 안에선, 　　去年今日此門中
예쁜 얼굴에 복사꽃 서로 붉혔지.　人面桃花相映紅
그 얼굴은 지금 어디 갔을까,　　不知人面何處去
복사꽃만 봄바람에 방긋거리네.　桃花依舊笑春風

唐당나라 시인 崔護최호의 시다. 과거를 보러 장안에 들렀다가 낙방한 뒤 우연히 들른 집에서 봤던 아주 예쁜 여인, 그를 복사꽃에 견줄 수 있는 얼굴人面로 묘사했다. 이듬해 그 여인 생각이 났던 모양이다. 다시 들렀으나 '그 얼굴은 간 데 없고' 복사꽃만 가득 피어 있음을 노래했다. 대개 복사꽃, 즉 도화라고도 하는 이 꽃은 진분홍의 그 요염한 색조 때문에 위의 시에서 보듯이 대개 여인과 관련이 깊다. 그나마 위에 적은 시는 평범한 남녀의 애틋한 사랑 이야기를 그려 이미지가 좋다.

그러나 복사꽃이 주는 부정적인 이미지도 있다. 바로 색정色情이다. 흔히 도색桃色이라고도 적어 색정을 부추기는 일, 또는 현상 등과 관련을 짓는다. 사람의 운명을 미리 알아보려는 운명학 등에서 도화살稻花煞이라는 것이 끼면 남자나 여자나 모두 과도한 성욕으로 인해 제 명을 다 살지 못한다고 봤다. 그렇듯 색정을 가리킬 때 자주 등장하는 게 복사꽃이다.

앵두나무라고도 하지만 벚나무를 가리키는 櫻앵도 마찬가지다. 화려하기 이를 데 없는 꽃을 피운다. 연분홍의 벚꽃이 피어나면 사람들의 마음은 설렌다. 그러나 역시 그런 화려함 때문에 요염한 여인과 동의어로 취급되는 경우도 종종 있다.

그런 꽃들과 대조를 이루는 게 바로 배꽃이다. 우선 색깔이 주는 이미지가 그렇다. 순백이라 표현할 수 있는 하양으로 피어나고, 가지에서 피어오를 때 전체가 한꺼번에 터져 나오는 듯한 기세를 보인다. 그래서 흰색이 주는 순박함과 함께 단조롭지만 꺾이지 않는 굳건함 등의 이미지를 준다.

조선을 세운 태조 이
성계와 이 배나무의 인
연을 소개하는 내용이
제법 눈길을 끈다. 지금
처럼 단맛이 풍부하고
물기가 많은 배와는 조
금 다른 야생의 돌배나
무와 관련이 있다는 내

이화여대를 상징하는 하얀 배꽃(왼쪽)이 대학 정문을 장식하
고 있다.

용이다. 그 자세한 내용이야 여기서 소개할 필요는 없을 듯하다. 아
무튼 조선의 왕실 또한 자신을 상징하는 文樣문양을 만들 때 이 배꽃
을 선택했다. 태조 이성계로부터 벌어진 인연일지도 모르겠다.

서양 선교사들에 의해 한국 여성의 근대화 교육의 문이 열리면서
이화대학의 기초가 만들어지기 시작했다. 조선의 국왕이었던 高宗고종
이 우리 근대 최초 여성 교육기관에 '梨花學堂이화학당'이라는 이름을
하사했다는 기록이 있다. 이름의 유래를 이리저리 따지는 사람도 있
으나 배꽃을 중시했던 조선의 전통과 아무래도 연관이 있다고 보
인다.

이번 이대역은 별다른 설명이 필요치 않을 듯하다. 이런 유래로
이름을 걸었던 한국의 최초 여성 배움터인 이화학당이 결국 지금의
이화여자대학교로 발전해 지하철 2호선 역명으로 당당하게 자리를

잡았으니 말이다. 이곳은 유명 여대가 있어 수많은 청춘남녀들의 애환이 스며들었던 곳이다.

배를 가리키는 梨리라는 글자가 들어가 생긴 단어 중에 옛 당나라 시절 '연예인 양성소', 또는 그 교육기관으로 떠올랐던 梨園이원에 관해서는 동대문역사문화공원을 지날 때 이미 설명을 했다. 凍梨동리라는 단어도 있다. 서리를 맞아 얼어버린 배다. 우선의 새김은 그렇지만, 한 발자국 더 나아가 늙어서 검버섯이 피어난 노인의 피부를 일컫는 단어로 발전했다. 또 90세 노인을 일컬을 때 이 단어를 쓴다고도 한다.

梨花雨이화우라는 표현도 있다. 배꽃은 가득 피어났다가 한꺼번에 질 때도 장관이다. 마치 꽃비가 내리는 듯 배꽃이 휘날리는 모습이다. 그렇게 휘날리며 대지에 내려앉는 배꽃의 모습은 곱게 내리는 비의 모습보다도 더 감흥을 준다고 했다. 그래서 이 표현은 자주 쓰인다.

그러나 이 단어가 정착하는 과정에 앞서 먼저 그 표현을 썼던 唐당나라 시인 白居易백거이의 작품을 보면 다소 쓰임이 다르다. 우선 그는 당나라 玄宗현종과 그의 여인 楊貴妃양귀비의 로맨스를 다룬 長詩장시 「長恨歌장한가」에서 梨花帶雨이화대우라는 표현을 사용한다.

한때 황제의 여인으로 부귀영화를 누렸던 양귀비가 울 때의 모습을 梨花帶雨이화대우로 표현했던 것이다. 배꽃에 빗방울이 살짝 올라 있는 모습의 형용이다. 아주 고우면서도 요염한 여인을 그린 수식이다. 그러나 어쨌든 이 말은 梨花雨이화우라는 말로 간추려지면서 여인의 우는 모습, 배꽃처럼 마구 휘날리듯이 떨어져 내리는 눈물, 또는 그런 슬픔을 형용하는 말로 자리를 잡았다.

어쨌든 예쁜 꽃이다. 그러니 사람들은 그런 꽃에 의미를 부여하고, 이야기를 만들어 낸다. 그러나 배꽃이 주는 이미지는 일관적이다. 다소곳하면서 때로는 애처롭기도 하다는 인상을 준다. 500년 역사를 간직했으면서도 앞으로 나아가는 일보다는 다소곳이 한반도에 머물면서 성리학의 전통을 줄곧 이어왔던 조선의 이미지가 그에 어울린다. 그 왕실이 마침 배꽃을 문양으로 만들었고, 근대화의 여명에 배움터로 나섰던 여인들을 또 그 꽃에 비유해 이름까지 지었다.

마침 하얀 옷, 白衣백의를 즐겨 입었던 조선의 전통도 보인다. 조선이 어떤 왕조였느냐의 논란은 현재 진행 중이다. 아무래도 역동성보다는 隱逸은일함이 엿보이는 점만은 확실하다. 배꽃 향기에 너무 취했던 것일까. 그러나 여기서 다룰 문제는 아니다. 우리는 배꽃의 좋은 이미지를 살리면 그만이다. 순백, 굳건함, 일관성, 담백함, 깨끗함…. 우리는 그런 이미지를 읽어 내 마음속에 그를 투영해 자주 흔들릴 수 있는 이 세상살이의 한 지향으로 삼으면 그만이다.

신촌 새 新, 마을 村

원래 순우리말 이름으로 '새터말'이었다고 한다. 새로 생긴 터, 그리고 마을의 뜻이다. 옛 조선의 지명에서 이 新村신촌이라는 지명은 흔했던 듯하다. 지금도 사정은 마찬가지다. 인터넷에서 이 신촌이라는 지명을 검색해 보면 아주 많은 내용이 뜬다. 서울에만 해도 아주 여럿의 지역이 이 신촌이라는 이름을 사용하고 있다.

조선을 역동적인 사회였다고 보기는 힘들지만, 그 나름대로는 사람 사는 세상이 모두 그렇듯 적잖은 변화가 끊임없이 닥쳤던 모양이다. 양반과 상민, 그리고 하층민이 엄격하게 班常반상이라는 신분계층의 구획 아래 살면서도, 누구는 때와 운을 잘 만나 출세를 하거나 돈을 벌어들이면서 역시 간단없이 신분상승을 꾀했을 테다. 그리고 실력이 모자라거나 정치적인 요인 등에 의해 높은 신분에서 밀려내려오는 경우도 있었을 것이다.

그런 여러 가지 이유로 인해 사람이 살아가는 터전에도 자주 변화가 닥쳤을 법하다. 그런 까닭인지는 몰라도 조선에서 새 마을을 가리키는 新村신촌이라는 지명은 꽤 흔했다. 서울에도, 지방 각 지역에서도 사정은 마찬가지였던 듯하다. 우리가 지나가는 지하철 2호선의 신촌역도 그런 변화의 흐름 속에서 지금의 이름을 얻었으리라.

우리가 이번 역에서 주목할 한자는 村촌이다. 이 글자의 옛 형태는 邨촌이다. 屯둔이라는 글자와 사람 사는 마을인 邑읍의 阝부가 붙었다. 원래 이 屯이라는 글자의 새김도 이목을 끈다. 일정 지역에 치는 울타리라는 새김이었다고 한다. 채소와 곡식 등을 키우는 땅 주위를 둘러친 울타리의 이미지다.

그래서 이 글자는 일정한 곡식과 채소 등을 키워 자체적으로 軍糧군량을 해결하도록 한 변경 지역의 군대 屯田둔전의 의미로 발전했다. 물론, 그에 앞서 사람들이 터를 이뤄 농사를 지으면서 살아가는 부락, 촌락의 의미가 먼저 붙었다. 그런 屯둔에 마을을 가리키는 우방 阝부가 붙었으니 邨촌은 말 그대로 촌락이자, 부락이다. 그 글자가 시간이 지나면서 村촌이라는 글자로 자리를 잡았다.

고을을 가리키는 鄕향이라는 글자와 村촌이 만나면 鄕村향촌이다. 鄕도 어느 땐가부터 행정의 명칭으로 쓰이고 있는데, 규모로 봐서는 村보다 꽤 컸던 모양이다. 그러나 대개 도시의 외곽을 형성하는 '시골'이라는 뜻이 강해 결국 村이라는 글자와 만나면서 이제는 완연히 '도시 아닌 시골'이라는 의미의 뜻으로 자리를 잡았다.

행정의 필요로 인해 생긴 구획의 개념이 집중적으로 등장한 때는 춘추시대에 앞선 周주나라 때다. 앞의 잠실나루역을 지날 때 잠깐 소개한 내용이다. 당시 왕조의 최고 권력이나, 그 밑의 정치권력이 머물던 곳에는 대개 城성을 쌓았다. 그 성은 흔히 國국이라는 글자로도 표

신촌을 상징하는 연세대학교의 대학 본관.

시했다. 따라서 성을 경계로 안쪽을 부를 때 등장했던 명칭이 國中국중이다. 때로는 그 자체를 中國중국이라고도 했다. 지금의 명칭과는 퍽 다른 개념의 단어다.

우리가 흔히 '교외 지역'이라고 부르는 곳의 '교외'는 한자로 郊外다. 이 郊교는 서로 만난다는 뜻의 交교와 사람 사는 마을이라는 뜻의 邑읍이라는 글자의 합성이다. 따라서 이 글자의 당초 뜻은 성을 둘러친 國中국중과 그 바깥이 교차하는 지역이다. 그래서 지금도 도시의 외곽을 가리킬 때 이 郊라는 글자가 등장한다. 그로부터 더 바깥

유광종의 지하철
한자 여행

으로 번지는 지역의 이름이 궁금해진다.

글자의 새김을 풀었던 고대 字書자서 『爾雅이아』에는 이런 풀이가 나온다. 도시에 해당하며 성으로 둘러싸인 邑읍의 바깥 지역을 郊교, 그 郊의 외곽을 牧목, 다시 그 牧의 외부 지역을 野야, 그 野의 외곽을 林림이라고 한다는 내용이다. 그러니까 정치권력이 머무는 邑으로부터 멀리 떨어져 있는 곳이 野다. 그래도 '들판'이라는 뜻이 있어 숲이 우거져 사람이 살기 힘든 林보다는 좀 낫다면 나은 셈일까.

어쨌든 궁벽한 땅을 가리키는 글자가 野야다. 당시 행정구역 명칭으로 등장하는 글자로는 鄙비가 있다. '낮다', '더럽다' 등의 좋지 않은 새김으로 우리가 이해하는 글자다. 그러나 역시 행정구역 표시였다. 野와 같은 구역으로 이해할 수 있는 글자다. 둘 모두 사람이 사람답게 생활할 수 있는 도시와 타운으로부터 매우 멀리 떨어진 곳이다. 그래서 이 둘의 합성인 野鄙야비라는 말이 생겼던 듯하다. 치사하기 짝이 없는, 더럽고 야만스러운, 아주 치졸하며 지저분한 등의 새김으로 쓰는 말이다. 궁벽한 땅에서 살았던 사람들을 두고 도시의 주민들이 지녔던 깔봄과 멸시의 흐름에서 생긴 단어라고 볼 수 있다.

대한민국에서 정치하는 사람들은 칭찬보다는 비난을 많이 받는다. 그래서 與野여야 가릴 것 없이 그쪽 사람을 거론할 때는 "별로야…", "못된 사람들"이라는 평을 듣는다. 與野는 일본식 조어다. 與여는 정부와 '함께', '더불어' 행동하는 당, 즉 집권당을 가리킨다. 野야는 권력 중심에 서지 못한 사람의 지칭이다. 권력을 잡지 못해 중심에 들어서지 못한 측이다. 그래서 野黨야당이다.

이 여야는 朝野조야라는 오랜 낱말에서 흐름을 잡아낸 조어라 보인다. 朝野는 권력을 쥐고 국사를 논의하는 朝廷조정이라는 의미의 朝조와 그렇지 못해 권력 바깥에 서 있는 사람인 野人야인의 野야가 합쳐진 말이다. 역시 권력의 동심원으로부터 바깥에 처해 있는 사람일수록 이 野라는 글자를 피할 수 없었던 셈이다.

중립적인 의미에서 이 글자는 '들판'이다. 벌판에서 치르는 전쟁이 野戰야전, 들판의 경치는 野景야경, 그저 들판이라는 뜻으로 쓰는 野外야외 등이 있다. 시선이 향하는 범위를 일컬을 때는 視野시야라는 단어를 쓴다. 권력에서 물러나는 일은 下野하야라고 적으며, 몸이 권력 중심에서 멀어져 있으면 在野재야라고 표현한다. 권력과 상관없이 먼 곳에 있는 사람을 "草野초야에 묻혀 있다"고 말한다. 정통의 역사 기술이 아닌, 구전 등을 광범위하게 모아 얽은 역사를 野史야사로 적는다.

그러나 좋지 않은 뜻으로 쓰는 경우가 많다. 제가 정통이라고 우기며 남을 깔볼 때 野蠻야만이라고 쓰는 경우가 대표적이다. 정식의 혼례를 치르지 않은 채 남녀가 결합하는 일은 野合야합이다. 들판에서 남녀가 성행위를 할 때도 이런 말 종종 쓴다. 사람의 행동이 거칠고 조잡하면 粗野조야라는 단어를 쓰고, 검은 마음을 품었으면 그런 속내를 野心야심으로 표현한다.

벌판에서 나오는 채소가 野菜야채, 깊은 수풀이나 들판에 사는 맹수를 野獸야수, 그런 식생이나 동물들의 환경을 野生야생으로 적는다.

의미가 중립적일 때도 있고, 그렇지 않을 때도 있지만 전체적인 어감으로 보면 野야는 '들판', '자연'에서 간혹 벗어나 '시골', '지저분한', '가공을 거치지 않은', '세련되지 못한' 등의 새김이 더 많다.

시골의 마을을 가리키는 村촌이라는 글자를 설명하다가 너무 많이 나왔나 보다. 이 글자 역시 편견을 담는 경우가 많다. "어이, 촌뜨기"라며 어리숙한 대상을 놀릴 때 등장하고, 아예 세련되지 않은 사람을 욕할 때도 '촌놈'이라는 형태로 나타난다. 도시로부터 먼 곳을 '촌구석'이라면서 놀릴 때도 마찬가지다.

그러나 이들은 어디까지나 도시 사람들의 편견에 불과하다. 사람이 많이 섞여 각박하면서 다툼이 많은 도회지에 비해 촌락과 부락, 향촌 등의 지역은 순박하게 삶을 살아가는 사람들이 머무는 곳이다. 다툼과 경쟁의 바쁜 삶을 살아가는 도시에 비해 시골은 사람이 사람답게 살아갈 수 있도록 느긋함을 주는 곳이다. 그런 까닭에 도시에 터전을 둔 사람들도 늘 고향을 생각하거나, 고향이 도시라 할지라도 주말이면 배낭에 등산화를 신고 야외에 나서는 것이다.

우리가 도착했다 곧 떠날 이 신촌역은 사실 이름만 그렇지, 실제는 시골과 촌락의 여유를 느낄 수 있는 곳은 아니다. 대학 등이 몰려 있어 젊음의 도저한 낭만과 패기를 읽을 수 있으며, 서울의 다른 어느 지역에도 뒤떨어지지 않는 활력으로 가득 찬 곳이다. 아울러 이곳은 다음 역인 홍대입구역과 함께 붙어 있어 서울의 명소로 떠오른 지 꽤 오래다.

그런 젊음들이 상아탑의 대학에서 쌓는 知性지성 못지않게 소중히 여겨야 할 그 무언가가 있다. 순수함이다. 그 순수함은 가공을 거치지 않은 깨끗한 마음이다. 그로부터 나오는 성정이 野性야성이다. 제가 지닌 뜻과 방향이 옳으면 야성은 늘 간직해야 좋다. 뜨거워서 활화산이라고 해도 좋을 젊음의 기운을 잃지 말아야 한다. 신촌은 어쩌면 우리 젊음들의 지적인 수준과 야성의 수준을 함께 살필 수 있는 곳이다.

홍대입구 클弘, 클大, 들入, 입口

홍익대학교가 있어서 붙은 역명이다. 지금은 단연코 서울의 명소 중 하나로 당당하게 자리를 잡았다. 앞의 신촌역과 거의 같은 이미지를 갖춘 곳이다. 지금은 그에 앞서 번성을 누렸던 신촌의 젊음을 압도하는 곳이 바로 홍익대학교, 나아가 '홍대 앞'이다.

홍익대학교의 '홍익'은 한자로 弘益이다. 이는 대한민국이 일제 강점기를 벗어나 해방을 맞은 뒤 출범하면서 지향한 목표다. 아울러 신생 대한민국이 후대를 어떻게 가르칠 것이냐를 두고 논의를 벌이다가 채택한 교육의 이념이기도 하다. 그러나 그에 훨씬 앞서서 이 말이 등장한 적이 있다.

고려의 승려 一然일연은 『三國遺事삼국유사』를 지었다. 그는 「古朝鮮條고조선조」 편에서 단군신화를 소개했다. 한반도와 만주 일대에 퍼져 살다가 종국에는 한반도 경계 안으로 자리를 잡은 우리 민족의 뿌리를 찾아 소개에 나섰던 것이다. 그 단군의 건국설화를 소개하면서 우리 선조가 지녔던 이념적 지향이 무엇인가를 이야기했다. 거기서 나오는 내용이 바로 '弘益人間홍익인간'이다.

이 네 글자를 좇아가면서 우리의 한자 여행을 이어가 보자. 弘

益人間홍익인간의 가장 앞 글자인 弘홍은 '넓다', '크다'의 새김이다. 우리가 자주 쓰지를 않아서 그렇지, 이 글자는 사실 우리 생활에 깊숙이 들어와 있다. 弘報홍보라는 단어 때문이다. 널리(弘) 알리는(報) 일이다.

예전 왕조 시절에는 각종 기록이나 전적典籍, 그리고 예제 등에 밝은 경우를 弘文홍문이라는 단어로 표기했다. 그런 사람들이 모인 곳이 弘文館홍문관이라는 기구다. 고려 때 설치한 국가 기관의 하나다. 이곳은 왕이 각종 예제를 집행할 때 궁금했던 사항들을 안내했던 곳이다. 대단히 박식해야 그런 수요를 감당할 수 있다. 그래서 너른(弘) 문장 또는 문물(文)의 뜻으로 단어를 엮었던 것이다.

보태다, 도움을 주다, 이롭게 하다 등의 뜻을 지닌 글자가 益익이

낭만이 흘러넘치는 홍대 앞 거리악사의 공연.

유광종의 지하철
한자 홀 여행

다. 그냥 利益이익이라는 단어를 떠올려도 좋다. 따라서 앞의 글자와 맺어지면 弘益홍익이다. '널리 이롭게 하다'는 뜻이다. 그 다음 나오는 人間인간이라는 단어가 목적어다. 그러니 '인간을 널리 이롭게 하다'라는 뜻이 단군, 나아가 대한민국 건국 시기의 이념인 弘益人間홍익인간이다.

여기서 人間인간이라는 단어가 이제는 '사람'을 가리키고 있지만, 원래의 쓰임은 다르다. 사람이 머무는 곳, 사람이 사는 세상의 뜻이라고 봐야 한다. 한자 세계에서도 이 글자의 초기 쓰임은 '사람'이 아니라, 그런 '사람들이 모여 사는 곳'의 의미였다. 아울러 불교에서도 뭇 중생들의 살아가는 길을 여섯 갈래의 六道육도로 나눴을 때 '사람 사는 곳'을 人間, 人界인계 등으로 표현했다.

1호선 지하철을 여행할 때 소개했던 李白이백의 「山中問答산중문답」이라는 시가 대표적이다. 여기에 잠깐 그의 시를 적는다. 내용이 쉽고 아름다워 후대 사람들의 사랑을 받았던 시다.

무슨 뜻으로 청산에 사느냐 묻는데,　　問余何事棲碧山
웃고 대답 없으니 마음이 한가롭다.　　笑而不答心自閑
복사꽃 흐르는 물 아득히 나아가니,　　桃花流水杳然去
여기는 딴 세상, 인간세계 아니로다.　　別有天地非人間
　　　　　　　　　– 지영재 편역, 『중국시가선』(을유문화사, 2007)

번잡한 세속의 흐름에서 벗어나 산속에 들어가 앉은 천재 시인 이백의 심정이 잘 드러나 있다. '웃고 대답 없으니'라는 뜻의 '笑而不答소이부답'이라는 한자 표현이 아주 유명하고, 그보다 더 유명한 것은 '여기는 딴 세상, 사람 사는 곳 아니로다'는 뜻의 '別有天地非人間별유천지비인간'이다. 정말 화들짝하게 놀랄 만한, 아주 환상적인 곳을 일컬을 때 이 말 자주 쓴다.

이런 느낌을 주는 곳이 요즘의 '홍대 앞'이다. 젊음의 감성이 아주 도저하게 흐르는 곳이다. 그래서 서울의 새 명소로 꼽는 데 주저함이 없을 정도다. 곳곳에 다양한 음률이 흐르고, 넘쳐나는 게 다양한 먹거리다. 첨단의 패션을 자랑하는 청춘남녀들이 물결을 이루고, 각종 유행의 첨병尖兵들이 무리를 지어 흘러 다니는 거리다.

유행에 둔감한, 그러나 어딘가 모르게 그런 유행을 좋아하고 따르려는 사람이 이 홍대 앞 거리를 배회하다 보면 마음속으로 그런 감탄이 올라올 것이다. '여기는 딴 세상이로구나!' 그럴 때 동원하는 문자가 바로 '別有天地非人間별유천지비인간'이다.

孔子공자가 『論語논어』를 통해 전하고자 하는 메시지 중의 하나는 조화와 균형이다. 사람 됨됨이에 관해서도 공자는 훈계를 잊지 않았다. 그 가운데 두드러지는 개념 중의 하나가 文문과 質질의 상관관계다. 책의 「雍也옹야」라는 편에 등장한다. 공자가 꼽는 가장 이상적인 사람은 君子군자다. 군자는 인격적으로나, 학문적으로 어느 정도의 수준에 오른 사람이다. 그에 가장 중요한 조건을 꼽으라면, 바로 조화

유광종의 지하철 한자역 여행

와 균형이다.

공자는 군자의 조건으로 文質문질을 함께 거론했다. 앞의 文문은 '꾸밈'을 가리킨다. 학식과 교양, 규범에 맞는 매너와 옷차림 등을 모두 품는 글자다. 후천적인 노력을 통해 쌓고 이루는 것도 포함한다. 사람의 외부를 이루는 여러 가지 조건이다. 학식과 교양, 매너와 복식 등이 다 이에 들어간다.

그에 대응하는 개념이 質질이다. 내면을 이루는 면모들이다. 어쩌면 '바탕'이라고 옮겨도 좋은 글자다. 아울러 겉으로 드러나는 것보다는 속으로 감춰진 무언가를 이른다. 사람 내면에 깃드는 바탕의 교양이라고 해도 좋겠다. 또한 외부적인 조건에 대응하는 내부의 바탕, 즉 實質실질이다.

이 두 가지가 서로 조화와 균형을 이뤄야 사람으로서 도달하는 이상적인 수준, 즉 군자의 조건을 갖출 수 있다는 얘기다. 둘의 조화와 균형이 깨진다면 어떨까. 공자는 그런 상황도 빠뜨리지 않았다. 그는 "바탕이 외부의 조건을 앞선다면 거칠다고 할 수 있고, 외부의 조건이 바탕을 넘어선다면 가볍다고 할 수 있다(質勝文則野, 文勝質則史)"고 덧붙였다.

원문 중의 野야를 '거칠다', 史사를 '가볍다'고 풀었다. 그보다 두 글자가 품은 뜻은 깊다. 앞은 다듬어지지 않아 투박하고 거친 상태를 일컫는다. 뒤는 너무 꾸밈이 지나쳐 경박하고 부박해 무게를 지니지 못하는 상태다. 후천적인 노력을 기울이고 기울여 제 성정의 거친 면모를 다듬지 못하면 野, 실질을 중시하지 않고 제 외부적인 모습만 꾸미고 또 꾸며 본래의 제 바탕을 잃는 게 史다.

공자는 둘이 조화를 이뤄야 한다고 봤다. 그래야 좋은 사람, 훌륭한 사람, 제 발전을 넘어 남을 생각하는 사람, 더 나아가 제 품속에 세상을 안고 저보다 못한 사람을 구하고 돕는 사람으로 성장할 수 있다고 봤다. 공자는 그래서 "꾸밈과 바탕이 잘 어울려야 군자라 할 수 있다(文質彬彬, 然後君子)"라고 했던 것이다.

앞의 역 신촌과 함께 이 홍대 앞의 거리는 대한민국 젊음의 현주소를 적나라하게 보여주는 곳이다. 그런 젊음들을 바라보는 기성세대의 시선은 대개 두 가지다. 찬탄과 우려가 아닐 수 없다. 앞 세대가 잃어버린 활력을 바라볼 때는 찬탄이요, 일정한 수준을 넘어 지나침이 눈에 들어올 때는 우려다.

우려가 앞선다고 잔소리만 할 일이 아니다. 그렇다고 찬탄만 하고 있기에는 어딘가 부족해 보이는 것도 사실이다. 단지 강조할 대목은 조화와 균형이다. 지나치게 꾸미고 가꾸는 데 젊음의 활기가 몰리는 것은 아닌지, 젊음 그 자체만 믿고 인생의 공부를 게을리 하지는 않는지 등의 물음이다.

恢弘회홍이라는 단어가 있다. 아주 크고 또 큰 모습을 일컫는 형용사다. 넓고 아득하며 밖을 향해 크게 번지는 모습을 가리키기도 한다. 弘益人間홍익인간의 이념적 설정은 아마 그런 크고 큰 모습을 바탕으로 깔고 있으리라 보인다. 그렇게 넓고 넓게 세상을 바라보며 사람을 구하는 일이 바로 弘益人間의 근본적인 지향일 테다.

　홍대 앞의 거리를 다니는 무수한 대한민국의 젊음들이 그런 지향을 배웠으면 좋겠다. 마침 그 거리의 문패에도 弘益홍익이라는 지향이 뚜렷하게 보이지 않는가. 실질을 숭상하면서도, 배우고 익힘에 게으르지 않아 안과 밖이 서로 찬란한 조화와 균형을 이루는 사람. 그로써 더 넓은 세상에 제 포부와 뜻, 덕목을 베풀어 이 사람 사는 세상을 따뜻한 온기로 채울 수 있는 사람. 홍대 앞을 지나면서 생각해 보는 우리 대한민국 젊은이들의 모습이다.

합정 합할合, 우물井

우물이라는 뜻의 井정이라는 글자를 달고 있는 동네 이름은 제법 많다. 전국 곳곳에 산재해 있다. 우물은 사람들의 생활에 빼놓을 수 없는 물을 길었던 곳이다. 따라서 그런 우물을 따라 마을이 들어서면서 우물을 지명으로 쓰는 일도 자연스레 많아졌을 것이다.

이곳 合井합정에도 우물이 보인다. 유래를 보면 심상치 않은 기록이 나온다. 이곳은 천주교가 한반도에 들어오면서 생겨난 무수히 많은 순교자들의 자취와 관련이 깊은 곳이다. 합정동 구역 안에 절두산 성지가 있기 때문이다. 이곳에서 천주교의 지향을 따랐던 조선의 많은 사람들이 숨졌고, 그를 이끌었던 외국인 선교사와 주변 사람들이 목숨을 잃었다.

원래 이곳에는 한 우물이 있었다고 한다. 지금은 도시개발의 흐름에 밀려 이미 흔적도 없이 사라졌으나, 절두산 인근의 한 구역이었단다. 그곳은 형을 집행하는 장소였다. 그것도 극형이었다. 머리를 베는 斬首참수의 형벌이 벌어졌던 곳이다. 그러나 어디 이 지역뿐일 텐가. 서울 서소문 밖, 또는 서울의 곳곳에서도 그런 형벌의 흔적은 보인다.

사람의 목을 베는 사람을 우리는 '망나니'라고 한다. 어원의 설명은 몇 가지다. 그러나 딱히 이렇다 할 정답은 없는 듯하다. 그러나 어쨌든 사람의 목을 베는 험악한 일에 종사하는 사람이니 이미지가 좋지 않다. 요즘은 그런 직업이 없어졌으나, 우리말 속에서 이 망나니는 아주 나쁜 뜻이다. 행실이 고약하고 제 멋대로 움직이는 사람을 망나니로 부르기 때문이다.

한자어는 劊子手회자수다. '끊다', '자르다', '잘라내다'의 새김을 지닌 劊회라는 글자가 들어가 있다. 그 대상이 사람의 목이라는 게 문제다. 이들이 어떻게 사람의 목을 베는지는 우리 영화들이 잘 묘사하고 있다. 큰 칼을 손에 쥐고 덩실덩실 춤을 추다가, 사람들이 빙 둘러서 보고 있는 가운데, 칼에 간혹 입으로 물었던 물을 '훅'하고 뿜어내다가, 순식간에 덤벼들어 사람의 목을 친다.

합정동에도 그런 망나니의 그림자가 어른거렸던 모양이다. 지금은 동명으로 변했지만, 원래 이 合井합정은 한자로 蛤井합정이었다고 한다. 원래 이름 앞의 한자 蛤합은 '조개'를 가리킨다. 왠지는 알 수 없으나 이 동네 그 우물 바닥에는 조개껍데기가 많이 보였다고 한다. 그래서 얻은 이름이 조개우물, 즉 蛤井이었다고 한다.

사람의 목을 베는 망나니들이 이 우물을 많이 사용했다고 한다. 잔인한 형벌 끝에 제 칼을 씻는 물을 이곳에서 길어 올렸고, 형을 집행할 때 입에 물었다가 '훅'하고 뿜어내는 물도 이곳 우물에서 얻었다고 한다. 그래서 '조가비 우물'이라고 해도 좋을 아름다운 우물

절두산 공원의 김대건 신부 좌상.　　　　　　　　천주교 순교자를 기념하는 절두산 성당.

이름에 '망나니'라는 험악한 이미지가 곁들었던 것이다.

　　지금은 사라진 형벌이지만, 외국의 극단적인 세력들이 상대 국가의 포로를 잡아다가 그런 방식으로 사람의 목숨을 끊는 장면을 비디오로 촬영해 공개하고 있다. 끔찍한 장면이 아닐 수 없다. 그러나 조선, 나아가 동양의 옛 왕조 시절에 이 형은 아주 흔했다. 19세기 말 조선에 발을 디뎠던 외국인들의 견문록에는 이런 형벌을 목격했던 얘기들이 자주 나온다.

　　이 점은 동서양을 막론하고 차이가 없다. 동양이나 서양이나 옛 왕조의 통치자들은 가혹했다. 명분으로 내걸었던 지향이야 그럴 듯해 보이기는 하지만, 실제 일반 백성들의 권리나 지위는 아예 깡그리 무시되기 일쑤였다. 혹독한 통치를 이어가기 위해서는 그에 걸맞은 잔혹한 형벌이 필요했으리라. 그래서 옛 왕조 시절의 行刑행형 내용은 끔찍하기 짝이 없다.

말이 나온 김에 동양에서 벌어졌던 잔혹한 형벌을 짚고 넘어가자. 우선은 앞의 宣陵선릉역에서 잠깐 소개한 陵遲處斬능지처참이다. 이는 예전 동양에서 벌어졌던 형벌 가운데에서도 가장 끔찍한 것에 속한다. 사람을 잡아다 놓고 정해진 숫자만큼 신체를 자르는 형벌이다. 판관이 "1,000번"을 명령했으면 형 집행자는 그 숫자대로 사람 몸을 잘라내야 한다. 조건은 그 횟수를 채우기 전까지 죄수가 살아 있어야 했다는 점이다.

고려와 조선에서도 이 능지처참의 형벌이 있었다는 기록이 있다. 그러나 많지 않다. 대개가 사람의 머리와 팔 다리 등 다섯 곳을 줄에 묶어 말이나 소가 끄는 수레에 연결한 뒤 마소를 달리게 해 몸 전체를 찢는 車裂거열의 형벌을 능지처참이라고 여기는 경우가 많다. 그러나 이 거열 역시 잔혹한 형벌임에는 틀림없다.

모두 極刑극형이다. 여기서 목을 베는 일, 즉 참수는 기본이었던 모양이다. 목을 벤 뒤 저자거리에 그를 걸어두고 사람들에게 보임으로써 전시 효과를 노렸던 일이 梟首효수다. 앞 글자 梟효는 맹금류인 올빼미 등을 지칭하는 데서 한 걸음 더 나아가 '매달다'의 뜻을 얻었다. 저자거리에 그냥 시신을 방치하는 일이 棄市기시다. 저자(市)에 버리다(棄)는 엮음이다.

烹刑팽형이라는 형벌도 보인다. 역시 극형이다. 가마솥 안에 사람을 집어넣고 삶아(烹) 죽이는 벌이다. 사람의 용도가 다해 냉정하게 그를 차버리는 일을 '兎死狗烹토사구팽'의 성어로 적는다. 토끼가 사라지자 그를 사냥할 때 필요로 했던 개를 삶아 먹는다는 뜻의 성어다. 개라도 삶아 죽이는 일은 아주 잔혹한데, 사람이야 오죽할까. 다행히 이런 형벌은 한반도의 옛 왕조에서는 행해진 적이 없다고 한다.

刖刑월형은 장딴지 일부를 자르는 형벌이다. 발을 잘랐다는 설이 있고, 관절의 일부를 잘라냈다는 설도 있다. 분명하지 않다. 비슷한 예로는 斷筋단근이 있다. 역시 발목, 또는 아킬레스건 등을 자르는 내용이다. 중국의 예에서는 腰斬요참의 형벌도 보인다. 사람의 허리를 작두 등으로 자르는 형벌이다. 죄수가 행형 뒤에도 당분간 살아 있어 고통을 극도로 느끼게 해주는 참혹한 방법이다.

사람의 목을 졸라 숨지게 하는 형벌이 絞刑교형이다. 잠실역을 지날 때 설명했던 형벌이 있다. 『史記사기』의 저자 司馬遷사마천이 당했다는 형벌 말이다. 그는 생식기를 잘리는 벌을 받았다. 바로 宮刑궁형이다. 여성도 간혹 그런 벌에 처해졌다. 그럴 경우에는 幽閉유폐라고 적었다. 모두 극형에 속한다. 끔찍하고 잔인하다.

鈒面삽면, 黥面경면, 刺字자자라고 부르는 형벌이 있다. 극형은 아니다. 부가적인 형벌이다. 鈒삽은 '창', '새기다'의 뜻이다. 黥경은 요즘 문신 새기는 일을 떠올리면 좋다. 바로 그 행위다. 刺자는 '찌르다'와 '새기다'의 뜻이다. 그 대상이 얼굴(面)이니 문제다. 얼굴에 먹을 갈아 글자를 문신 새기듯 넣는 행위다. "이런 경을 칠 놈 같으니라구"라면서 예전 할아버지들이 누군가를 혼낼 때 쓰는 말로도 남아 있다.

보통은 도둑질을 한 사람들에게 이런 형벌을 가했다고 한다. 먹물로 얼굴 등에 글자를 새기는 일이다. 먹을 쓰기 때문에 흔히 墨刑묵형이라고도 적는다. 평생 지울 수 없는 범죄의 흔적을 얼굴에 새기고 살아야 하는 형벌이니 만큼 "경을 칠 놈"이라고 욕을 하면 그를 들어야 했던 사람은 상당히 부아가 치밀었을 테다. 刺字자자는 얼굴이 아닌, 팔뚝에 범죄의 내용을 적는다는 점에서 위의 둘과는 조금 다르다.

얻어맞고 끝나면 그나마 좋을까. 笞刑태형과 杖刑장형이다. 싸리나무 등 가벼운 재질의 나무로 만든 회초리가 笞태다. 그보다는 무거운 가시나무로 만들어 때리면 杖장이다. 棍刑곤형이라는 형벌도 있는데, 중국의 예라기보다는 조선 英祖영조 이후 등장한 한반도 특유의 매질이다. 정확한 규정이 없어 무거운 나무를 동원해 지방관 임의대로 때려 많은 인명 피해를 냈다는 惡刑악형이다.

이렇게 매를 때리는 일은 형벌 중에서 비교적 가볍다고 할 수 있다. 이를 포함해 먼 곳으로 범죄자를 보내는 流刑유형, 강제 노동에 종사토록 하는 徒刑도형, 거기서 더 나아가 위에 소개한 斬刑참형과 絞刑교형의 死刑사형 등을 모두 '五刑오형'이라고 불렀다.

칙칙한 이야기다. 왕조의 권력을 유지하기 위해 형벌이 남용됐으리라 여겨지는 옛 이야기다. 그런 어두운 기억과는 상관없이 이 합정동 일대는 서울에서도 크게 주목을 받는 지역이다. 앞서 지나온 홍대 앞이 전국 각지와 해외에서 몰려드는 사람들의 발길로 활황을 이

뭐 이제는 합정역 일대까지 크게 발전하는 추세를 보이고 있기 때문이다.

사람을 혹심하게 짓눌렀던 왕조의 이야기는 그래서 이곳과는 잘 어울리지 않는다. 그 어둡고 침침한 기억은 이미 자유롭고 활기에 찬 사람들에 밀려 저 멀리 사라졌다. 그런 어둠이 다시는 밀려오지 않을 것이다. 우리의 법과 제도, 민주와 자유를 굳건히 지킨다는 대한민국 사회 구성원의 신념이 흔들리지 않는다면 말이다.

유광종의 지하철
한자 여행

당산 집堂, 뫼山

합정역에서 강을 건너면 다가서는 역이다. 크게 봐서 이름의 유래는 두 가지다. 이곳에 원래 있던 單山단산이라는 곳에 마을의 종교적 대상인 큰 은행나무 두 그루가 있어 그곳에 사람들이 神堂신당을 만들면서 이름을 붙였다는 내용이 우선이다. 다른 하나는 이 일대에 海棠花해당화가 많이 자라 棠山당산이라고 했던 이름을 나중에 지금의 명칭으로 바꿨다는 설이다.

神堂신당은 예전 조선시대에는 곳곳에 존재했다. 민속적이면서 무속적인 신앙의 표현이다. 따라서 그로부터 비롯해 堂山당산이라는 이름이 생겼으리라는 추정은 매우 자연스럽다. 아울러 해당화가 많이 피어 그런 이름으로 바뀌었다는 추정도 부인할 수는 없다. 어쨌든 경기도 일원에 속하다가 영등포에 한데 섞여 1936년 서울 권역에 들었던 곳이다.

神堂신당의 당집 이야기는 신당역을 지나올 때, 그리고 『지하철 한자 여행 1호선』에서 이미 언급했다. 그래서 다음 글자인 山산을 바라본다. 한반도는 산지가 압도적으로 많은 곳이다. 국토의 70%가량이 산지에 해당한다. 그런 이유 때문인지 산에 관한 명칭이 제법 발달해 있다. 그것도 순우리말 형태로 말이다. 한자 세례를 오래 받아온 까닭에 웬만한 명칭은 다 한자로 자리를 잡았음에도 불구하고 산은 예외다.

물론 산 자체는 한자다. 순우리말 '뫼'가 우선의 형태다. 하지만 한자인 山산은 이제 우리말과 떼려야 뗄 수 없을 정도다. 우리 생활에 아주 바짝 붙어 있어 이를 한국의 언어 환경에서 제외하는 일은 불가능하다. 한자는 그렇게 우리 쓰임에 오래 들어와 우리 생활과 밀착한 경우가 많다. 그러니 이 또한 우리말이라고 하지 않을 수 없는 노릇이다.

그럼에도 그 산에 따라 붙는 순우리말은 생생한 편이다. 우선 산기슭, 산마루, 산등성이, 산비탈, 산모퉁이, 산모롱이, 산자락 등이다. 그런데 이 아름답고 편한 순우리말은 쓰임이 많기는 하면서도 정확하게 그 이름이 가리키는 곳이 어디인지를 물으면 헷갈리기 십상이다.

산기슭은 산의 비탈이 끝나는 아랫 부분이라고 한다. 사전적인 정의다. 산마루는 어디일까. 우선 산의 능선이 죽 이어진 곳을 산등성이라고 한단다. 그 산등성이의 가장 높은 곳이 산마루다. '마루'는 높은 곳을 가리키는 순우리말이다. 산비탈이야 쉽다. 산에 비탈진 곳, 경사면을 가리킨다. 산모퉁이는 산기슭이 아랫 부분과 만나는 곳이다. 산모롱이는 그렇게 비탈이 내려와 기슭을 이루는 아랫부분 중 살짝 돌아가는 곳을 가리킨다고 한다.

유광종의 지하철
한자 역사 여행

이를 표현하는 한자 단어? 있기는 일부가 있다. 산꼭대기는 누구나 아는 순우리말인데, 山頂산정이라고 적거나 頂上정상으로 적을 수 있다. 그러나 산마루를 한자로 옮기기는 어렵다. 산비탈은 山坡산파, 산기슭은 山脚산각으로 옮길 수는 있는데 역시 뭔가 어정쩡하다.

사정이 그러하니 우리는 조상들이 산을 가리키면서 수도 없이 썼을 순우리말을 그냥 두는 게 낫다. 어쩔 수 없는 경우에야 한자를 동원하지만, 이렇게 아름다운 형태로 남아 있는 명칭은 그냥 그대로 쓰는 게 좋다. 산지가 워낙 발달한 한반도라서 산의 각 구석에 대한 이름이 발달한 듯하다. 쓰기에도 좋고, 부르기에도 좋으며, 이해하기도 좋다.

그러나 산을 큰 모습에서 살필 때는 어쩔 수 없이 한자가 등장한다. 더구나 사물의 각 명칭을 정확하게 가름으로써 행정적 편의 등을 위해 써야 하는 요즘 세상에서는 더 그렇다. 학술적이거나, 행정적 필요에 의해 생긴 산에 관한 명칭은 대개가 한자다. 어차피 이 당산이

한강 북안에서 바라본 당산철교.

라는 역에서는 그런 산 명칭의 한자 행렬에 주목해야 하겠다. 堂당이
라는 글자는 우리가 이 앞의 여정에서 이미 풀만큼 풀었기 때문이다.

산이 흐름처럼 이뤄진 경우가 있다. 우리는 그를 산맥이라고 부
른다. 한자로는 山脈이라고 쓴다. 그러나 흐름이 긴 경우도 있고, 그
렇지 못한 상태도 있다. 우선 산맥이 산맥이라는 이름을 얻기 위해서
는 일단 일정한 길이를 확보해야 한다. 그 모습이 띠를 길게 이은 帶
狀대상이거나 선을 길게 그은 線狀선상이어야 한단다. 그 길이는 수십
킬로미터에서 수백 킬로미터를 쉬지 않고 내뻗어야 한다는 것이다.
그 정도를 산맥이라고 한다는 얘기다.

그렇지 못한 경우는 어떨까. 뚜렷하게 띠를 이은 모습의 帶狀대상
이나, 선을 길게 그은 듯한 線狀선상이 아닌데도 산들이 이리저리 모
여 있을 때 말이다. 이런 경우에 쓰는 명칭이 山地산지라는 설명이 있
다. 그렇다면 산의 일정한 흐름과 산지가 겹쳐서 나타나는 지역의 이
름은 뭘까. 사전에는 이를 山系산계라고 부른다는 설명이 나온다. 산
맥의 규모보다는 작으나 그저 산지라고 부를 때는 뭔가 아쉬운 경우
다. 산계에 나타나는 산의 일정한 흐름이 산맥으로 치기에는 길이가
모자라는 그런 경우일 테다.

예를 들어 태백산맥과 낭림산맥, 소백산맥 등은 산맥이라고 부르
기에 족한 긴 흐름을 보이지만 강남산맥이나 차령산맥은 산맥이라
는 이름을 붙이기에는 흐름이 짧다는 지적이다. 따라서 강남산맥이
나 차령산맥은 산맥이라기보다 산계에 가깝다는 얘기다.

바다 밑에 들어가 있는 산의 흐름에도 *海山*해산이라는 명칭을 부여한다고 한다. 그 바다 밑의 산에 드리운 연봉의 흐름을 *海嶺*해령이라고 적으며, 바다 밑에서 험준한 형태로 긴 흐름을 형성하는 산과 같은 형태를 *海底山脈*해저산맥이라고 부른단다.

통일적인 기준으로 볼 수는 없는데, 산의 높낮이로 대상을 구분할 경우에도 한자의 이름이 등장한다. 보통은 해발 3,000m 이상의 산을 *高山*고산, 3,000m 이하로 낮게는 1,000m 이상의 산을 *中山*중산, 그 이하의 산을 *低山*저산 또는 *丘陵*구릉으로 적는단다. 그러나 이 기준은 통일적이라고 볼 수 없다. 우리의 느낌에도 우뚝한, 해발 800m가 넘는 서울의 북한산을 구릉이라고 해야 하니 말이다.

낮고 평퍼짐하게 솟은 곳을 우리는 보통 구릉이라고 부르는데, 다른 곳의 기준으로 보면 해발 300m 이하의 산 형태 지형을 구릉이라고 한다는 얘기도 있다. 우리의 정서상 300m 이하가 구릉이라고 하는 게 맞을 듯하다. *丘陵*구릉이라는 한자 단어는 언덕을 가리키는 *丘*구와 높은 곳에서 낮은 곳으로 경사가 완만하게 이뤄진 지형을 일컫는 *陵*릉의 합성이다.

내친 김에 한반도 산맥의 명칭 몇 개를 알고 가자. 한반도의 축을 이루는 산맥은 태백산맥과 낭림산맥이다. *太白山脈*태백산맥은 길이 500km가 넘는 가장 긴 산맥이다. 한반도 동부지역에서 남북으로 뻗는 산맥이다. *太白山*태백산이 주산이어서 이름을 얻었다. *狼林山脈*낭림산맥 역시 함경남도에서 평안남북도로 뻗는 긴 산맥이다. 이 둘이 한반도 산맥 흐름의 척추에 해당한다고 해서 이 둘을 脊梁山脈척량산맥의 범주에 집어넣는다고 한다.

낭림산맥의 狼林낭림이라는 이름이 흥미를 끈다. 정확히 유래를 설명하는 내용은 없다. 아무래도 산맥의 주봉인 낭림산과 관련이 있을 듯하다. 이곳 경사면에 많이 자라는 식생이 낭림투구꽃이라고 한다. 狼林이라는 표현은 늑대 이빨처럼 날카롭게 솟은 나무숲을 이야기하는 듯하다.

마식령산맥의 한자 표기는 '馬息嶺'이다. 말도 쉬어 넘어가는 험한 산이라는 뜻이 담겨 있다. 험준함을 그렇게 표현하니 재미가 있다. 함경북도와 함경남도의 경계를 형성하는 摩天嶺마천령 산맥은 높이 솟아 하늘에 닿을 듯한 摩天樓마천루를 떠올리면 이해할 만하다. 하늘(天)을 만진다, 혹은 닿는다(摩)의 엮음이다.

전쟁사를 기록한 적이 있는데, 그 때 눈에 띄었던 이름이 狄踰嶺적유령 산맥이다. 북쪽의 오랑캐를 지칭하는 한자가 狄적이다. 다음 글자 踰유는 '넘다', '넘어오다'의 새김이다. 그러니 북녘 오랑캐가 넘어오는 고개라는 뜻이 狄踰嶺이다. 6·25전쟁사를 적으면서 그 점이 궁금했다. 전쟁 영웅 백선엽 장군의 회고록을 적을 때였다.

그래서 관련 기록을 찾았다. 한반도 곳곳에는 '되너미 고개'라는 명칭이 있다. 경기도 벽제, 심지어는 서울 인근에서도 찾을 수 있다. 이 '되너미'의 '되'는 만주지역, 나아가 중국인들을 낮춰서 부르는 호칭이다. 그들이 넘는(너미) 고개라는 뜻을 한자로 적으면 狄踰嶺적유령인 셈이다.

　전쟁은 그렇게 산을 넘는 적을 맞으면서 벌어진다. 한반도를 유린했던 상대는 임진왜란의 일본도 있었지만, 대개는 중국 대륙이나 만주지역에서 발흥한 세력들이다. 그들을 경계하면서 생긴 이름이 狄踰嶺적유령일 게다. 만사가 그렇듯 전쟁에도 늘 대비해야 하는 게 국가의 의무다.

영등포구청 길 永, 오를 登, 개 浦, 구분할 區, 관청 廳

『지하철 한자 여행 1호선』에서 1호선을 여행할 때 영등포를 지나왔다. 그 이름이 그대로 들어가 있는 이번 영등포구청역은 영등포의 행정을 총괄하는 구청이 이곳에 있어서 붙은 이름이다. 따라서 그 자체를 두고 유래와 연원 등을 설명할 필요는 없다. 함께 1호선을 여행하지 못한 분들을 위해 잠시 영등포의 이름을 풀자면 이렇다.

永登浦영등포라는 이름의 맨 앞 永영은 '영원히'란 새김의 글자다. 그 다음 글자가 '오르다'의 새김으로 알려진 登등인데, 1호선 영등포를 지나면서 이 글자가 원래는 제사 때 사용하는 祭器제기의 하나라는 사실을 설명했다. 그런 제기라는 뜻에 때로는 무엇인가 가득 올린 상태를 뜻하기도 한다. 곡식과 고기 등을 올린 모습이다.

그런 제기에 곡식과 고기를 잔뜩 올린다면 사실 '풍년'을 뜻할 수 있다. 거둔 게 많은 해에 조상이나 신령에게 "감사하다"는 뜻의 제사를 올리는 행위다. 따라서 이 글자는 나중에 '풍년'이라는 새김을 얻었다. 그런 까닭에 永登영등이라고 적으면 '영원한 풍년', '내내 풍년이 든다'는 뜻이다. 그런 풍년을 기원하는 옛 농촌사회의 소박한 염원이 담긴 단어가 바로 永登이다.

유광종의 지하철
한자으 여행

그 다음 글자가 浦포다. 원래는 강의 어귀를 뜻한다. 하천이 바다로 빠져 나가는 입구를 가리킨다. 그러나 나중에는 웬만한 물가 주변의 항구 등에도 이 글자가 붙었다. 배가 정박할 수 있을 만한 곳에 들어선 항구라는 의미다. 주로 하천을 중심으로 발달하다가 나중에는 바다를 끼고 있는 곳에도 쓰는 글자로 발전한 듯하다.

이 글자 나온 김에 과거 한국과 중국 등에서 집중적으로 운영했던 水上수상 운송, 즉 漕運조운에 대해 알아보는 게 좋을 듯하다. 지금의 우리 지명에 남아 있는 浦포는 과거 고려와 조선의 조운제도와 관련이 있기 때문이다. 지금처럼 도로가 발달하지 못했던 과거 동양사회에서는 육상의 운송, 즉 陸運육운이 수월치 못했다. 도로 체계가 그를 뒷받침하기 힘들었고, 짐을 싣고 움직일 수단과 방법도 마땅치 않았다. 그러니 사람들은 물길을 바라봤을 게다.

물길이야 하늘로부터 땅에 내리는 비와 눈 등 降水강수가 있는 한 끊길 수 없다. 계곡의 물이 모여 조그만 내를 이루고, 그런 내가 흘러 하천으로 줄곧 이어지기 때문이다. 그러니 산에 가로막히기 십상인 육로상의 운송보다는 배를 띄워 물자를 운반하는 水運수운의 가능성에 훨씬 더 주목했을 법하다.

조운에 관한 과거의 용어가 제법 수두룩하다. 우선 漕運조운은 漕轉조전, 漕輓조만 등의 용어로도 적었다. 漕조라는 글자 자체가 배를 젓거나, 그런 배를 사용해 물건을 나르는 일이라는 새김이다. 運운은 '움직이다', '운반하다' 등의 새김이며, 轉전은 '옮기다', 輓만은 '수레 등으로 짐을 나르다'는 뜻이다.

그냥 내륙의 물길로 운반하는 경우를 水運수운, 바닷길로 짐을 옮기는 일을 海運해운이라고 했다. 지방에서 중앙에 바치는 공물과 양식은 사실 왕조의 생명줄과 다름없이 중요했다. 왕조의 곳간을 이루는 경제적 토대였기 때문이다. 고려 초기에는 전국 60여 곳에 浦포를 설치해 각 지역의 공물 등을 모아 수도로 보냈다.

나중에는 전국 13곳에 漕倉조창을 두면서 보다 치밀한 조운제도를 구축했다고 한다. 조운(漕)을 위한 창고(倉)라는 뜻이다. 이 조창은 단순히 물자가 集散집산하는 물류창고의 기능을 넘어 지방 행정에서 빼놓을 수 없는 곳으로 작용했다. 조운을 직접 관장하며 주변 지역에서 수도로 보내는 공물 등을 관리하고 감독하는 관청의 성격으로서 말이다.

조선에 들어서도 꽤 오랫동안 조운이 성행했다. 조운을 담당하는 사람들은 漕卒조졸로 불렸으며, 沙工사공이 선장 격으로 배를 이끌었다. 그 아래에서 배를 부리는 사람들은 格軍격군 또는 水夫수부 등의 이름을 얻었다. 세금으로 바친 공물과 식량 등을 운반하면서 이들은 개인적인 이익을 탐할 수도 있었으나, 배가 조난을 당해 침몰하는 등의 사고가 나면 그를 변상하는 의무도 졌다.

부족한 항해 기술로 인해 잦은 사고에 속수무책인 경우가 많았다고 한다. 그에 따른 피해를 고스란히 자신이 물어야 했던 이유로 조운에 종사하는 사람들은 이를 면키 위해 안간힘을 썼던 모양이다.

여러 기록에 따르면 저간에 묻힌 사정이 만만치 않았음을 알 수 있다.

고려는 개성을 수도로 삼았던 까닭에 예성강에 전국으로부터 조운을 통해 올라온 물건들이 모여들었다. 그에 비해 조선의 수도는 서울이었다. 따라서 서울의 복판을 흘러지나가는 한강이 물자의 도착지였다. 그래서 서울의 강이라는 京江경강이라는 이름으로 불리기도 했던 한강의 상인들이 주목을 받았다.

정부에서 운영하는 이른바 官船관선은 개인이 몰고 다니는 私船사선에 비해 효율 등이 떨어졌던 듯하다. 수리나 유지, 관리 등에서 허점을 보였기 때문이다. 그런 까닭에 사선이 직접 정부 물자의 조운체계에 뛰어드는 경우가 많았던 모양이다. 그중에서 경강, 즉 한강을 중심으로 상업적인 활동에 참여했던 京江商人경강상인이 점차 두각을 드러냈다고 한다.

이들은 한강 일대에 客主객주 旅閣여각 등을 운영했다. 사람들이 숙박하는 시설이기도 하면서, 각지에서 올라온 물자를 위탁받아 보관해주는 창고 물류업의 일종이기도 했다. 조선에서는 모든 공물을 쌀로 대납토록 하는 내용의 大同法대동법이 등장하면서 조운의 수요가 폭증했는데, 배를 소유한 경강상인들이 이 무렵 큰 각광을 받았다고 한다.

그러나 모두 고된 뱃길이었을 테다. 바다가 그리 깊지는 않으나 서해안에서는 해상 조난사고가 잦았다고 한다. 그런 험한 뱃길을 뚫고 다니면서 공물과 식량을 날랐던 사람들은 꽤 억셌을 것이다. 거센

풍랑을 헤치는 그런 정신이 아마 한반도가 그나마 국체를 이루면서
세계를 향해 나아갈 수 있었던 동력의 하나로 작용했을 테다.

그래도 우리는 포구에서 만남과 헤어짐, 돌아옴과 떠남의 정서에
쉽게 젖는다. 항구나, 공항이나, 터미널이나 모두 그런 만남과 헤어
짐의 정서가 돋보이는 곳이다. 1930년대 일제의 강점 아래에 있던 한
반도 사람들의 마음이야 더 그랬을지 모른다. 아래에 당시 유행했던
가요 '포구의 인사'를 적는다. 경북 울진군 죽변에서 울릉도를 향해
떠나는 작사자의 시선이다.

포구의 인사란 우는 게 인사러냐/죽변항 떠나가는 팔십 리 물결에/
비 젖는 뱃머리야 비 젖는 뱃머리야/어디로 가려느냐. (중략) 배 옆
을 흘러가는 열사흘 달빛 속에/황소를 싣고 가는 울릉도 아득하다/
비 젖는 뱃머리야 비 젖는 뱃머리야/어디로 가려느냐.

뭔가 슬퍼 보인다. 나라를 빼앗긴 상실감의 자락도 엿보인다. "포
구의 인사란 우는 게 인사러냐"라는 대목에서 노래의 主調주조가 드
러난다. "비에 젖는 뱃머리"도 그렇다. 먼 뱃길의 아득함에 한숨이 앞
서는 분위기다. 우리의 슬펐던 시대상을 반영하고 있어 공감도 인다.
그러나 어딘가 약해 보인다. 바다를 앞에 두고 맥부터 풀어버리는 모
습이 역연하다.

농업을 기반으로 한 문화적 토대가 그리 만들었을까. 한국이나

중국은 농업이 기반을 이룬 그런 문화적 취향이 강했다. 그래서 바다를 '발길 끊어지는 곳' 정도로 봤다. 바다를 마주하면 늘 머리를 돌려 땅을 바라보는 버릇이 있다. 한 군데 붙박이로 사는 定住정주에 관한 욕망이 퍽 높다.

바다를 중심으로 한 서양의 해양문명은 그와 다르다. 붙박이보다는 떠돌이, 안정보다는 변화와 혁신을 꿈꾼다. 개방적이며 포용적이다. 한반도는 그런 해양으로 더 나아가야 한다. 미지의 곳으로, 아주 먼 곳으로, 반도로는 탐낼 수 없는 드넓은 곳으로 나아가기 위해서는 바다를 품에 안고, 그곳으로 거침없이 나설 수 있어야 한다. 그래서 21세기 대한민국의 포구는 희망과 꿈으로 가득 차야 옳겠다.

영등포도 원래는 포구다. 지금은 뱃길이 이어지지 않지만 경강을 거쳐 바다로 나설 수 있었던 곳이다. 비록 몸은 이곳에 매달려 있지만 마음만은 항상 바다를 향해야 좋다. 멀리 다다를 수 있기 위해서는 바다에 이는 풍랑쯤이야 이겨야 한다. 한반도의 험한 뱃길을 거쳤던 사공과 격군, 경강상인들의 강인한 정신이 우리에게 흐르고 있으니 말이다.

문래 글월 文, 올 來

동명이기도 하고, 역명이기도 하다. 이 이름이 생긴 지는 오래지 않다. 원래의 동명은 일제강점기에 들어섰던 산업시설과 관련이 있다. 당시 이곳에 鍾淵종연과 東洋동양 등 크고 작은 방직공장이 들어서자 일제가 실 뽑는 집이라는 뜻에서 絲屋町사옥정이라는 지명을 붙였다고 한다.

해방을 맞고 대한민국이 세워진 뒤에도 잠시 이런 이름을 그대로 사용했다. 1950년 6·25전쟁이 발발하기 직전인 1949년까지는 일제 강점기의 지명을 조금 수정한 絲屋洞사옥동으로 부르다가 지금의 동명으로 고쳤다는 설명이다. 나름대로 우리 대한민국 현대사의 곡절이 묻어 있는 지명이다.

文來문래라는 지명의 유래를 설명하는 흐름은 두 가지다. 고려의 文益漸문익점이 중국으로부터 목화씨를 몰래 가져 온 뒤 물레를 제작해 실을 뽑았다는 역사상의 스토리를 기반으로 삼아 지명을 만들었다는 설이 우선이다. 아울러 이곳에 학교가 들어서기 시작하면서 '글이 온다'라는 의미의 한자 文來문래를 만들었다는 얘기가 있다.

원래의 고유했던 명칭을 찾아보면 '모랫말'이 나온다. 안양천과

도림천의 두 갈래 하천이 몰고 왔던 모래가 이곳을 중심으로 많이 쌓이면서 모래 마을이라는 뜻의 그 이름을 얻었다고 본다. 모랫말이라는 이름을 한자로 적을 때는 沙川里사천리였다. 산업화가 한창이던 1970년대에는 이곳에 많은 공장이 들어서 대한민국 산업발전의 한 축을 이뤘다는 사실은 제법 잘 알려져 있다.

이번 역에서는 간단한 모습이지만, 품은 뜻은 매우 다양한 글자 文문에 눈길을 두도록 하자. 이 글자는 잘 알려져 있다. '글'이라는 뜻으로 말이다. 그래서 쉬이 보이기는 하지만 함의는 매우 광범위하다. 우선 文字문자와 文學문학이나 文章문장 등의 단어로 우리에게는 매우 친근하다. 그러나 아래위, 앞뒤, 전후좌우로 시야를 넓혀 가면 글자가 담은 뜻이 결코 만만찮다는 점을 알 수 있다.

우리는 이 글자가 들어간 人文인문이라는 단어에 친숙하다. 文科문과라는 단어도 같은 맥락이다. 이공계, 또는 자연계 등 학문의 분류에 등장하는 단어다. 국문학이나 일반 언어, 심리학, 철학 등의 학문을 지칭할 때 보통은 이 단어를 사용한다.

말 자체로서 인문은 무얼까. 사실 이 점이 몹시 궁금할 수 있다. 우리는 흔히 이 단어를 거론하면서 우선은 人文學인문학을 떠올린다. 문학과 철학, 심리학 등의 이미지와 함께 말이다. 그러나 문학과 철학을 지칭하기에 앞서 이 말 자체는 '사람(人)의 무늬(文)'라는 뜻이다. 文문이라는 글자의 초기 뜻에서도 문자에 앞서 사물이 그려내는 다양한 무늬라는 의미가 강했다.

조용한 아파트 단지로 변모한 문래역 앞.

하늘이 그려내는 무늬면 天文천문이라고 적을 수 있다. 이 단어는 하늘이 빚어내는 온갖 모습이다. 별자리를 비롯해 해와 달의 운행 등을 망라한다. 하늘에서 펼쳐지는 모든 현상을 담는 말이다. 그에 조응하는 말이 人文인문이다. 하늘에서 빚어지는 현상에 견줘 땅에서 빚어내는 사람의 모든 행동과 사고 등을 포괄하는 단어다. 학문적인 분류에서의 인문은 사람의 그런 포괄적인 움직임 일부를 담는 정도에 불과하다.

文化문화라는 단어도 그 점에서 살펴볼 수 있다. 사람이 빚어내는 다양한 움직임, 사고, 생활방식이 文문이라는 글자에 맞춰져 있고, 그로써 빚어지는 결과는 '변하다'라는 새김의 化화라는 글자에 모아져 있다. 사람의 행위와 사고를 포함한 생활방식 등이 드러내 보이는 수준, 그 정도쯤으로 풀 수 있는 말이다. 물론 영어의 'culture'라는 단어에 한자를 대응하는 과정에서 지금의 뜻으로 정착한 말이다.

文明문명이라는 조어도 생각해봄직하다. 라틴어에 기반을 둔 영어 'civilization'을 번역하는 과정에서 지금의 뜻으로 자리를 잡고 출발한 단어다. 원래 동양 고전에도 이 말은 일찍 등장했다. 지금의 '문

유광종의 지하철
한자®®여행

명'이라는 뜻과 그렇게 멀지 않다. 제도와 문물을 갖춘 상태의 빛, 또는 그런 효용 등을 가리켰다. 문물과 제도라는 의미는 원시의 상태에서 한 발자국 더 나아간 '진보'의 새김도 있다.

civilization이 도시에 거주하는 사람을 일컫는 'civis'에서 비롯한 점과 같은 맥락이다. 원시, 또는 수풀 우거진 오지에서 사는 사람들과 교통과 건축 등을 갖춘 도시의 생활은 다를 수밖에 없다. 그런 의미에서 제도와 문물이 대변하는 사람과 사회의 발자취를 文문, 그런 다양한 모습이 던져주는 빛과 밝음을 '밝다'는 새김의 明명으로 옮겼다. 물론, 동양 고전에 이미 오래전에 등장한 文明문명이라는 원래의 단어를 참작했으리라는 점은 분명하다.

그러니까 '문명'과 '야만'이라는 대립의 설정이 가능하다. 하나는 사람이 쌓은 다양한 문물과 제도로 '진보'한 사회를 일컬으며, 뒤의 '野蠻야만'은 자연 그 상태를 가리키는 野야와 종족적 편견을 드러내는 '오랑캐'라는 뜻의 蠻만을 한데 합쳤다. 앞을 '빛', 뒤를 '그늘'로 보면서 저보다 약한 나라와 민족을 유린했던 서구 열강의 제국주의적 시각이 담겨져 있어 그리 건강한 설정은 아니라는 점도 기억하면 좋다.

孔子공자의 가르침은 훌륭하다. 그를 연역하며 잔가지를 많이 펼쳐 쓸데없는 형식과 규제를 생산한 사람들이 문제다. 공자의 가르침은 동양사상에서 핵심적인 자리를 차지했다. 그러나 왕조의 권력자들이 정치적인 목적에 따라 그 흐름을 함부로 이끌 때 적지 않은 문제가 생겼다.

꼭 정치적인 이유만은 아니지만, 朱熹주희는 공자와 맹자 등이 집대성했던 유학의 흐름을 관념화하면서 그를 강력한 정치적 이데올로기로 자리 잡을 수 있도록 앞장섰던 인물이다. 그의 性理學성리학은 특히 조선에 심대한 영향을 미쳤다. 중국에서는 한때 큰 유행을 타다가 밀리기도 하면서 기복의 흐름을 보였으나, 한반도의 조선에서는 왕조 역사와 운명을 함께 하며 신주단지 모시듯이 떠받들어졌다.

주희의 성리학은 그래서 사람들의 사고와 행위를 옥죄는 이데올로기로 작용한 면모가 짙다. 공자가 말하고, 주희가 풀었던 내용에 토를 다는 일은 제 생명을 담보로 도박을 하는 경우와 다를 게 없었다. 그런 주희의 '가이드라인'에 조금이라도 반기를 드는 사람이 생기면 그는 斯文亂賊사문난적으로 몰렸다.

지금이야 체감하기는 힘들지만 과거 조선에서는 이런 사문난적의 이름패를 달면 그 사람은 정치적인 생명이 바로 끝날 정도였다. 실제로는 죽음으로까지 몰리는 경우도 비일비재했다. 참혹한 黨爭당쟁의 희생양으로 전락할 수밖에 없었던 것이다. 가혹할 정도의 핍박이었고, 사람의 마음과 행위를 옥죄는 차꼬와 수갑이었다.

그런데 표현이 조금 수상쩍다. 왜 斯文사문이며 亂賊난적일까. 뒤의 亂賊은 금세 이해할 수 있다. 어지럽히는(亂) 도적놈(賊)이라는 엮음이다. 문제는 斯文이다. '이' 또는 '그'를 가리키는 斯사라는 글자에 文문이 따랐다. 이 글? 아니면, 저 문장? 흐름이 다소 끊기는 대목이다. '이 글', '저 문장' 모두 아니다. 유학의 가르침 전체를 뜻하는 단어다.

공자로부터 번져, 맹자와 순자를 잇고, 漢한나라 이후 이어져 온 官學관학으로서의 흐름, 이어 宋송나라 때에 주희에 의해 이뤄진 당시 유학의 큰 흐름 전체를 斯文사문으로 표시했던 셈이다. 斯사는 역시 '이' 또는 '그'의 뜻이되, 여기서의 文문은 공자의 말씀도 아니요, 주희의 치밀한 풀이도 아니다. 이 文은 그런 유학의 발자취 전체를 가리킨다. 공자에서 주희까지 이어지는 유학의 전체적 무늬, 그 성취 등을 이야기하는 글자다.

글자 하나를 좇다가 너무 나왔는지는 모르겠다. 아무튼 文문이라는 글자 속에는 그런 다양한 함의가 들어있다. 자주 쓰지만, 그 새김을 자세히 따지면 어딘가 낯선 文化문화, 文明문명도 이 글자가 담고 있는 큰 맥락에서 풀어야 옳다. 하나 덧붙일 성어가 있다. '繁文縟禮번문욕례'다. 사전을 보니, 번잡한(繁) 글(文)과 번거로운(縟) 격식(禮)으로 풀었다.

文문이라는 글자를 단조롭게 봐서 생긴 번역의 오류다. 여기서는 文과 禮례가 동렬이다. 앞은 오히려 '문화'라고 해야 낫다. 문물과 제도의 의미다. 뒤의 禮 또한 그런 맥락의 에티켓, 예절, 격식 등의 의미다. 실제 효용이 닿지 않는 형식과 겉치레만 횡행할 때 이 성어를 쓴다.

文문이 지니는 함의는 그래서 아주 많다. 홍대입구를 지날 때 이 글자가 '꾸밈'의 새김이 있어 '바탕'을 의미하는 質질이라는 글자와 대립적이면서, 상호보완적인 관계를 이룬다는 점을 설명했다. 그렇게 꾸밈이 있으며, 가공이 덧붙여지는 개념이다. 그래서 원시의 생활로부터 문물과 제도를 갖추면서 성장한 인류를 문화와 문명의 척도로 재는 것이다.

그러나 그 문화와 문명의 빛은 포용과 개방, 관용에 있다. 그런 발전과 진보가 斯文사문이라는 섬뜩한 이데올로기로 등장해 나 아닌 남을 죄다 亂賊난적으로 몰아가는 경우는 피해야 좋다. 그러나 문화가 있고, 문명을 갖췄다고 하는 요즘 사회에서도 그런 행태는 자주 등장한다. 나 아닌 남을 이해하고, 설득하며, 공존을 모색하는 여유를 잃어서다. 안보를 직접 위협하는 적이 아니라면 누구와도 대화를 하고 타협을 시도해야 한다.

그런 문화는 아직 이 땅에서 성숙하지 않은 모양이다. 우리나라 정치권은 늘 그런 점에서 화제다. 그악하게 다투는 일이 그들의 生業생업인지는 모르겠으나, 국가와 사회의 속을 깊이 헤아려 문제를 풀어가며 발전과 진보를 모색해야 하는 重任중임을 진 사람이 그들이라는 점을 생각하면 자꾸 한숨만 나온다. 문래역에서 너무 많은 일을 생각했나 보다.

유광종의 지하철
한자율여행

신도림 새 新, 길 道, 수풀 林

『지하철 한자 여행 1호선』에서 풀었던 역명이다. 마침 이곳이 2호선
과 서로 환승할 수 있는 역이어서 이름 또한 다를 게 없다. 그 신도
림이 이 신도림이라는 얘기다. 따라서 1호선 전철에 함께 오르지 않
았던 독자들을 위해 그때 풀었던 역명과 한자 이야기를 여기에 다시
붙이기로 한다.

우리말로는 도야미리, 되미리라고 했던 곳이란다. 이름의 유래와
관련해서는 정설이 없다. 우선은 마을 일대의 들판에 억새풀 종류인
새나무가 많아 이런 이름을 붙였다고 한다. 다른 하나의 설은 야산
의 모습이 마을 뒤를 성처럼 둘러싸고 있어서 이름을 얻었다는 것이
다. 또 그 마을 형국이 국도에서 돌아앉은 모습과 관련이 있다고 하
는데, 딱히 이해가 가지 않는 풀이로 보인다.

상도천이라는 하천 한쪽에 있던 도림리가 일제강점기인 1936년
경성부로 편입됐는데, 다른 한쪽에 있던 도림리 일부가 나중에 서울
의 행정구역 안으로 들어오면서 '새 신(新)'이라는 글자를 달고 신도
림동이라는 이름을 얻었다는 설명이다.

따라서 신도림동의 '道도'라는 글자는 유교적인 영향과는 별반

관련성이 없다고 볼 수 있다. 어쨌거나 이 지역의 일대에 자생하던 수풀(林)이 동네 이름의 주요 근거로 작용했다고 보인다. 지금이야 워낙 개발붐이 오래 이어져 그런 수풀이 남아 있지 않다.

과거의 숲은 어딘가 으스스하다. 호랑이가 많았던 조선 때에는 그런 숲이 요즘의 반가운 천연의 숲과는 다른 분위기였을 터. 하여튼 그 숲의 종류는 제법 많다. 우선 나무가 많아 빽빽한 숲을 우리는 森林삼림이라고 적는다. 모두 나무(木)가 가득 들어찬 모양의 형용이다. 森삼이라는 글자는 木목이라는 글자가 셋, 숲을 의미하는 林림은 두 개가 있다.

한자의 세계에서 그 숲은 종류가 다양하다. 천연의 숲을 의미하는 경우도 많지만, 사람의 요소가 들어간 숲도 많다. 우선 어떤 나무가 살고 있는가를 따져 적는 단어가 있다. 竹林죽림은 대나무 숲이다. 복숭아나무가 많으면 桃林도림이라고 적는다. 산에 무성한 숲은 山林산림이다. 이 산의 숲에 '통행금지' 팻말 붙여놓고 사람들 출입을 막으며 숲을 키우는 일이 封山育林봉산육림이다.

비가 자주 내려 무성한 열대의 숲을 우리는 雨林우림, 아예 네 글자로는 熱帶雨林열대우림으로 적는다. 그런 열대의 숲은 가본 사람은 알겠지만, 정말 숲 안이 빽빽하기 이를 데 없다. 그래서 우리는 그곳을 密林밀림으로 적고, 영어로는 'jungle'로 부른다. 그런 숲 전체를 때로는 樹林수림으로 표기한다.

그런 숲을 조성하는 일은 바로 造林조림이다. '만들다'의 새김인

유광종의 지하철
한자을 여행

造조라는 글자를 썼다. 앞에서도 소개했지만 育林육림도 그와 같은 뜻이다. 조림과 육림 모두 국가의 경제적 틀을 세우는 데 필요한 사업이다. 십 년을 내다보고 세우는 계획을 우리는 十年之計십년지계라고하는데, 그런 기간을 상정해서 벌이는 사업이 바로 조림과 육림이다.

'十年樹木, 百年樹人십년수목, 백년수인'이라고 자주 쓰는 한자 성어가있다. 십 년을 내다보려면 나무를 심고, 백 년을 내다보려면 사람을심는다는 말이다. 조림과 육림의 중요성, 나아가 그런 장기적인 안목으로 사람 키우는 일에 치중하자는 뜻이다. 그래서 사람 키우는 일을百年大計백년대계, 혹은 百年之計백년지계라고 했다.

사람 또는 사람의 요소로 숲을 채우는 경우도 있다. 선비들이 많은 곳, 또는 그들이 모이는 곳, 그들이 일정한 일을 행하는 곳이 바로 士林사림이다. 풍부한 학식을 자랑하는 곳이겠으나, 때로는 저들끼리 벌이는 피 튀기는 政爭정쟁이 빈발해 가끔 눈살을 찌푸리게 만드는곳이다.

江湖강호에 즐비한 무예의 고수들이 모이는 곳은 어디일까. 바로武林무림이다. 무협 영화나 무협지 등에 자주 등장하면서 손에 땀을쥐게 하는 스토리로 사람들의 흥미를 바짝 일으켜 세우는 곳이다.상대를 단 한 방에 눕히는 必殺技필살기로 실력을 드러내는 무인들이모이는 곳과 달리 "공자 왈, 맹자 왈…"하는 유학자들이 모여 거창한 담론을 펼치는 장소가 있는데, 우리는 이곳을 儒林유림이라고 한다. 書林서림은 책자가 많은 곳, 더 나아가 書店서점을 일컫는 단어로도 쓰였다.

綠林녹림이라는 단어도 있다. 우리식으로 풀자면 '푸른 숲'이다. 그러나 어감은 썩 좋지 않다. 옛 시절의 이런 푸른 숲에는 위험이 도사렸다. 호랑이나 표범, 곰이나 승냥이를 일컫는 게 아니다. 그 푸르다 못해 시커먼 숲에 도사린 존재는 바로 盜賊도적이나 山賊산적이다. 그 녹림에 있는 좋은 사내라는 뜻의 한자어가 '綠林好漢녹림호한'이다. 좋을 호(好), 사내 한(漢)이라는 글자가 붙어는 있지만, 실제 가리키는 대상은 '숲 속의 도적'이다. 로빈 후드와 같은 의적이면 좋겠으나, 도적은 도적이라서 그 의로움을 기대하기는 하늘의 별 따기다.

'酒池肉林주지육림'은 우리가 자주 쓰는 한자 성어다. 술(酒)로 연못(池)을 이루고, 짐승 살코기(肉)로 수풀(林)을 이루는 곳이라는 뜻이다. 임금이나 귀족이 극히 호사스러운 생활을 하는 모습을 일컫는다. 그 가운데 살코기는 그냥 먹는 살코기의 수준을 넘어, 술자리 접대 여성이 낀 극도의 향락을 가리키기도 한다.

유동인구가 많은 신도림역 앞 광장 모습.

도야미리, 되미리 등에서 번진 한자어 이름을 얻어 우리 서울의 한 축인 도림과 신도림이 어쨌든 道林도림이라는 명칭으로 자리 잡았다. 그 道도는 조선을 주름잡았던 유교의 道

유광종의 지하철
한자로 여행

만은 아닐 터, '사람이 가는 번듯한 길'의 새김이 원래의 것일 게다. 그 번듯함은 영어로 'gentle'이리니, 도림과 신도림은 젠틀한 사람으로 숲을 이룬 동네이리라. 그 이름처럼 멋과 품위가 있는 장소로 발전하면 좋겠다.

대림 클 大, 수풀 林

두 지역, 또는 그 이상의 땅 이름에서 글자를 따와 지은 전형적인 합성 명칭의 동네, 그리고 역명이라는 설명이다. 즉 가까운 곳의 두 동네인 신대방동의 '大대'와 도림동의 '林림'을 따서 大林대림이라는 지금의 동네 이름과 역명을 얻었다는 해설이다.

이럴 경우에는 동네 이름이나 역명 자체를 두고 심각하게 그 유래를 따질 필요는 없을 테다. 상당한 수의 동네와 역명 등이 사실은 이런 합성 과정을 거쳐 만들어진 경우가 많기 때문이다. 단지, 이 지역 일대를 아우르는 지형적인 특성이 뭔가 있어 수풀을 가리키는 林림이라는 글자가 많이 등장하는 점은 제법 눈길을 끈다.

지금의 구로구 일대는 사실 수풀이 무성할 정도로 발달했던 모양이다. 구로동 일대를 지칭하는 옛 순우리말 땅 이름을 봐도 그렇다. 이곳 일대의 옛날 지명 중에는 각만이 마을, 구루지 마을, 늑대다리, 주막거리 등이 있었다고 한다. 정겨운 순우리말 이름들이다.

각만이 마을은 각만이 동산이라고 하는 높지 않은 산이 있어 붙은 이름이라는 설명이 따른다. 특히 나지막한 산이기는 하면서도 땅을 덮고 있는 수풀이 퍽 우거져 있었다고 한다. 구루지 마을의 뒤에

유광종의 시사여
한자음 여행

도 숲이 크게 우거진 산이 있었다고 한다. 산에서 흘러내리는 물 때문에 개천 또한 발달했는데, 그 가운데 하나가 늑대다리였다고 한다. 주막거리는 늑대다리 인근에 발달했던 술을 파는 집, 즉 酒幕주막이 있어서 붙은 이름이란다.

어쨌거나 이런 유래 설명을 보면 구로구 일대에는 숲이 우거진 곳이 많았던 모양이다. 그런 까닭이었을지 모른다. 우리가 지금 지나는 구로구 일대의 역명을 봐도 그렇다. 앞에서 지나왔던 新道林신도림이 우선 그렇고, 지금 지나치는 역 대림 또한 그렇다. 조금 더 앞으로 나아가면 닿는 동네와 역이 新林신림이다. 모두 숲을 가리킨 林림을 달고 있다.

숲이 많다는 것은 지금 입장에서야 좋은 일이다. 그러나 행정이 제대로 자리를 잡기 힘들었던 옛날 사정에서는 그리 좋은 일만도 아니다. 우선 治安치안이 불안하다. 숲에 들어앉아 길 지나는 행인의 재물을 터는 도적들이 적지 않았을 테니 말이다.

흔히들 山賊산적이라고 부르는 이 도적들은 숲이 우거진 곳에 자리를 잡고 산길 지나가는 사람들의 재물을 털었다. 때로는 목숨까지 위협을 했으니 아주 골치 아픈 존재임에는 틀림없다. 그들을 비교적 좋게 말한 성어도 있으나, 어디까지나 매우 드문 경우다.

흔히들 盜賊도적이라고 적을 때 말이 가리키는 대상은 무력으로 남의 재물이나 목숨 등을 빼앗는 사람들이다. 그러나 우리는 가끔 헷갈린다. 싸움을 벌이는 대상인 敵적과 도적놈의 賊적 쓰임새가 가끔 혼란스럽기 때문이다. 앞의 敵은 왼쪽의 글자 요소가 무엇인가를 겨누는 모양, 오른쪽의 요소는 무기를 손에 거머쥔 상태를 가리킨다.

따라서 이 글자의 본래 뜻은 무기를 손에 쥔 뒤에 누군가를 겨눠서 때리려는 동작이다. 그로부터 '원수', '함께 있지 못할 이', '싸움의 상대' 등의 의미를 획득했다고 보인다. 따라서 이 글자가 가리키는 대상은 싸워야 하는 상대, 싸우지 않고서는 그냥 넘어갈 수 없는 존재다. 우리가 대한민국 적화를 호시탐탐 노리는 북한의 군대를 主敵주적이라 부르는 이유다.

그에 비해 賊적은 가리키는 대상이 비교적 구체적이다. 글자의 앞 요소인 貝패는 조개껍질, 나아가 고대 사회의 일반적인 재물을 일컫는 글자다. 뒤의 戎융은 중국인들이 자신을 중심으로 서쪽 변방에 사는 '오랑캐'를 가리키는 글자다. 그러나 글자 자체는 창과 칼 등 무기, 또는 그것을 쥐고 있는 사람을 표현한다. 따라서 무기 등을 이용해 남의 재물을 뺏는 이의 뜻을 얻었다고 본다.

숲을 이야기하다가 늘 그곳에 숨어 아름답지 못한 행동을 하는 도적 이야기로 흘렀다. 내친 김에 도적에 관한 한자 단어들을 살펴보는 일도 흥미가 있을 법하다. 우선 오랑캐라는 말이 있다. 순우리말이리라 추정할 수 있으면서도 속내는 그렇게 간단치 않은 말이다.

우리는 오랑캐라는 말을 많이 사용했다. 요즘은 그렇지 않지만, 변경을 치고 들어와 노략질을 하는 외부 사람들을 그렇게 일컬었던 때가 적지 않다. 그러니 듣기에 썩 좋지 않은 어감의 말이다. 인명을

유광종의 지하철
한자음 여행

살상하고 재물을 훔치니 그 대상에게 좋은 말을 붙일 까닭이 없다.

한반도 북부의 狄踰嶺적유령 산맥을 순우리말로 풀면 '되너미고개'다. 되놈들이 넘어오는 고개라는 뜻이다. 되놈은 한자 狄적으로 옮겼다. '넘다'의 뜻은 踰유, 고개 또는 산을 嶺령으로 적었다. 이 '되너미고개'라는 이름을 지닌 장소가 꽤 있다.

적유령 산맥이 대표적이지만 북방에서 남쪽으로 내려오는 한반도 주요 길목에 해당하는 곳의 옛 지명이 되너미고개인 경우가 제법 많다. 서울의 미아리고개, 경기도 벽제 일부 길목 등의 옛 이름을 살필 때 이런 이름이 자주 등장한다.

중국은 예로부터 자신을 天下천하의 중심에 두고 동서남북 네 方位방위의 낯선 사람들을 죄다 이 '오랑캐'로 치부했다. 동쪽이 夷이, 서쪽이 戎융, 남쪽이 蠻만, 북쪽이 狄적이다. 그래서 東夷동이, 西戎서융, 南蠻남만, 北狄북적으로도 일컫는다.

주변의 사람과 문물을 낮춰보는 中華主義중화주의의 시선이다. 우리는 그런 틀을 갖추지 않았거나 못했다. 그저 침략해오는 낯선 사람들을 '오랑캐'라고 호칭하는 경우가 대부분이다. 그러나 이 오랑캐는 兀良合올랑합, 斡郎改알랑개, 兀狄合올적합 등의 명칭으로 등장했던 북방 한 부족의 고유명사라는 설명이 따른다.

오랑하이, 또는 오리양히라는 독음으로 읽을 수 있는 'Oriyang hai'라는 민족의 고유 호칭에서 결국 우리가 자주 썼던 '오랑캐'라는 명칭이 나왔다는 풀이다. 이들은 중국 동북부를 지나는 大興安嶺

대흥안령 삼림지대에 살았던 사람들이라고 한다.

어떤 연유에서인지는 잘 알 수 없으나 이 부족의 명칭이 조선시대와 중국 明명나라 때 집중적으로 쓰이면서 북방으로부터 남하해서 지역을 유린하는 '오랑캐'의 뜻으로 발전했다는 설명이다. 그와는 달리 해안지역을 주로 노리고 들어오는 존재가 있었으니 그 이름이 바로 倭寇왜구다.

倭왜는 고대 중국에서 일찌감치 지금 일본을 호칭할 때 등장했던 글자다. 당초에 낮춰보는 뜻은 전혀 없었다. 중국의 魏위나라와 관계를 맺는 과정에서 얻은 글자라고 한다. 도적놈이라는 뜻의 寇구라는 글자가 관심의 대상이다.

이 글자는 '집'을 뜻하는 宀면, 사람 또는 사람의 머리를 가리키는 元원, '때리다'는 의미의 攴복을 합쳐 만들었다. 남의 집에 들어와 사람을 해치는 존재라는 뜻이다. 따라서 이 글자는 단순하게 도둑질만 일삼는 '도둑놈'보다 더 흉악하다. 사람까지 해치니 '도적놈'이라고 해야 뜻이 분명해진다. 실제 그런 도적들을 寇賊구적이라는 한자로 적는 경우도 많았다.

도적을 가리키는 한자는 더 있다. 우선 도적질은 물론이고 불법을 일삼는 사람들은 匪비라고 적는다. 이 두 글자를 합성하면 '匪賊비적'이다. 19세기 말 간도로 이주하는 조선의 사람들에게 행패를 일삼던 사람들이 '馬賊마적'인데, 원래는 '말을 훔치는 도둑'이었다가 나중에 '말을 타고 다니는 도적놈'이라는 뜻도 얻었다. 그 활동범위

유광종의 지하철
한자 로 여행

가 행적이 드문 산이라면 그 도적은 산적이라고 부른다.

중국에서는 거주지 인근에서 활동하는 그런 강도와 도적들을 '土匪토비'로 적는다. 아주 널리 쓰는 단어다. 산에서 활동하는 도적, 즉 산적은 '山匪산비', 호수에서 노략질을 하면 '湖匪호비'라고 적는다. 어엿한 군대의 병사였다가 도적질로 직업을 바꾸면 '兵匪병비'로 적는다.

숲 있는 곳에 이런 도적, 비적, 구적 등이 있기 마련이다. 그저 싱그러운 숲만 있다면 좋으련만 괜찮은 일에 괜히 끼어 있는 좋지 않은 존재는 꼭 나타난다. 숲은 어둠을 제공하고, 그늘을 넓힌다. 천연의 바탕에서 숲이 차지하는 비중은 높지만, 그 숲이 불량한 행동을 가리는 그늘로 작용하는 경우도 있다.

그러나 다 옛일이다. 이제는 숲을 키우면서 그 안에 몸을 들이는 좋지 않은 행위자들을 제어할 능력은 충분히 갖춰진 사회다. 좋고 훌륭하며, 맑고 깨끗한 숲만을 키웠으면 좋겠다. 원래 숲이 우거졌던 구로구 일대 대림, 신도림, 이곳 다음다음 역인 신림 등이 다 그런 맥락의 좋은 숲을 키우는 동네로 발전하면 좋겠다.

구로디지털단지~교대

구로디지털단지 <small>아홉 九, 늙을 老, 둥글 團, 땅 地</small>

『지하철 한자 여행 1호선』에서 들렀던 역이 九老구로다. 그 역명에 관한 풀이를 다시 되풀이하는 일은 필요 없을 듯하다. 단지, 1호선을 들르지 않았던 독자들을 위해 '구로'에 얽힌 옛 고사는 조금이라도 덧붙여야 좋을 듯하다. 우리 백과사전 등에는 등장하지 않지만, 이 '구로'라는 말은 과거 동양사회에서는 그리 낯설지 않았다.

지금의 구로동은 조선 초기부터 조선 말, 일제강점기 중반까지 줄곧 경기도 등에 속해 있다가 해방 뒤인 1949년 '九老里구로리'라는 이름으로 서울시 영등포구에 든 뒤 1950년 서울시 조례에 따라 지금의 이름을 얻었다고 한다.

구로동의 이름은 '아홉(九)의 늙은이(老)'라는 뜻이다. 이 동네에 원래 아홉의 노인네가 살았다는 얘기인데, 실제는 어떤 모습일까. 그 정답을 줄 만한 사람은 없다. 그러나 이름을 붙이는 데에는 대개 유래가 있는 법이다. 아홉의 노인네를 뜻하는 구로라는 말의 원전은 아무래도 과거의 중국, 그중에서도 역대 왕조 중 가장 번창했다는 唐당나라에서 찾아야 좋을 듯하다.

중국 역대 시인 중에서도 특이한 빛을 발하는 사람의 하나가 白

居易백거이, 772~846년다. 그는 李白이백, 杜甫두보와 함께 詩歌시가 문학이 최고조로 발달했던 唐당나라 문단에서 크게 이름을 떨친 문인이다. 인생 말년에 들어서 그는 여러 사람과 함께 어울렸던 모양이다. 그 동호회 비슷한 멤버는 백거이 자신을 포함해 모두 아홉이다.

따라서 그들은 동호회 이름에 '九老구로'라는 말을 붙였다고 한다. 특히 당시 번성했던 도시 洛陽낙양의 동쪽에 있는 香山향산이라는 곳이 백거이의 거주지였으며, 아울러 모임을 주도했던 그의 역할에 따라 동호회 멤버의 만남 장소도 이곳이었다고 한다. 그래서 정식으로 이름을 얻은 게 '香山九老會향산구로회'였다는 얘기가 전해진다.

이로써 '구로'라는 이름은 퍽 유명해졌다. 나이가 들어 은퇴한 뒤 소일하는 조선의 양반들, 그를 모셨던 선비들에게 다 그렇다. 현직에서 물러나 나름대로 평안한 노후를 보내고 있는 양반 계층의 사람들에게 '구로', '구로회', '향산 구로회' 등의 이름은 친숙했다. 결국 그를 그림으로 그려 서로 돌려보는 등의 취미로도 정착했던 모양이다.

이제는 IT 관련 회사들이 밀집한 구로디지털단지.

따라서 이는 동양사회 경로 敬老사상의 한 모습으로 자리를 잡았다. 노인을 공경하고 떠받드는 풍조 말이다. 그래서 지금껏 전해지는 동양의 유명 畵帖화첩 등에는 '구로'를 주제로 한 그림들이 제법 눈에 띌 정도로 실려 있는 경우가 많다.

역의 이름 가운데 처음을 장식하는 '구로'에 관한 풀이는 이 정도로 하자. 그 다음은 '디지털'인데, 청춘남녀노소를 가릴 것 없이 전 계층이 모두 아는 외래어를 심각하게 한자로 다시 풀어대면 "시간이 많은 게로군…"이라며 끌탕을 치는 사람 많을 테다. '디지털'이라는 개념과 틀이 과거에는 없었으니 옛 글자인 한자로 그를 해석하는 것은 어리석은 짓일 테다.

그 다음에 등장하는 한자에 주목하는 게 낫다. 바로 '團地단지'다. 뒤의 글자인 地지는 '땅'이라는 의미다. 『千字文천자문』의 첫 단락, 예전 사람들은 귀가 따가울 정도로 많이 들었던 대목에 등장한다. "하늘 천(天), 따 지(地), 검을 현(玄), 누를 황(黃)…." 그러니 땅을 가리키는 地라는 글자를 새삼 풀어갈 이유도 없다.

그렇다면 우리의 관심은 한 글자로 좁혀진다. 團단이라는 글자다. 우리말에서 이 한자로 이뤄지는 단어는 퍽 많은 편이다. 團結단결, 集團집단, 團體단체 등이다. 그러나 퍽 궁금해진다. 원래 이 글자의 의미는 무엇이었을까. 초기에 드러나는 이 글자의 새김은 지금의 용례와 크게 다르지 않다.

우선 둥그런 테를 상징하는 '口구' 형태의 꼴 안에 專전이라는 글자가 들어가 있는 모양이다. 둥그런 꼴 안에 들어가 있는 專이라는 글자는 원래 사람의 손에 들려 있는 실패, 또는 실을 감는 장치의 모습이다. 이로써 무엇인가를 감는 장치로 실을 둥그렇게 감는다는 의미를 얻었다는 설명이 일반적이다.

따라서 이 글자를 형용사적인 용법으로 사용한다면 '둥글다'라는 의미의 일반적인 圓形원형에 관한 표현이다. 동사로 쓴다면 '둥글게 감다' 또는 '한곳으로 모으다' 정도일 것이다. 명사로 쓴다면 그런 동작으로 한 곳에 모여 있는 그 무엇을 지칭하는 말일 게다.

같은 한자임에도 한국과 중국, 일본의 용례가 다르거나, 아니면 쓰임새의 정도가 큰 차이를 보이는 단어들이 많다. 이 團단이라는 글자에 관해서는 위의 '둥글다'라는 형용사적 쓰임 중 '團欒단란'이라는 造語조어가 그에 해당한다. 우리말 쓰임새는 아주 높고, 일본에서도 적당하다. 그러나 중국에서는 거의 死語사어로 취급한다.

團欒단란이라는 한자 조합은 두 글자 모두 '둥글다'라는 의미로 이뤄졌다. 따라서 이 단어의 일차적인 새김은 '둥글고 또 둥글다' 정도다. 원래의 조합이 그렇다는 얘기고, 한 걸음 더 나아가자면 가족 또는 친지, 친구 사이의 관계를 지칭한다. 서로 모인 가족과 친지, 친구들끼리 '둥글고 또 둥글다'는 것은 무엇을 의미하는지 매우 명확해진다.

서로 모인 사람들끼리 관계가 아주 좋다는 점을 뜻하는 것이다. '단란한 가정', '단란해 보이는 친구들' 식의 표현이 모두 가능하다. 그러나 우리 쓰임이 조금은 눈에 더 닿는다. 바로 '團欒酒店단란주점' 때문이다. 술집을 형용할 때 굳이 '단란'이라는, 가정적이며 친구와 친지 사이의 원만한 관계를 일컫는 단어가 등장하는 이유는 왜일까.

조금 짓궂다. 행정적인 편의에 의해 한국에서 가장 돈이 많이 드는 술집인 '룸살롱' 바로 아래 등급의 주점을 이렇게 표현했다. 룸살롱에 비해 등급이 하나 아래인 술집인데, 역시 때로는 放縱방종과 頹廢퇴폐적인 행위가 뒤를 따르는 주점이다. 그래서 '단란주점'의 인상은 그렇게 평면적이지 않다.

타락함이 뒤를 따르는 일인데, 뭐 좀 심하게는 성매매, 은밀한 뒷거래 등이 이곳에서 벌어지는 경우가 많다. 그럼에도 '단란'이라는 글자를 이곳에 부여한 행정가들의 사고는 조금 우습다 싶을 정도로 과잉이라고 할 수 있다. 술집에서 단란해 봐야 가족이나 친구끼리의 따뜻함과는 거리가 퍽 먼데도 말이다. 역시 한자로 낱말을 만들어 적용하는 관행에서 늘 볼 수 있는 일종의 언어 '인플레이션'이다.

團扇단선이라는 낱말도 있다. 일종의 부채(扇)다. 둥그렇게 생긴 부채로, 등장은 꽤 일찌감치 했다. 중국의 고대 왕조인 殷은대에 이미 등장하는 기록이 있으니 그렇다. 우리로서는 낯설지도 않다. 둥그런 부채야 에어컨이 발달한 요즘에도 노인들의 손에 쥐어진 채 우리 눈앞에 자주 나타나고 있으니 그렇다.

원래는 임금이 행차할 때 먼지와 바람 등을 가리기 위해 쓰였던 도구였다고 한다. 그러나 나중에 조그맣게 다시 만들어져 손에 쥐고 바람을 일으켜 더위를 가시는 '부채'로 정착했다. 다양한 식물이나 새, 풍경 등을 그려 더위를 가시는 納凉납량의 기능을 더욱 높였다. 예전의 한국사회에서는 부채에 인기 높은 여성 연예인 사진이 많이 등장하기도 했다.

團圓단원이라는 단어도 있다. 우리 쓰임은 높지 않다. 중국에서는 명절에 먼 곳에 나가 있던 가족들이 모두 집에 돌아와 한데 모이는 일을 이렇게 적는다. 특히 중국 최고의 명절인 설날 직전에 가족들이 모두 모여 함께 먹는 식사를 團圓飯단원반이라고 적는다. 여기에서 團圓은 모두 '둥글다'라는 의미여서 團欒단란과 뜻이 같다고 볼 수 있다. '단체의 구성원'이라는 뜻의 團員단원과는 발음이 같으나 글자가 다르니 유의해야 한다.

그래도 이 團단이라는 글자가 우리 생활에서 쓰일 때는 '團結단결'과 '團合단합'이라는 단어로 자주 등장한다. '둥글게 뭉치다', 아니면 실패에 실이 모이듯이 한곳에 뭉치는 일이다. 갈라져서 찢어지는 모양을 가리키는 決裂결렬, 나뉘어서 흩어지는 모습의 分散분산, 쪼개져서 찢어지는 分裂분열 등과 반대의 상태를 나타내는 단어다.

團圓단원이라는 단어까지는 아니더라도, 은밀하고 어두우며 때로는 매우 퇴행적인 술집을 표현할 때도 우리는 단란이라는 말을 사용하지만, 실제의 생활에서는 그렇듯 둥글고 모나지 않게 한데 모여 화합을 이루는 일이 퍽 어려운 모양이다. 단결, 단합은 늘 멀리 떨어져 있고 싸워서 헤어지며 갈라지는 모습만이 자주 나타나기 때문이다.

이리저리 흩어져 있는 것을 한데 모으는 일은 團束단속이다. '묶는다'는 의미의 束속이라는 글자가 덧붙었다. 처벌이 뒤를 따르는 행정적 용어이기는 하지만, 원래는 혼란스럽거나 흩어져 있는 상황을 한 곳으로 모으며 정리하는 행위에 해당한다. 일정하게 구성원을 모아 출범하면 團體단체라는 이름을 얻는다.

일정한 구역에 모여 특징적인 장소를 형성하면 團地단지다. 공장 등이 한곳에 모여 특정한 장소를 이루면 우리는 그를 工團공단이라고 적는다. 대한민국의 산업화에 커다란 기여를 한 구미공단이 대표적인 예였고, 우리가 지금 지나치는 구로디지털단지 또한 서울에서 가장 왕성한 공업단지, 즉 工團으로 이름을 드높인 적이 있다.

우리는 글자에서 깨우치는 바가 적지 않다. 옛 구로공단의 이 첨단화 단지를 지나면서 우리는 흩어지고 갈라진 것을 한데 모아 붙이고 덧대는 일을 생각해 봐야 한다. 흩어지고 갈라짐은 쓸데없는 紛亂분란을 낳고 또 낳는다. 그런 맥락에서 구로디지털단지 역에서 團단이라는 글자를 되새겨 보자.

여기저기 흩어진 실의 실마리를 제대로 잡아 차분하게 끌어올려 실의 두름에 계속 얹어가는 일을 말이다. 한데 모여 단합과 단결을 이룬다면 우리는 이제껏 한 일보다 더 많은 일을 할 수 있는 민족이리라. 디지털이 대세이니 그 흐름에서 우리의 단결과 단합을 꾀해 보면 어떨까. 구로디지털단지역 이름의 울림도 제법 크다.

신대방 새 新, 클 大, 모 方

이 역에서는 한자 풀이를 두 묶음으로 하자. 우선 新大方신대방이라는 역명의 앞 글자 新신과 뒤의 두 글자인 大方대방이다. 앞의 글자는 우리에게 매우 익숙한 편이다. 뒤의 두 글자는 쓰임새는 많지 않으나, 그 자체가 한 단어를 이루기도 한다.

'새롭다'는 새김의 한자가 新이다. 한자의 초기 형태인 갑골문을 보면 왼쪽은 나무, 오른쪽은 도끼 등의 모습이다. 따라서 이 글자의 원래 뜻은 나무를 베는 일과 관련이 있다. 나중에 옛 중국학자가 그 뜻을 이렇게 풀었다. "옷을 처음 만들 때는 初초, 나무를 새로 벨 때는 新신으로 쓴다"고 말이다.

이 새로움은 늘 필요하다. 새것과 헌것, 우리는 그 둘을 때로 新陳신진이라고 적는다. 여기서 陳진은 시간이 오래 지난 것을 가리키는 글자다. 우선 '陳腐진부하다'를 떠올리면 좋다. 아무튼 그 新陳신진이 자리를 바꾸는 일이 代謝대사다. 번갈아(代) 사라지다(謝)는 엮음이다. 몸속에 새것을 들이지 않아 헌것이 오래 자리를 차지하면 병이 생긴다. 몸의 순환계통 기능인 新陳代謝신진대사에 문제가 생겼기 때문이다.

그래서 새것을 늘 맞아들여야 몸의 순환, 사회의 운영, 국가의 발전에 두루 좋다. 그래서 새로움을 바라는 사람들의 志向_{지향}은 뚜렷하다. 긁거나 씻어 없앤 뒤 새로움을 받아들이는 일이 刷新_{쇄신}이다. 刷_쇄는 칫솔과 같은 종류의 물건이다. 솔이 달려 있어 무엇인가를 긁거나 닦아 없애는 물건, 또는 그런 행위로 봐도 좋다. 게다가 '씻어내다'의 뜻도 함께 갖췄다. 따라서 쇄신은 싹 긁어 없애 새롭게 꾸미는 일이다.

동물 몸에 있던 모피는 무두질을 거쳐야 가죽으로 태어난다. 새로운 모습이 아닐 수 없다. 그래서 나온 한자가 '가죽', '뜯어 고치다'는 새김을 함께 지닌 한자 革_혁이다. 동사로 쓸 경우 '확 바꾸다'는 뜻이다. 따라서 革新_{혁신}이라고 적으면 원래 모습을 크게 바꾸는 행위다. 改革_{개혁}도 그렇고, 권력의 주인을 무력 등으로 바꾸는 革命_{혁명}도 마찬가지다.

更新_{경신}도 마찬가지다. 그냥 머무는 것을 오래 그대로 둘 수는 없다. 새로움으로 그 자리를 바꿔줘야 한다. 기록의 更新이 그렇다. 창의적으로 무엇인가를 새롭게 바꾸는 일은 創新_{창신}이다. 맑아서 새로운 느낌을 주는 경우는 清新_{청신}이다.

嶄新_{참신} 또는 斬新_{참신}은 우리가 자주 쓰는 단어다. 둘을 통용하는 게 요즘 분위기인데, 앞의 嶄新이 맞는 글자라고 본다. 嶄_참은 우뚝 솟은 봉우리다. 거기서 한 걸음 나아가 '아주', '매우' 등의 부사로 발전했다. 우뚝 솟은 봉우리처럼 전혀 새로운 모습이라는 얘기다. 따라서 嶄新이라고 적으면 "매우 새로운" 무엇인가를 형용한다. 斬

유광종의 지하철
한자 여행

新의 앞 글자는 '베다'라는 뜻인데, 무엇인가를 잘랐을 때의 새로운 모습이라고 푸는 사람도 있으나 설득력과 근거는 부족하다.

새로움은 좋다. 마냥 좋다고 할 수는 없어도 사람에게 활력을, 사회에 생기를 북돋기 때문에 새로움을 늘 맞아들이도록 노력해야 한다. 그래서 나날이 새로워지고, 또 그래야 한다는 뜻의 '日日新又日新일일신우일신'이라는 말도 나왔다. 나날이, 달마다 새로워지며 달라져야 한다는 중국 성어 '日新月異일신월이'도 마찬가지다.

"아내와 자식 빼놓고는 전부 다 바꿔야 한다"는 한 대기업 회장의 혁신에 관한 열정이 한때 우리 사회에 유행했다. 그때만 필요했던 혁신과 쇄신, 창신과 경신이 아니다. '국가 개조'라는 말이 요즘 새삼 나오고 있으나, 사실 늘 필요했던 일이다. 그저 우리가 그 필요성을 절감하지 못했을 뿐이다. 그러나 소를 잃더라도 외양간은 고치는 게 마땅하다. 나머지 기르던 소마저 잃지 않으려면 말이다.

다음은 大方대방이다. 이 단어가 들어가는 역이 또 하나 있으니 바로 1호선 '대방역'이다. 지금 우리가 지나는 2호선의 신대방이나, 1호선의 대방이나 사실은 같은 동네, 같은 이름에서 유래한 역명이다. 『지하철 한자 여행 1호선』에서의 '대방' 풀이를 독자들을 위해 다시 한 번 여기에 붙인다.

'높은 절', '번댕이'라는 두 마을이 있었다고 한다. 조선 왕조 말까지 이런 명칭의 두 말이 합쳐졌다고 하는데, 그래서 생긴 이름이 番大方里번대방리라는 설명이다. 이어 洞동이라는 이름을 붙이면서 현재의 대방이라는 명칭이 나왔다고 한다. '번댕이'에서 '번대방리'로, 다시 '대방'으로 옮겨졌다는 설명이다.

번댕이는 순우리말로 보이지만, 일부 조사에 따르면 이 역시 한자어에서 나왔다고 추정할 수 있다고 한다. 대방동 옛 공군사관학교 자리에 있던 연못이 樊塘번당이었는데, 이를 우리 식으로 발음하다가 번댕이라는 명칭으로 불렸고, 결국 글자로 정착하는 과정에서 '번대방리', 그 마저도 후에는 글자를 줄여 결국 '대방'이라는 이름으로 자리를 잡았다는 것이다.

아무튼 이런저런 우여곡절을 거치다가 결국에는 한자 이름을 얻은 셈이다. 원래의 우리말이 계속 힘을 얻었다면 좋은 일이겠으나, 어쨌든 문자를 향유하는 많은 지식인의 습성과 주장에 따라 순우리말이 한자로 탈바꿈하는 경우는 수를 헤아릴 수 없을 정도로 많았을 것이다.

'대방'은 뜻이 좋은 한자나. 클 大대에다가, 모 方방이라는 두 글자의 합성이다. 동양에서는 전통적으로 '天圓地方천원지방'을 우주의 모습이라고 했다. 그 뜻은 '하늘(天)은 둥글고(圓), 땅(地)은 네모반듯하다(方)'는 내용이다. 우주자연의 질서를 주재하는 하늘은 모든 것을 품을 정도로 圓滿원만하며, 땅은 반듯한 모양을 갖춰야 좋다는 얘기다. 그래서 大圓대원은 하늘, 大方대방은 땅을 가리키는 한자 단어다.

인격의 수양에도 이 말은 쓰인다. 겉은 둥글어 원만한 모습이며, 속은 반듯하게 자리를 갖춰야 한다는 식이다. 대인관계에서는 원만하되, 속으로는 자신을 수양해 엄격함으로 채워야 한다는 얘기다. 그런 반듯함(方) 앞에 크다(大)라는 글자를 붙였으니 그 뜻이 좋지 않으면 오히려 이상하다.

학식이 풍부하고 문장이 뛰어난 사람에게 이 大方대방이라는 말을 붙인다고 한다. 『朝鮮王朝實錄조선왕조실록』을 보면 정조가 대신들을 야단치면서 "이런 식으로 식견이 좁으면 大方家대방가가 비웃을 일"이라고 하는 대목이 나온다. 여기의 '대방가'는 학식이 뛰어나 식견 등이 매우 넓고 큰 사람을 가리킨다.

그보다 더 근본적인 새김은 '道理도리'다. 다른 말로 풀자면, 사람이 살아가면서 계속 따지고 새겨야 하는 '이치'다. 둥근 하늘과 함께 반듯한 모습을 갖춰 만물의 삶터를 제공해야 하는 땅, 그를 가리키면서 바로 '세상의 도리이자 이치'라는 뜻을 얻은 것으로 보인다.

어디에 얽매여 좁은 틀로부터 좀체 벗어나지 못하는 사람을 우리는 '쩨쩨하다'라고 한다. 그렇지 않은 사람, 즉 일을 처리할 때 조그만 조항 등에 얽매이지 않고 시원시원한 태도를 보일 경우 중국에서는 이 단어 大方대방을 사용한다.

사람의 됨됨이를 이야기할 때 주로 등장하는 단어가 '方正방정'이다. 요즘은 이 말을 잘 쓰지는 않지만, 1980년대 이전에는 자주 사용했다. 쉽게 말하자면, 네모반듯한 사람이다. 용모가 端正단정하고 品行품행이 바른 사람이라는 뜻이다. 당시 사용했던 말 중에서는 일반적으로 대상을 칭찬할 때 쓰임새가 가장 많았던 말이기도 하다.

그 '네모반듯'은 어른들이 아이들에게 귀가 따갑다 싶을 정도로 들려주던 훈계다. "사람은 자고로 품행이 방정해야 한다"며 시작하는 집안이나 마을 어른들의 가르침을 듣지 않고 자라난 사람이 없을 정도였다. 1970년대의 학교에서 상장을 받았던 사람은 다 기억하는 말이 있다.

"上記상기 학생은 품행이 방정하고 학업성적이 우수해…"라고 시작하는 賞狀상장의 문구 말이다. 선생님은 참 재미없는 어조로 이 딱딱한 글을 읽어내려 가다가 마침내 맨 밑의 날짜까지 다 밝힌 다음 상장을 학생에게 건넸다.

그러나 땅이 반듯한 데 비해 하늘은 둥글어야 한다. 네모가 있으면 동그라미도 있어야 기하학적인 구도도 훨씬 풍요롭다. 땅이 네모진데 하늘까지 네모지면 그 세상은 딱딱하고 무료할 것이다. 그래서 네모에 동그라미가 합쳐져야 사람의 인성도 단조롭지 않다.

그러니 안 모습은 네모지더라도, 겉모습은 주변에 두루 원만해야 한다고 강조하는 게 아닐까. 그래서 생겨난 말이 위에서 적었듯이 '外圓內方외원내방'이다. 우리보다는 중국에서 자주 사용하는 말이다. 한국에 비해서 중국은 二元的이원적이며 상대적인 관점을 풍부하게 발전시켰다.

예를 들면 빛이 있을 경우 그늘이 그 뒤를 따른다는 식이다. 밝음이 있으면, 어둠도 있다는 식의 논리는 결국 '陰陽음양'의 세계관으로 발전했다. 길고 짧음은 長短장단이요, 큼과 작음은 大小대소요, 노인네와 젊은이는 長幼장유, 남정네와 여인네는 男女남녀로 표현하며 성질이 다른 두 대상을 병렬하는 식의 사고방식이다. 차별적인 나열로 보이지만, 내용은 等價的등가적이라고 할 수 있다.

결국 네모와 동그라미다. 네모는 규격에 맞춰 움직이는 '공무원' 스타일, 동그라미는 자유분방하면서 틀에 얽매이지 않는 '예술가' 스타일이다. 그래서 네모와 동그라미, 方圓방원에 관한 사고는 사람이 살아가면서 제 품성과 性情성정을 따질 때 늘 등장할 수 있는 대목이다.

신대방역 지나치면서 한 번 생각해 볼 일이다. 나는 네모에 속할까, 아니면 동그라미에 속할까. 그도 저도 아니면 나는 세모꼴일까. 주사위 모습의 六面육면 입체는 어떨까. 각 모서리를 살짝 깎는다면 그 주사위는 네모일까 동그라미일까…. 이런 생각들 말이다.

신림 새新, 수풀林

서울의 한강 남쪽에 우뚝 솟아 있는 冠岳山관악산은 멀리서 보면 바위 덩어리가 크게 치솟은 모습으로 보인다. 실제 관악산에는 바위도 참 많다. 그래서 땅이 많은 肉山육산이라기보다 바위가 많은 骨山골산이라고 여기기 십상이다. 그러니 험준한 바위가 많은 산에 붙이는 岳악 또는 嶽악이라는 글자가 이름에 들었을 게다.

그러나 몸소 관악산을 올라봤던 사람들은 꼭 그렇지만은 않다는 생각을 하게 된다. 직접 발로 밟아 올라본 관악산이 바위만 불거진 산이 아니라는 점 말이다. 나무도 적지 않고, 그를 키워낸 토양도 만만치 않게 발달해 있다. 따라서 생김새마저 퍽 뛰어난 관악산은 늘 사람들의 발길을 불렀던 모양이다.

특히 뜨거운 여름 날씨에 청량함을 얻기 위해 나들이했던 조선시대 서울 양반들의 발길이 분주하게 이곳의 시원한 숲을 찾았던 듯하다. 그런 기록이 적지 않았던 모양이다. 특히 지금의 新林신림동 일대에 숲의 청량함을 얻기 위해 사람들이 제법 북적였다고 한다.

조선말의 기록에도 이 일대는 新林里신림리라는 이름으로 등장한다. 관악산 북쪽 斜面사면의 기슭으로서 숲이 잘 우거져 있었다는 내용과 함께 말이다. 이곳을 유람했던 어떤 조선 양반의 기록에는 "수풀이 깊이 우거지고 바위가 많아 험하다"는 내용도 나온다.

그런 연유로 인해 이 동네는 일찌감치 신림이라는 지금의 이름을 얻었을 텐데, 하필이면 왜 새롭다는 뜻의 新신이라는 글자가 붙었는지는 궁금하다. 새로 조성한 숲? 조선 때의 사정으로 볼 때 인공으로 숲을 만들어가는 과정은 거의 없었으리라. 따라서 새로 만든 숲의 의미는 아닐 듯하다.

아니면 사람들의 벌목을 엄격히 금해 나무와 풀이 오래 자라도록 해서 조성한 숲이라는 풀이도 가능하다. 그러나 역시 추정일 뿐이다. 왜 지금의 그 이름을 지었는지는 정확하게 알아볼 근거는 없다. 따라서 관악산 북면 기슭에 잘 자라난 숲이 있어 그저 지금의 이름을 일찌감치 얻었다고 이해하는 수밖에 없다.

숲의 종류는 퍽 많다. 학술적으로나 행정적으로나 숲의 형태와 성질 등을 규정하는 용어가 많다는 얘기다. 森林삼림, 山林산림, 密林밀림 등의 단어가 흔히 숲과 관련해 우리 머릿속에 우선 떠오르는 말이다. 모두를 열거할 수는 없으나 학술 또는 행정적으로 규정하는 각종 숲의 개념을 우선 훑어보자.

숲이 지닌 자원을 이용하느냐의 여부를 두고 짓는 이름이 原始林원시림과 施業林시업림이다. 원시림은 전혀 손을 대지 않은 원시 그대로의 숲, 시업림은 일정한 이용 목적에 따라 조성한 숲이다. 숲이 어떻게 이뤄졌을까를 두고 판단한다면 天然林천연림과 人工林인공림이다. 달리 풀이가 필요 없는 단어다.

숲을 이루는 나무의 종류가 단일하냐, 아니면 복잡하냐를 따진 다면 單純林단순림과 混淆林혼효림이다. 뒤의 混淆혼효라는 한자가 낯설 지만, '이리저리 여럿이 섞여 있음'의 뜻이다. 나무 종류가 많은 숲의 이름이다. 나무의 종류에 따라 구분하면 針葉樹林침엽수림과 闊葉樹林 활엽수림이다. 針葉樹침엽수는 소나무 등 바늘 모양의 잎을 지닌 나무, 闊 葉樹활엽수는 오동잎과 같은 넓은 잎사귀를 키우는 나무다.

나무의 연령을 보는 경우도 있다. 同齡林동령림이라고 하면 같은 시기에 자라나기 시작한 나무로 이뤄진 숲이다. 그 반대는 異齡林이 령림이다. 나무의 나이, 즉 樹齡수령이 서로 차이가 나는 나무들로 이뤄 진 숲이다. 老齡林노령림, 壯齡林장령림, 幼齡林유령림의 구분도 있다. 나 무를 채벌해야 하는 시기에 맞춰 부르는 명칭이다.

베어내는 채벌 期限기한을 상정했을 때 자라난 시기로부터 채벌 기 한까지의 시간에서 3분의 1에 미치지 못한 나무를 유령림, 3분의 1에 서 3분의 2에 해당하는 나무를 장령림, 그 이상을 노령림이라고 한 다. 따라서 단순하게 나무의 나이가 많고 적음에 따라 부르는 명칭이 아니다. 나무를 가꾼 뒤 활용하는 林業임업 차원의 구분이다.

樹冠수관 또는 林冠임관이라는 단어가 있다. '모자'라는 의미의 冠관 이라는 글자를 붙여 나무의 윗부분을 일컫는 말이다. 가지와 잎이 달리는 부분이다. 숲에 내리쬐는 햇빛과 관계가 있어서 임업 분야에 서 매우 중요한 용어라고 한다. 나무의 윗부분을 지칭하는 말이다.

유광종의 지하철
한자로 여행

그런 나무 머리 부분이 어떻게 이뤄졌느냐에 따라 부르는 숲의 용어로는 單層林단층림과 複層林복층림 등이 있다.

나무가 자라는 지형에 따라 부르는 이름은 山嶽林산악림, 平地林평지림, 丘陵林구릉림이 있다. 순서대로 풀자면 산에 펼쳐진 숲, 편평한 땅에 발달한 숲, 낮고 비교적 평탄한 산지인 구릉에 난 숲이다. 기후에 따른 분류는 熱帶林열대림, 暖帶林난대림, 溫帶林온대림, 寒帶林한대림이다.

일정한 목적에 따라 키운 숲이라면 우선 그 용도에 주목할 수밖에 없다. 목재를 얻고자 조성한 숲은 用材林용재림이다. 연료를 구하고자 했다면 燃料林연료림, 훌륭한 경치를 위해 이뤘다면 風致林풍치림, 바람을 막거나 넘치는 파도를 막기 위해 만든 숲은 防堤林방제림, 시험과 연구의 목적으로 조성한 숲은 試驗林시험림이다.

그 밖에도 숲의 이름은 퍽 많다. 그러나 딱딱하다. 우리는 숲에서 생명을 느낀다. 삶의 원천 중 하나라고 해도 좋을 정도다. 원시 인류의 삶터가 우선은 숲이었으리라는 점에서도 그렇다. 그러니 숲에서 우리는 생기를 얻는다. 그러나 숲은 평안하지만은 않다. 곤충과 뱀, 각종 들짐승에 사람을 삼키는 맹수도 있는 곳이 숲이다. 그런 여러 사정 따지니 숲은 그리움이면서도 위험한 그 무엇이기도 하다.

숲을 이야기할 때 쉽게 떠오르는 명시 하나가 있다. 미국 시인 로버트 프로스트Robert Frost가 지은 「눈 내리는 저녁 숲가에 서서Stopping by woods on a snowy evening」라는 시 말이다. 여기에 일부를 적어본다. 아름다워서다.

My little horse must think it queer	내 작은 말은 이상하게 여기겠지
To stop without a farmhouse near	농가 없는 이곳에 왜 서 있는지를
Between the woods and frozen lake	숲과 얼어붙은 호수,
The darkest evening of the year.	일 년 중 가장 깊은 밤에

He gives his harness bells a shake	녀석은 방울을 흔들어
To ask if there is some mistake.	뭐 잘못된 것 없느냐 묻고 싶겠지
The only other sound's the sweep	들리는 소리는
Of easy wind and downy flake.	가벼운 바람, 내리는 눈뿐인데

The woods are lovely, dark and deep.	숲은 사랑스러우며, 어둡고 깊다
But I have promises to keep,	그러나 내겐 지켜야 할 약속이 있지
And miles to go before I sleep,	잠들기 전에 가야 하는 먼 길
And miles to go before I sleep.	잠들기 전에 가야 하는 먼 길

숲의 이미지는 이 시에 잘 드러나있다. 아름다우면서 깊고 어둡
다. 생명의 始原시원을 향하는 그리움과 함께 왠지 모를 두려움이 던
져주는 깊이, 그리고 어두움이다. 그러나 가야 할 먼 길에 나서려는
시인의 자세가 더 돋보인다. 학창시절에 읽어 평생 가슴으로 기억하
는 시다.

숲은 그 속에 몸을 숨기려는 사람의 이미지도 던진다. 隱者은자다.
'竹林七賢죽림칠현'이라는 이름으로 대나무 숲에 몸을 숨기고 세속을
멀리 했던 동양의 은자 그룹이 우선 떠오른다. 낭만적이면서 牧歌목가

적인 분위기를 풍긴다. 그러나 숨는다고 대수일까.

그런 은자에도 종류가 있다. 크고 작거나, 아니면 그 중간도 있다. 大隱대은, 中隱중은, 小隱소은의 구별이다. 죽림칠현을 비롯해 그저 세속이 싫어 자연에 몸을 맡기는 사람은 사실 맨 마지막의 소은이다. 중은은 그에 비해 저잣거리의 시끄러운 환경에 있으면서도 本源본원을 잃지 않는 사람이다.

마지막 남은 대은은 누굴까. 세속의 욕망이 가장 번잡하게 번지는 朝廷조정에 있는 사람이다. 그러면서 역시 마음속의 곧은 志向지향을 저버리지 않는 인물이다. 동양에 있던 은자 전통을 바라보며 헤아린 나름대로의 구별이다. 싫어도, 내키지 않아도 끝내 해야 할 일이 있는 법이다.

삶을 옳게 이어가며 남에게도 좋은 길잡이 역할을 하는 사람이 위대하다. 그러니 싫다고 바로 내색하면서 자연만을 좇을 일이 아니다. 雪原설원의 고행을 거쳐 세속으로 돌아와 중생구제에 나섰던 석가모니 부처, 광야에서 예루살렘 성으로 돌아와 사랑의 진정한 의미를 일깨운 예수가 다 그런 모색의 結晶결정이다.

그런 聖人성인의 반열까지는 아닐지라도 싫다고 떠나지 않으면서 제 자리 묵묵히 지키며 옳은 일을 행하려는 사람들이 많다. 이들 모두가 진정한 은자, 즉 대은이다. 프로스트라는 시인도 마찬가지다. 생명의 기운을 숲 앞에서 읊조리면서도 먼 길을 가려는 覺醒각성을 드러낸다.

삶은 어쩌면 그런 여정이다. 고달픔이야 바람 가득해 생기는 世세 波파에 시달리다 보면 누군들 다 안다. 그러면서도 길을 나서기 위해 신발 끈을 매야 한다. 그런 이들에 의해 세상은 조금씩 나아지는 것 아닐까. 숲이 우거졌다는 신림역에서 많은 시간을 보냈다. 나서고 떠나야 하는 게 인생이라면 우리 지하철 여행 또한 마찬가지다. 다음 역이 벌써 조금씩 다가온다.

봉천 받을 奉, 하늘 天

어디서 많이 들어본 느낌의 이름이다. '봉천'이라는 단어 말이다. 우선 19세기에서 20세기로 넘어오는 초반 무렵 이 단어는 이 땅의 사람들 귀에 꽤 많이 들렸다. 한반도에 제국주의 세력이 서서히 출현하면서 이 땅을 조금씩 넘보기 시작하던 때다. 결국 日帝일제가 한반도를 강점하면서 한반도의 적지 않은 사람들은 滿洲만주라는 곳을 바라보기 시작했다.

만주라는 지명 속에 늘 묻혀 있어 함께 여러 상상력을 자극하던 단어 중의 하나가 바로 '봉천'이다. 이 명칭은 원래 지명이다. 지금 중국의 랴오닝(遼寧) 성의 성 도회지다. 현재의 그 도회지 이름은 한자와 중국어로 瀋陽선양이라 적고 부른다.

20세기 초반, 즉 우리 땅의 적지 않은 사람들이 만주라는 지역을 바라볼 때 당시의 우리 발음으로 부르고 적었던 奉天봉천은 지금의 선양이라는 대도시의 옛 이름이다. 사실 '선양'이라는 발음이 봉천에 앞서 존재했다. 그러나 만주족, 즉 누르하치가 일으킨 女眞여진 사람들이 대륙을 석권하기에 앞서 이곳에 거점을 형성하면서 불렀던 이름이 봉천이다.

지금 발달한 중국어 발음법 때문에 다소 헷갈릴 수 있으나, 중국인의 실제 발음과는 상관없이 원래 한자 발음대로 그냥 소리를 내자면 '奉天봉천'은 그저 '봉천'이라는 얘기다. 아무튼 그런 옛 호칭 때문에 당시의 우리 한반도 사람들은 지금의 '선양'을 거리낌 없이 그저 '봉천'으로 부르고 적었다.

지금의 역명은 이 지명에서 직간접적으로 영향을 받았다고 보인다. 관악산이 버티고 있는 땅이라서 지명 또한 그를 따라 지어졌다는 설명이다. 관악산의 생김새 때문이라고 한다. 서울 남쪽에서 이만큼 굳센 기상을 자랑하는 산은 없다. 뾰족한 산봉우리들이 하늘을 향해 뻗어 있는 상태로 連峰연봉을 이루고 있어서 그렇다.

멀리서 보면 뜨거운 불길이 하늘을 향해 솟구치는 모양이라는 풀이도 있다. 그래서 이 산을 불꽃, 즉 火焰화염이 솟아오르는 모양이라고도 보는 사람이 있다. 나아가 그런 점 때문에 이 산이 불기운, 즉 火氣화기와 관련이 있다고도 본다. 광화문의 해태, 숭례문의 현판이다 이런 관악산의 불기가 서울 시내로 옮겨지는 것을 막기 위한 장치였다는 설명도 있다.

그 점은 그렇다 치고, 우리는 관심사인 글자에 주목을 해야 하겠다. 지명과 함께 역명을 이루는 두 글자를 보자. 먼저 앞 글자 奉봉은 '받들다', '모시다'라는 새김을 지니고 있다. 이 글자의 윗부분은 丰봉인데, 봄 들어 풍성하게 자라는 식물을 표시한 부분이라고 한다.

글자의 아래를 이루는 부분은 원래 두 손의 모습이라는 설명이

유광종의 지하철 한자 문화 여행

다. 그러니까 왕성하게 자라난 식물을 두 손으로 떠받들고 있는 모습을 설명하는 글자란다. 초기의 많은 한자는 대개 祭儀제의와 깊은 관련이 있다. 한자로서는 최초의 형태인 甲骨文갑골문에 등장하지는 않으나, 청동그릇 등에 새긴 글자 형태로 볼 때는 이 또한 제의와 일정한 연관을 두고 발전한 것으로 볼 수 있다.

제 몸을 기준으로 무엇인가를 치켜든다면 어디까지 들어야 가장 높이 든다고 할 수 있을까. 뚜렷한 규정은 없다고 볼 수 있지만, 대개는 자신의 신체 부위에서 손을 눈썹까지 들어 올리면 그 상태가 가장 높다고 할 수 있다는 설명이 있다. 따라서 노인에게 공경을 표시하기 위해 상대의 손을 잡고 내 눈썹 부위까지 든다면 최고 敬禮경례의 하나라는 설명이다.

'擧案齊眉거안제미'라는 고사 속에서도 사정은 마찬가지다. 못생겼다는 부인이 자신을 반려로 선택한 남편에게 매일 밥상을 올릴 때 상(案)을 들어(擧) 눈썹(眉)에 맞췄다(齊)는 얘기 말이다. 그러나 눈썹이 반드시 유일한 기준이었을까. 일반적으로 들어 올리는 행동을 보통은 奉봉이라는 글자로 표현해 존경심을 나타냈으리라고 보는 게 타당할 것이다.

그래서 이 단어의 쓰임은 제법 많다. 명령을 받들면 奉命봉명이다. 國歌국가 등을 경건한 마음으로 부르는 일이 奉唱봉창이다. '벼슬'이라는 이전 새김에 남을 위해 일을 하다는 뜻의 仕사라는 글자를 덧붙이면 奉仕봉사다. 그저 남을 섬기는 행위라면 奉事봉사라고도 적을 수 있다.

귀중한 물건이나 예의를 표시하는 물품을 바치는 경우에는 奉獻봉헌이라고 부른다. 종교적인 의식에서 많이 쓰는 단어다. 재물을 비롯한 일반적인 물품, 아니면 제 정성이 담긴 그 무엇인가를 종교의 대상인 신에게 바치는 일이다. 귀중한 글을 읽음에 존경심을 덧붙인다면 奉讀봉독이다.

奉安봉안이라는 말도 있다. 돌아가신 분의 위패 등을 한곳에 모시는 일이다. 존경심으로 대상을 축원하는 행위는 奉祝봉축이다. 역시 불교 등의 종교적인 의례에서 자주 쓰이는 말이다. 올림픽 聖火성화 역시 神聖신성의 불씨를 지칭하므로 경건함을 담았다. 이런 불씨를 옮기는 일은 따라서 종교적 제의에 해당할 것이다. 따라서 성화 옮기는 일을 우리는 奉送봉송이라고 부르며 적는다.

제가 다니는 직장을 높여 부르는 말도 있다. 奉職봉직이다. 일반적인 직장을 부를 때 쓰는 말은 아니고, 公務공무를 위해 나아가는 직장, 또는 그런 자리를 봉직이라고 한다. 아무래도 여러 사람을 위한 자리이니 그런 높임이 가능했을 것이다. 윗사람이 말한 내용을 받들어 남에게 전하는 말이 奉告봉고, 그런 윗사람의 가르침을 받잡는 일이 奉教봉교다. 모두 과거 봉건 왕조 시절에나 썼던 말이라서 요즘의 쓰임새는 거의 없다.

믿고 받드는 일은 信奉신봉으로 적는다. 종교적 대상에게 쓰는 말이지만, 어떤 이념이나 주의, 또는 주장을 받들어 따르는 일도 이 단어로 표현한다. 무조건 믿고 따르는 일이야 열정으로 보면 그만이기는 하지만, 아무래도 맹목적인 추종일 수도 있어 적지 않게 염려스러움이 깃드는 것도 사실이다.

부모를 받들어 모시는 일은 侍奉시봉이다. 옛 시절에야 부모 모시는 일은 사람이 갖춰야 하는 덕목에서 거의 으뜸을 차지했으니 많이 썼던 말이다. 그러나 요즘은 꼭 그렇지 않다. 늙으신 어버이를 모시는 일은 奉老봉로라고도 적었다. 같은 맥락의 단어다.

대상을 받들고 모시는 일은 제 자신을 낮추는 일과 같다. 낮춰야 대상이 높아지기 때문이다. 높고 낮음의 尊卑존비라는 질서개념이 워낙 뚜렷했던 옛 조선 등의 시절에서는 따라서 이 奉은 매우 요긴했던 글자겠다. 그러나 높고 낮음의 位階위계가 지나치면 그 사회는 역시 굳어지기 십상이다. 어버이 받드는 일 외에는 너무 자신을 낮추거나 상대를 높이는 일은 삼가는 게 좋다.

그래도 하늘의 뜻을 받드는 일이 봉천이다. 만주족은 지금 중국의 선양을 그런 이름으로 불렀다. 원래는 '하늘을 받들어 그가 점지한 시운을 잇다'는 의미의 '奉天承運봉천승운'의 줄임말이라고 한다. 만주에서 중국 대륙의 패권을 지향하는 누르하치 후예들의 전략적 시야가 드러나는 대목이다.

봉천의 다음 글자 天천은 '하늘'을 가리킨다. 『千字文천자문』의 맨 앞을 장식하는 글자다. 뜻 또한 명확해서 달리 부연할 필요가 없는 글자다. 사람이 서 있는 모습, 그 맨 위는 머리, 또는 그 위의 무엇을 가리킨다고 풀 수 있다. 사람 머리 위의 그 무엇이 바로 하늘이다.

동양에서 '하늘'의 뜻은 至高지고 그 자체다. 우리의 믿음에서도 하늘, 한울, 하눌 등으로 표현키도 하는 대상이다. 가장 높아 더 이상의 것이 존재하지 않는 대상이다. 그래서 천지만물의 조물주, 아울러 이 세상의 모든 질서를 이끄는 主宰者주재자를 가리키는 경우가 많다. 그런 지고의 종교적 대상에서 한 걸음 나아가 자연 그대로의 상태를 일컫기도 한다.

天命천명이라고 하면 하늘이 제게 부여한 사명, 天壽천수라고 하면 하늘이 내게 준 목숨, 하늘이 준 내 품성은 天性천성, 원래 그대로의 모습은 天然천연이다. 이루 다 적을 수가 없을 만큼 수많은 단어 조합을 보이는 글자다. 이 글자는 따라서 이 역에서 다 풀기에는 버겁다. 다음 어디, 우리가 들르는 여행길에서 '하늘'이 나타나면 다시 풀어보자.

낙성대 떨어질 落, 별 星, 집 垈

고려가 거란의 침략을 받아 위기에 빠졌을 때 우리 역사무대에 아주 우람한 모습으로 나타난 장군이 있다. 바로 姜邯贊강감찬이다. 서기 948년에 태어나 1031년에 세상을 떴다. 蕭排押소배압이라는 거란의 장군이 10만 대군을 이끌고 고려를 침범했을 때 강감찬 장군은 興化鎭흥화진이라는 곳에서 적을 격파한 뒤 추격전을 벌여 귀주에서 대단한 승리를 거뒀다. 살아 돌아간 거란의 군사가 수천에 불과했을 정도의 승리다.

우리 역사에서는 이처럼 나라가 존망의 위기에 빠졌을 때 눈부시게 나타나는 장수가 있다. 이순신 장군도 그렇고, 고구려의 을지문덕 장군도 그렇다. 강감찬 장군 역시 그런 국난의 위기를 일거에 잠재웠던 명장 중의 명장이다. 그가 태어난 곳이어서 붙은 이름이 바로 落星垈낙성대다.

지하철 2호선의 버젓한 역명이지만 강감찬 장군의 생가에 만들어진 기념 사당의 이름이기도 하다. 본래 강감찬 장군의 생가터는 지금의 낙성대가 아니라고 한다. 그 옆의 봉천동 218번지가 강감찬 장군이 태어난 실제 장소라고 한다. 그 진짜 생가터에 고려시대에 만들어진 3층짜리 석탑이 있고, 그 밑 부분에 '姜邯贊落星垈강감찬낙성대'라는 글이 있어 지금의 이름으로까지 이어졌다는 설명이다.

강감찬 장군은 고려 왕조 전체가 커다란 위기에 빠졌을 때 그 어려움을 이기도록 군대를 이끌었던 장군이다. 그의 활약이 후대에 미친 영향은 대단했다. 따라서 그런 인물에는 많은 설화가 뒤를 따르게 마련이다. 세상의 고난을 구했으니 보통 이상의 인물이리라는 가정이 따르는 법이다.

우선 그의 탄생설화가 그렇다. 별을 가리키는 한자 星성이 붙었다. 落星낙성이라고 하면 '별이 떨어지다'의 뜻이다. 마지막의 垈대라는 글자는 '터' 또는 '집터'를 가리킨다.

강감찬 장군의 생가터를 알렸던 삼층석탑.

낙성대에 얽힌 설화의 내용은 자못 비범할 수밖에 없다. 중국의 사신이 지금의 봉천동 일대인 始興시흥으로 들어서다가 큰 별 하나가 그곳으로 떨어지는 장면을 봤다고 한다.

마침 그곳에 사내아이가 하나 태어났는데, 그 아이가 바로 강감찬 장군이었다는 내용의 설화다. 뒷날 宋송나라 사신이 그 아이를 보고 절을 하면서 "文曲星문곡성이 보이지 않더니 바로 여기에 와 있었군"이라는 말을 남겼다는 이

유광종의 지하철
한자 속 여행

야기가 전해진다. 그가 언급했다는 문곡성은 북두칠성의 일곱 개 별 중 하나를 가리키는 명칭이다.

강감찬 장군에 따르는 민간의 설화 내용은 풍부하다. 그의 역사적인 위상과 관련이 있다. 개구리가 너무 시끄럽게 울어 민원民怨이 들끓자 고을의 사또였던 강감찬 장군이 종이에 글을 적어 던졌더니 소리가 줄었다는 내용이 있다. 아주 오래 산 늙은 호랑이가 스님으로 변해 사람들에게 해코지를 일삼자 강감찬 장군이 그를 야단쳐 물리쳤다는 이야기도 전해진다.

그런 이야기는 다 적을 필요가 없겠다. 우리의 관심사는 역시 한자다. 따라서 이번 역에서는 낙성대라는 이름에 들어 있는 별, 즉 星성이라는 글자에 관심을 기울여보자.

낙성대 앞의 강감찬 장군 동상.

별은 우리 인류의 생활과 깊은 관련이 있다. 아니, 어쩌면 지구 위의 사람을 비롯한 생명체 모두가 별에서 기원했다는 설이 있을 정도로 우리는 별과 떼려야 뗄 수 없는 관계에 있다고 볼 수 있다.

天體천체를 이루는 많은 요소 중에서도 별은 매우 중요하다. 스스로 밝게 빛나는 천체가 바로 별이다. 우선 우리 지구가 속해 있는 태양계에서는 태양이 가장 빛나는 별이다. 그와 같이 스스로 빛을 발하면서 태양에 비해 훨씬 먼 거리에 있는 천체가 밤하늘을 아름답게 수놓는 별이다.

별은 천체의 큰 운행 틀에 들어있다. 이 별들을 관찰해 계절이 바뀜을 예감하며, 기후의 변화가 품은 조짐을 미리 읽어야 했다. 시간의 흐름, 四時사시의 변환도 다 이 별의 위치와 관련이 있어 예로부터 별을 관찰하는 일은 지구의 시간을 기록하고 재는 기준에도 해당했다. 天文천문과 曆法역법의 근간을 이루는 대상이니 중요하고 또 중요했다.

따라서 별자리 관찰은 국가운영의 핵심을 이루는 작업이기도 했다. 천문을 관찰하고 역법을 따져 시간과 기후의 흐름으로부터 스스로의 안전을 챙겨야 하는 일이었다. 그러니 천체의 운행에 대한 관심과 지식은 국가의 존망, 백성의 安危안위에 직접 연관이 있는 영역이었다.

따라서 별을 일컫는 이름은 아주 발달했다. 동양이나 서양이나 그 점에서는 다 마찬가지였다. 동양에서는 주로 천문과 역법을 왕조의 정통성으로 연결코자 했던 중국의 영향이 컸다.

하늘과 사람 세상을 일치시키는 전통은 흔히 天人合一천인합일이라는 말로 표기한다. 하늘의 별자리도 그 점에서는 같다. 인간이 그려내는 풍경이 하늘에도 있다고 보는 식이다. 따라서 동양의 별자리 인식은 사람 세상의 풍경과 닮았다. 가장 지엄한 존재인 임금이 있고, 대신도 있으며, 백성도 등장한다.

가장 높은 별자리는 세 개다. 紫薇垣자미원과 泰薇垣태미원, 天市垣천시원이다. 앞의 자미원은 천체의 북극을 중심으로 북쪽에 있는 15개의 별, 태미원은 獅子座사자좌 서쪽의 10개 별, 천시원은 房星방성이라는 별의 동북쪽 별들을 가리킨다고 했다.

모두 담을 가리키는 垣원이라는 글자를 붙였는데, 천체의 가장 높은 존재가 머무는 天宮천궁의 담이라는 의미에서다. 이를테면, 사람의 세상과 같은 모습으로 하늘의 세계를 그렸던 셈이다. 하늘 세계의 주재자, 玉皇上帝옥황상제가 머무는 곳을 紫微宮자미궁으로 설정했다. 그 둘레에 있는 별들을 자미궁의 담인 자미원이라고 했던 것이다.

중국의 수도 베이징(北京)에는 자금성紫禁城이 있다. 영어로는 'Forbidden City'라고 옮긴다. 그러나 이 번역은 일부만 옮긴 데 불과하다. 紫禁城자금성의 첫 글자인 紫자를 슬쩍 건너뛰고 말았다. 남의 발길을 돌려 세운다는 뜻의 禁금과 궁성이라는 의미의 城성만 건드렸다.

紫禁城자금성은 잘 알려져 있다시피 명대와 청대의 황제들이 있던 皇宮황궁이다. 그 황제야말로 사람 세상의 권력이 가장 높은 존재다. 그를 하늘의 옥황상제가 머물고 있다는 자미궁에 빗대 만든 이름이 紫禁城이다. 아무래도 영어로 옮기자면 의미를 길게 덧붙여야 했던 수고를 피하기 위해서 그랬을 것이다.

자미원 주변은 泰薇院태미원이다. 사람들은 그곳을 옥황상제의 신하들이 머무는 곳이라고 봤다. 政事정사를 논의하는 하늘의 朝廷조정이라고 간주했던 셈이다. 天市垣천시원은 그렇다면 하늘 세계의 일반인들이 모이는 곳이다. 보통의 사람들이 많이 모이는 장소를 흔히들 市井시정이라고 했던 표현에서 기인한 듯하다.

동양의 별자리를 일컫는 한자 낱말은 무수히 많다. 가장 높은 별자리를 위의 자미, 태미, 천시의 三垣삼원으로 설정한 뒤 나머지 300개가 넘는 별자리는 28宿수로 나눴다. 달의 公轉공전 주기가 27.32일이라는 점에 맞춘 설정이다. 각 宿를 이루는 별자리의 변치 않는 별은 經星경성으로 불렀는데, 오늘날의 천문학 개념으로 따지면 恒星항성이다.

그 사이를 오가는 수성과 금성, 화성, 목성, 토성은 해와 달을 합쳐 七政칠정 또는 七曜칠요라고 불렀다. 태양이 지나는 길을 이르는 명칭은 黃道황도라고 했는데, 그 황도를 따라 칠정, 칠요가 태미원을 드나들면서 정책을 의논해 다시 각 지역의 '제후'에 해당하는 經星경성에 전한다고 봤던 것이다.

사람 세상에서 벌어지는 광경을 하늘에 그대로 投射투사해 상상한 그림이다. 과학적 인식의 토대가 발달하지 않은 옛 사회에서 나름대로 상상을 통해 펼쳐낸 별자리 스토리들이다. 그런 별의 주위를 公轉공전하는 天體천체를 行星행성이라고 적는다. 그 각 행성의 주변을 떠도는 천체는 衛星위성이다.

태양계를 중심으로 보자면 태양이 항성, 지구와 金星금성 및 木星목성 등은 행성, 지구에 바짝 붙어 있는 달은 위성인 셈이다. 사람의 손으로 만들어져 우주선을 통해 일정한 궤도에 쏴 올려져 지구 주변을

유광종의 지하철
한자 온 여행

떠도는 것은 人工衛星인공위성이다. 요즘은 그 수가 너무 많아 일부는 우주 쓰레기 취급까지 받고 있다.

태양계 먼 주변의 암흑에서 날아온 뒤 태양의 강력한 열과 빛을 받아 긴 꼬리를 그리며 어두운 밤하늘을 날아다니는 천체는 彗星혜성이다. 단조로운 천체의 운행에서 혜성은 워낙 기이하게 여겨져 옛 사람들에게는 어떤 조짐으로 보이기도 했다. 그런 혜성 정도의 크기는 아니지만 지구를 향해 떨어지다가 대기권과의 마찰로 연소하면서 긴 꼬리를 그으며 떨어지는 것은 流星유성이라고 적는다.

별자리에 닿는 이야기는 동양이나 서양이나 다 풍부하다. 한자 세계에서도 별에 관한 스토리와 명칭은 무수하다고 해도 좋을 정도로 많다. 牽牛견우와 織女직녀가 만나는 이야기, 은하수를 건널 수 없어 안타까워하는 둘의 슬픔을 해결하기 위해 까마귀가 날아올라 烏鵲橋오작교를 이뤘다는 이야기 등도 그 중의 하나다.

이 스토리 속의 牽牛星견우성이나 織女星직녀성은 다 별자리 이름이다. 參星삼성과 商星상성에 관한 이야기도 눈에 띈다. 옛 동양의 문장에 자주 등장하는 별 이름이다. 앞의 삼성은 서쪽, 다른 하나 상성은 동쪽 하늘에서 출몰한다. 서양 별자리로 따지면 삼성이 오리온자리, 상성이 하늘전갈자리다. 서양에서는 사냥꾼인 오리온이 전갈에 쏘여 죽으면서 서로 원수관계로 발전해 영원히 만나지 않는다는 이야기를 설정하고 있다.

동양에서도 두 별자리는 같은 맥락의 이야기를 품는다. 아주 먼

옛날 같은 아버지를 둔 형제 두 사내의 끊임없는 반목과 다툼 때문에 그를 보다 못한 부친이 둘을 살아생전 같이 볼 수 없게 만들었다는 스토리에서 유래했다. 움직이는 궤도, 출몰하는 시간이 서로 달라 함께 영원히 마주치지 않는 두 별이 기약하기 힘든 사람세상의 헤어짐과 이별이라는 정서와 맺어지고 있다.

그런 점을 감안하면 하늘의 무수한 별자리는 이 땅에서 살다가 생을 마감하는 생명들의 가없는 이야기를 죄다 담아내는 거대한 그림판이다. 천체를 바라보는 사람은 그런 이유 때문인지 늘 始原시원을 생각한다. 인체를 비롯해 지구 위의 수많은 생명체를 이루는 화학적 요소는 태양을 비롯한 별과 닮았다고 한다. 따라서 사람 목숨의 근원은 저 먼 곳에서 빛나는 별, 거대한 우주일지도 모른다.

그런 별을 이야기하면서 시 하나를 또 읊지 않을 수 없다. 「성북동 비둘기」 등으로 매우 유명한 시인 김광섭1905~1977년의 시 「저녁에」다. 말년에 병들어 지친 시인이 해가 저문 저녁 무렵 병원 뜰에 나섰을 때 눈에 들어온 별을 보면서 지은 시라고 한다. 대중가요로도 불려 우리에게 매우 익숙한 시다.

저렇게 많은 별 중에서
별 하나가 나를 내려다본다
이렇게 많은 사람 중에서
그 별 하나를 쳐다본다

밤이 깊을수록
별은 밝음 속에 사라지고
나는 어둠 속에 사라진다
이렇게 정다운
너 하나 나 하나는
어디서 무엇이 되어
다시 만나랴

삶이 고단해 먼 시선이 필요한 사람, 헤어짐의 슬픔에 한 번쯤 깊이 빠져 본 이, 끊임없는 우주의 순환 속에 내가 머무는 곳이 어디인지를 헤아리는 사람들, 나아가 땅에 발을 딛고 사는 모든 이들이 읊조려 볼 시다. 내가 걷는 이 땅의 이 시간이 저 먼 곳의 별에서는 어느 무렵일까. 내가 지나는 이 여행길은 길고 먼 우주의 시간 속 어느 한 자락일까. 내 곁에서 함께 숨을 쉬며 살아가는 이웃은 어디서 어떻게 나와 맺어졌던 이들일까. 그리고 우리는 어디서 무엇으로 다시 만날까.

사당 집 숨, 집 堂

서울의 지하철을 타고 움직이며 한자로 이뤄진 역명을 궁리했지만
이렇게 유래가 명확치 않은 곳은 드물었다. 사당동 동사무소 홈페이
지에도 뚜렷한 동명 유래를 밝힌 내용이 없고, 지명사전 등을 살펴도
역시 대충이다. 예를 들면 이런 식이다. "옛날에 사당이 많아 이 같은
이름을 얻었다"는 내용.

여기서 이야기하는 '사당'은 한자로 표기를 하지 않아 지금 이
름 그대로 숨堂사당이 맞을 텐데, 이렇게 표기하는 '사당'이라는 건물
은 한자의 쓰임새에서는 매우 낯설거나 거의 없다고 치부해도 좋은
대상이다. 우리의 역사 속에 존재했던 숨堂 관련 기록을 찾아봤으나
결과는 역시 좋지 않다.

이런 표기는 과거에 없었다고 봐도 무방했다. 『朝鮮王朝實錄조선왕
조실록』에도 등장하지 않을 뿐만 아니라 각종 문헌자료의 데이터베이
스를 찾아봐도 흔적이 좀체 나타나지 않는다. 왜 그럴까. 그 이유는
조금 짐작이 간다. 역명을 이루는 두 글자는 사실 서로 부합하지 않
는다.

앞의 숨사와 뒤의 堂당은 모두 건축의 종류를 일컫는 점에서 서로

어울리지 못할 이유는 없다. 그럼에도 둘의 성질은 완연히 다르다. 앞의 숨는 조그만 집이라고 보면 좋다. 한가하게 조그만 모습으로 지어진 아담한 건축이라고 볼 수 있다. 그에 비해 堂이라는 건축은 일정한 구역 안에 지어진 집 중 으뜸이라고 봐도 좋을 건축물이다.

따라서 조그만 집채인 숨舍를 먼저 적은 뒤 그 다음에 으리으리하게 지어놓은 대표적인 건축물인 堂당을 덧붙이는 조어는 어울림에서 결코 좋다고 할 수 있는 편이 아니다. 차라리 堂숨당사라고 적어 큰 집과 작은 집채를 가리켜야 마땅하다. 이 '당사'라는 낱말은 우리말 한자 쓰임에서 버젓이 올라 있는 단어다.

한자 쓰임새는 결국 우리 편의에 따라 새로 풀어가면서 사용할수 있다. 엄격한 의미의 건축물이 아닌, 그저 지붕을 이어 비와 바람을 가리는 정도의 '집채' 정도로 두 글자를 풀어 우리 쓰임새에 적용했을 가능성도 있다. 따라서 둘 모두를 '집' 정도로 여겨 사람이 몸을 들여놓고 쉴 수 있는 정도의 건축으로 풀 수도 있다.

그럼에도 석연치가 않다. 이 두 글자가 서로 어울려 만든 조합이 과거와 지금의 기록에는 거의 등장하지 않기 때문이다. 결론적으로 말하자면, 숨堂사당은 매우 낯선 말이다. 지금 지하철 2호선의 번화함을 대변하는 중요한 역명으로 우리 입에 오르내리고는 있지만, 말 그자체는 뚜렷한 유래를 지니지 못한 '족보 부재'의 단어라는 얘기다.

지명사전 등에 등장하는 "옛날 사당이 많아 지금의 이름을 얻었다"는 식의 설명은 무책임하다. 그런 '사당'이 어떤 건축물을 이야기하는 것인지 아주 불분명하기 때문이다. 우리말 쓰임새에서 '사당'이라고 하면 보통은 한자로 祠堂사당을 지칭한다. 이는 유교적 관습에 젖어 있던 과거 조선사회에서는 아주 이름이 난 단어다.

조상을 모시기 위해 먼 先代선대로부터 지금에 이어진 혈통을 좇아 代代孫孫대대손손의 가족 구성원들이 제 선조의 위패를 모신 곳이기 때문이다. 조상의 흔적을 찾아 혈통을 잇고, 嫡長子적장자 중심으로 그를 기록해 家門가문의 전통을 계승하던 조선시대의 전통에서는 매우 중요한 장소였다.

그러나 그런 祠堂사당이 많았던 곳이라면 지금의 舍堂사당 이름은 전혀 어울리지 않는다. 앞의 사당이 뚜렷한 실체를 지닌 데 비해 뒤의 사당은 실체가 있었는지조차 큰 의구심을 주는 건축인 까닭이다. 따라서 이 곳 사당역의 역명을 궁구하는 일이 매우 쉽지 않았다.

그렇다고 '사당'이라는 讀音독음을 지닌 한자 단어를 찾아보지 않은 것도 아니다. 그에 어울리는 한자 단어로는 私黨사당과 寺黨사당이 있다. 앞의 私黨은 개인적인 이익을 추구하기 위해 서로 모여 어울리는 집단을 일컫는 말이다. 政黨정당 활동을 하면서도 제 이해관계에 맞춰 집단을 이끌어 가는 사람에게 "정당을 사당처럼 부린다"고 욕할 때나 쓰는 말이다. 그러니 사당역의 이름과는 전혀 어울리지 않는다.

뒤의 寺黨사당은 '남사당패'의 일부 구성원을 일컫는 단어다. 특히 놀음을 놀면서 이곳저곳을 떠도는 남사당패에 끼어 몸을 파는 여성들을 지칭키도 했던 단어다. 이들이 이곳에 집단으로 거주했다는 기록도 없다. 이리저리 떠도는 게 그들의 원래 모습이어서 그렇다. 따라서 이 단어 또한 지금의 사당역 이름과는 전혀 상관이 없어 보인다.

마지막으로 기대 볼 만한 구석은 하나다. 역시 조선시대 전국 곳곳에서 왕성하게 활동하던 巫堂무당의 존재다. 앞서 지나왔던 신당역과 당산역에서 조금 설명한 내용이다. 보통의 무당들은 대개 神堂신당을 두고 활동을 한다. 그곳은 '당집'이라고도 불렸다. 제법 많은 수의 무당들이 활동했으니 사당역 이름도 그와 무관치 않다는 추정을 할 수 있다.

그러나 왜 하필이면 舍堂사당이라는 이름인지에 관해서는 도통 풀어볼 방도가 없다. 무당의 흔적을 지우기 위해 神堂신당이 新堂신당으로 바뀌어 지금의 신당동 이름을 이뤘던 과정은 나름 설득력이 있다. 그런 무당의 신당이 들어서 있는 산이 있어서 堂山당산이라는 이름이 생겨났다는 점도 나름 이해가 간다.

그러나 舍堂사당은 조어 자체가 서로 아귀가 맞지 않는 꼴이다. 큰 집채를 작은 집채의 뒤에 덧붙인 것 자체가 그렇다. 무당의 神堂신당으로 보기에도 앞의 舍사라는 글자가 도통 낯설기만 하다. 따라서 그냥 글자에 충실하는 게 좋겠다.

舍사의 글자에서 아래 부분의 '口구'라는 요소는 일정하게 지어진 구조물을 지칭한다는 설명이다. 그 위의 그림은 '작은 집'을 가리킨다고 한다. 따라서 글자 자체의 원래 의미는 '작은 집' 또는 '조그만 건물'이라고 풀 수 있다. 한 걸음 더 나아가서 보자면, 간단하게 지은 집채라고 볼 수도 있다는 것이다.

사실 사당역의 이름을 풀다가 유래를 찾기 힘들어지면서 주목한 새김은 바로 이 점이다. 舍사라는 글자가 지닌 숙소, 그것도 길을 분주히 오가는 사람들, 즉 旅客여객이 쉬어갈 수 있는 장소라는 뜻이다. 이 글자는 사람이 일정하게 머무는 집이라는 일반적인 뜻과 함께 잠시 머무는 장소라는 의미가 매우 강한 편이다.

우선은 客舍객사라는 단어가 그렇고, 旅舍여사도 그렇다. 아울러 官舍관사라는 말도 있다. 공무원이 지방 등에 파견을 위해 가 있을 때 머무는 임시의 숙소라는 뜻이다. 公舍공사라고 바꿔 적어도 무방하다. 館舍관사라고 하면 외국의 使臣사신 등이 방문했을 때 묵을 수 있도록 한 시설이다. 요즘은 우리 외교사절이 해외에 머무는 곳 등을 일컬을 때도 이 단어를 사용한다.

응용할 수 있는 단어는 수두룩하다. 학교에 집중적으로 짓는 학생들의 임시 숙소인 寄宿舍기숙사가 우선 눈에 띈다. 집 바깥주인이 안채와는 별도로 지어놓고 외부의 손님들과 어울리는 건축을 舍廊사랑이라고 적는다. 불가의 스님들이 머물면서 도를 닦는 곳을 精舍정사라고 한다.

가축을 키우기 위해 지어놓은 집채는 畜舍축사다. 곳집, 즉 倉庫창고를 지칭하는 다른 한자 단어는 庫舍고사다. 기차가 철로를 다니다가 잠시 머무는 곳, 즉 停車場정거장이 있어 사람들이 기차에 오르고 내릴 수 있도록 만든 집채는 驛舍역사다. 정당의 구성원들이 일을 보는 곳은 黨舍당사라고 적는다. 군대가 임시로 머무는 곳은 幕舍막사다.

舍에는 '버리다'는 뜻도 있다. 捨사라는 글자와 같은 의미로 쓰일 경우가 많다. 쉬고 갈 수 있도록 길손에게 내주는 집이라는 의미에서 '베풀다'의 의미로 번졌다가, '놓다', '버리다'의 새김으로까지 발전한 듯하다. 따라서 '捨生取義사생취의'라는 성어는 '舍生取義'라고 적어도 무방하다. 삶(生)을 버리고(舍) 옳음(義)을 취한다(取)는 엮음이다.

三舍삼사라는 단어도 있다. 여기서 舍는 옛 길이 단위로 약 30리에 해당한다. 군대가 하루를 주행하는 거리다. 따라서 三舍는 약 90리에 해당한다. 춘추시대 晉진나라의 군대가 楚초나라 군대에 90리를 물러서주겠다는 예전의 약속을 지켰다는 고사에서 나온 단어다. 군대가 하루 걸어 쉬고 머물러야 했던 상황을 거리로 표시한 듯하다.

예전의 이곳 사당역은 남쪽으로 남태령, 과천을 생각지 않을 수 없는 곳이다. 서울에서 전라, 충청으로 내려가는 사람들이 반드시 이곳을 거쳐야 했다. 거꾸로는 전라와 충청에서 서울로 오는 사람들의 발길이 넘나들었던 장소다. 그런 맥락에서 보면 사당역의 舍堂사당이라는 단어는 여관이 몰려 있던 곳으로 풀어야 옳지 않을까라는 생각이 든다.

남태령이라는 곳은 지금이야 번듯한 거리다. 그러나 예전의 남태령은 험했던 모양이다. 여우를 일컫는 사투리 '여시'가 이곳에 늘 붙

충청과 전라를 향해 나가는 사람들이 넘어야 했던 남태령 고개.

었던 모양이다. 여우를 비롯해 들짐승이 들끓었다는 기록도 전해진
다. 수풀이 우거져 통행도 만만찮았던 듯하다. 따라서 사람들의 발
길이 편치 않았을 것이다.

서울이나 지방으로 가기 위해 남태령을 넘어야 했던 사람들은 또
이곳에서 자주 '털렸던' 모양이다. 버젓한 낮인데도 넘나들기 힘들었
던 남태령 고개의 양쪽에서 過客과객들의 안전을 보호해주겠다며 돈
을 받고 동행을 해줬던 사람들이 있었는데, 이들이 어리숙한 사람들
을 상대로 돈과 재물 등을 털었던 주인공들이란다.

"눈 감으면 코 베어간다"는 말이 괜히 나오지는 않았을 것이다.
경기 일원에서 서울로 향하는 사람들을 노리다가 그들의 재물을 챙
기는 사람들을 일컬었던 말이리라. 그런 사람들이 남태령 고개의 '여
시'들처럼 도사리고 있던 곳이 어쩌면 지금의 사당역, 그리고 남태령
남쪽의 과천일 수도 있다.

길을 나선 사람들은 늘 피곤하다. 여정의 적지 않은 변수에 몸을

드러내야 하기 때문이다. 물길 사납고 산길 험해도 그 모두가 사람처럼 무섭지는 않았을 듯. 그런 길손들이 고개를 넘기 전 몸을 들이고 하루 정도 쉬었다 가는 客舍객사가 이곳에는 제법 많았을 것이다. 그로써 추정컨대 사당역의 숨堂사당은 이곳에 무수히 들어선 여관 시설과 관련이 있었으리라 볼 수 있다.

이런 추정이 반드시 옳은 정답은 아닐 듯. 그럼에도 섭섭함은 남는다. 지하철 9호선이 개통하기 전에는 서울 지하철역 가운데 혼잡도에서 1위를 다투던 이 역의 이름에 관한 유래가 뚜렷하지 않아서다. 한자를 거의 도외시하는 요즘 사회 분위기 때문이겠으나, 서울의 수많은 인구가 발길을 들이는 곳의 한자 이름이 왜 지어졌는지조차 제대로 모른다는 일은 아무래도 석연치 않은 부분이다.

방배 모 方, 등 背

이곳 주변에는 눈에 띄는 지형 둘이 있다. 牛眠山우면산과 한강이다. 방배동方背洞이라는 지명은 이 둘로부터 유래한 것으로 보고 있다. 우면산을 등에 지고 있는 곳, 아니면 북쪽으로 흐르는 한강을 역시 등에 지고 있는 곳이라는 풀이다. '등을 지다'라는 뜻은 背배, 장소를 가리키는 뜻은 方방이라는 글자가 각각 품고 있다.

소(牛)가 잠을 자고 있는(眠) 모양의 산(山)이라는 뜻의 우면산은 風水풍수로 볼 때 吉地길지로 꼽는 곳이다. 다음의 서초역에서 자세히 풀 생각이다. 한강이야 달리 설명할 필요가 없는 수도 서울의 상징과도 같은 강이다. 우면산과 한강은 이곳 일대의 가장 큰 지리적 특징이다.

아무튼 이런 두 곳을 등에 진 형상이라고 해서 붙은 이름이 方背방배라는 설명이다. 조선 때에도 썼던 이름이라고 한다. 方背里방배리라는 이름이 일찌감치 등장한 점을 보면 우면산이나 한강을 중심으로 이뤄진 이곳의 지형적 특성이 옛사람들 눈에 이미 큼직하게 들어왔던 듯하다.

이번에는 方방이라는 글자를 자세히 들여다보도록 하자. 大方대방

유광종의 지하철
한자 여행

과 新大方신대방 등을 지나면서 훑었던 글자지만, 그 속내는 사실 무시무시하다. 원래 이 글자가 암시하는 대상은 屍體시체다. 글자의 옆으로 긋는 획 '一'은 나무 막대기를 뜻한다. 그 위로 톡 튀어나온 것이 사람의 머리, 그 아래로 흘러내린 것은 죽은 사람의 몸이다.

초기 한자인 甲骨文갑골문에 등장하는 형태로 보면 나무 형틀에 매단 사람의 시신이다. 적지 않은 한자의 초기 형태가 대부분 그렇듯이 이 글자 또한 고대의 呪術주술과 祭儀제의에 닿아 있다. 특히 이 글자는 전쟁이 벌어진 뒤 잡은 적의 포로를 죽여 나무 형틀에 매단 형상을 가리킨다.

문제는 이 글자가 왜 '장소'를 가리키는 뜻을 얻었는가라는 점이다. 고대 문자학 전문가들의 풀이에 따르면 이는 옛 시절의 전쟁, 주술, 제례와 관련이 있다고 한다. 적의 시체를 나무에 매달아 자신이 머무는 곳의 境界경계를 표현했고, 나아가 적의 시체를 매달아 상대 또는 그들의 기운이 그곳을 넘지 못하도록 하는 呪術주술의 의미였다는 것이다.

따라서 이 글자는 나중에 '장소', '구역', '경계'를 표현하는 의미로 발전했고, 한편으로는 적의 기운을 막아내는 주술적 의미의 '기술'이라는 뜻까지도 얻었다는 설명이다. 이 글자를 엮어 장소 또는 구역, 경계를 표현하는 단어는 퍽 많다. 우선은 地方지방이라고 적어 수도 서울과 구별하는 호칭이 있다. 東西南北동서남북의 方位방위를 나타내는 단어도 뒤를 따른다. 동쪽을 東方동방, 서쪽을 西方서방, 남쪽을

南方남방, 북쪽을 北方북방이라고 적는 경우도 마찬가지다.

장소나 사람이 있는 쪽을 方向방향이라고 적는다거나, 마주하는 사람을 相對方상대방, 앞을 前方전방, 뒤를 後方후방, 옆을 側方측방, 양쪽 모두를 雙方쌍방으로 적는 경우가 다 그렇다. 방위와 방향, 장소, 구역 등을 모두 가리키는 포괄적인 뜻의 한자인 셈이다.

적의 시신을 걸어 주술적인 작용으로 상대의 기운이 자신의 구역 안으로 들어오지 못하도록 한다는 '기술'의 의미도 많은 단어를 낳았다. 우선은 方法방법, 方途방도가 그렇다. 일을 풀어나가는 이치를 알아 사안을 해결하는 데 동원하는 기술, 요령이다. 우리에게는 아주 친숙한 단어이기는 하지만 그 유래를 알면 그 의미를 더욱 가깝게 이해할 수 있다.

處方처방이라는 단어도 일종의 기술, 또는 指針지침을 가리킨다. 그러나 주로 病症병증을 다스리기 위해 사용하는 藥약을 지을 때 쓰는 말이다. 기가 막힐 정도로 꼭 들어맞는 처방임을 표현할 때는 妙方묘방이라는 말을 쓴다.

方策방책이라는 말도 마찬가지의 의미다. 방법, 또는 기술을 담고 있는 책략이라는 의미다. 주로 전쟁을 수행하거나, 전략을 구사하는 경우에 사용하는 말이다. 일상적으로도 어떤 방법을 구체적인 계획으로 옮기거나 할 때 쓴다. 方略방략이라는 말도 마찬가지 맥락이다. 방법과 책략이라는 두 단어의 뜻을 다 담고 있다.

그렇게 특정의 사안에 대해 방도와 방책, 방략을 가슴에 품고 있는 사람이 方家방가다. 특정한 분야에서 뚜렷한 전문성을 지닌 사람에게 썼던 옛 낱말이다. 그 중에서도 탁월한 능력을 지닌 슈퍼 전문가에게는 大方家대방가라는 낱말을 붙였다. 앞에서 적었듯, 『朝鮮王朝實錄조선왕조실록』에서 正祖정조가 썼던 말이기도 하다.

方案방안은 그렇듯 일을 해결하는 기술적인 방법을 구체화한 내용이다. 方策방책과 같은 맥락의 낱말이라고 할 수 있다. 方針방침은 방법과 지침을 함께 붙인 말이라고 볼 수 있다. 역시 일을 해결하기 위해 잡아가야 하는 방향을 일컫는 말이다. 方式방식은 방법과 형식의 준말이라고 볼 수 있다.

내친 김에 邊변이라는 글자도 들여다볼 필요가 있다. 이 글자 또한 方방이라는 요소를 품고 있다. '가다', '진행하다' 등의 의미를 지닌 부수 辶착 위에 얹은 글자들의 의미는 方과 같다. 단지 나무 형틀에 매단 시신이 얼굴을 위로 향함으로써 드러낸 코를 自자라는 글자 요소로 강조한 꼴이다.

따라서 이 글자는 포로로 잡은 적의 시신을 자신의 구역에 걸어두고 경계를 표시하면서 주술적인 의미로 적의 기운이 이곳을 넘어오지 못하도록 했던 행위를 가리켰다고 한다. 그로부터 발전한 뜻이 내가 머무는 땅의 끝, 또는 경계라는 의미다. 그런 이유 때문인지 이 글자는 邊方변방이라는 의미로 우리에게 확실하게 다가온다. 나라의 경계를 왜 두 글자로 함께 적었는지 이유가 분명해진다.

다음은 역명을 이루고 있는 글자 背배다. 원래 새김은 사람의 등이다. 이 글자에 앞서 한자 세계에서 사람의 등을 표시했던 한자는 北북이다. 우리는 이 글자를 다른 음으로도 읽는다. 敗北패배에서의 '배'다. 그 점이 지금 우리가 말하려는 背와 같은 맥락이다.

역시 한자 세계에서 빼놓을 수 없는 전쟁과 관련이 있다고 본다. '등'이라는 의미에서의 北배라는 글자는 두 사람이 등을 맞대고 있는 모습이다. 이로써 사람의 등을 가리키는 의미로 먼저 자리를 잡았던 듯하다. 방위를 가리키는 의미는 나중에 덧붙여진 듯하다.

원래는 두 사람이 등을 맞대고 있다는 점에서 사람의 등을 가리키는 한자로 자리를 잡았고, 그와 비슷한 흐름에서 싸움으로부터 등을 보이는 사람의 의미를 얻었던 듯하다. 싸움터에서 등을 보인다는 일은 무엇일까? 그 자체가 바로 敗北패배 아니라면 달리 설명할 말이 없다. 결투에서 먼저 등을 보인다는 점은 뒤로 내뺀다는 뜻이기 때문이다.

그렇다면 이 글자는 왜 북쪽을 가리키는 의미를 얻었을까. 추정컨대, 동양의 옛 禮法예법 또는 禮制예제와 관련이 있다고 보인다. 그에 따르면 세상 사람 중 가장 높은 이는 임금이다. 옛 동양사회의 통치적인 질서 속에서 가장 높은 頂點정점을 형성하는 사람이다.

그런 임금, 즉 君王군왕은 북쪽에 자리를 잡고 앉는다. 옛 예법이 그렇게 정했다. 그는 북쪽에 자리를 잡고 앉아 남쪽을 바라보는 자리에 머무는 게 보통이다. 따라서 임금의 등은 북쪽을 가리키는 방향이다. 그렇게 임금이 북쪽에 자리를 잡고 앉아 얼굴을 남쪽으로 향

하고 있는 형국, 등이 가리키는 방향을 北북이라는 글자로 표현했을
것이다.

지금은 敗北패배라는 단어에서 北배라는 글자가 '등'의 의미를 간
직했음이 희미하게 읽혀지는 정도다. 나머지는 대개 방위를 가리키는
의미로 우리에게 친숙하다. 背배는 그런 글자 바탕에다가 사람의 몸
을 가리키는 月육, 月과 다름이 붙음으로써 확실하게 사람의 등을 지칭하
는 글자로 자리를 잡았다.

이 글자의 쓰임새도 퍽 많다. 머리가 향하면 '좇음'이다. 그를 向향
으로 표현하고, 그 반대로 등이 향하는 곳을 背배라고 한다면 向背향
배다. 좇느냐, 아니면 등을 보이고 반대의 방향으로 달리느냐를 묻는
낱말이다. 등으로 향한 경치와 모습을 가리키는 낱말은 背景배경이다.

背反배반은 등을 돌리는 일이다. 좇다가도 등을 보이며 돌아서는
일이다. 背叛배반이라고 적어도 뜻은 통하지만, 앞이 행위의 전반을
가리키는 데 비해 뒤는 정치적인 의미에서의 叛亂반란이라는 의미를
조금 더 간직하고 있다. 背馳배치라는 말은 등을 보이고(背) 서로 달
리는(馳) 일이다. 서로 어긋나는 의견이나 행위를 보이는 경우다.

약속을 어기고 등을 보이면 背信배신이다. 요즘 젊은이들이 많이
사용하는 백팩backpack은 背囊배낭이다. 은혜를 저버리면 背恩배은인데,
덕을 베푼 사람의 온정까지 잊는 경우가 '背恩忘德배은망덕'이다. 예전
사회에서는 그런 행위를 보이는 이는 아예 사람으로 취급하지도 않
았다.

뒤로 누운 자세로 수영한다면 背泳^{배영}이다. 제가 할 임무를 잊거나, 고의적으로 저버린다면 背任^{배임}이다. 맹세를 어긴다면 背盟^{배맹}이라고 적는다. 함께 무엇인가를 하기로 약속하는 행위, 同盟^{동맹}을 파기하는 일이다. 예전에는 전쟁을 부르는 행위였다. 선생 앞에서 책을 뒤로 한 채 그 내용을 외우는 일은 背誦^{배송}이다.

세상살이에 그런 일 자주 벌어진다. 약속을 어기고 등을 돌리는 일 말이다. 그럼에도 사람의 뒷모습은 전반적으로 초라함에서 크게 벗어날 수 없다. 전쟁과 혼란의 와중에서 아들을 먼 곳으로 유학 보내는 아버지, 기차역 플랫폼에서 그런 아버지를 눈으로 배웅하다가 돌아선 부친의 뒷모습을 본 아들. 아들이 본 아버지의 뒷모습이 쓸쓸하고 가여웠겠지.

朱自淸^{주쯔칭}이라는 중국 초기 현대문학가가 쓴 「背影^{배영}」이라는 중국 수필이 마음을 울렸다. 아버지도 그렇고, 어머니도 그렇다. 부모의 뒷모습을 보면 왠지 마음이 아련해진다. 눈물까지 훔치는 사람도 적지 않았을 것이다. 사람은 다 그런가보다. 앞이 당당해 보이다가도 뒤를 보일 때는 꼭 그렇지 않다.

그나저나, 한자가 처음 태어나던 무렵의 문화적인 생태가 참 궁금해진다. 앞에서 적은 한자가 제의와 주술, 사람의 시신, 그리고 전쟁을 암시하는 구역과 경계, 많은 위험을 헤쳐 나갈 때 필요한 기술 및 책략과 관련이 있다. 方^방과 邊^변이 그렇다. 北^배라는 글자 또한 원래의 의미대로 읽으면 敗北^{패배}로 봐야 한다. 역시 전쟁의 흔적이 묻어 있는 글자다.

따라서 한자의 세계를 "공자 왈, 맹자 왈"로 일관하면 곤란하다. 한자는 우리 생활 속에 깊이 들어서 있는 글자 체계지만, 그 초기의 출발점은 어딘가 낯설다. 軍馬군마의 그림자, 날카로운 창과 칼, 두터운 방패, 위기를 먼저 읽으려는 초조함, 싸움을 의미하는 당혹감과 두려움, 내 것을 지키려는 강한 경계감 등이 담겼다. 세상살이가 원래 그런 모습일까. 한자는 참 많은 곡절을 품고 있는 듯하다.

서초 상서 瑞, 풀 草

'서리풀'이라는 식생이 있는지 없는지는 잘 모르겠다. 어쨌든 이곳에 서리풀이 무성했다고 한다. 사전 등을 찾아봐도 서리풀이라는 이름을 단 식물이 좀체 눈에 띄지 않으니, 아무래도 서리 맞은 풀을 가리키는 것 아닌지 모르겠다. 그런 서리풀을 한자로 적으면 霜草상초라고 한다. 서리를 뜻하는 霜에 풀을 의미하는 草가 엮였다.

霜草상초를 사전에서 찾아보니 그저 '서리 맞은 풀', '시든 풀'이라는 뜻이다. 딱히 특정할 수 있는 어떤 풀을 가리키는 게 아니라, 대기가 차가워져 서리가 나타나는 무렵에 찬 기운을 띤 서리를 맞아 시들어가는 풀 전체를 가리킨다고 봐야 하겠다. 어떤 이유에서인지는 분명하지 않으나, 그 서리풀이 한자 霜草라는 이름으로 전화했다가, 이제는 상서로운 풀이라는 뜻의 한자 瑞草서초로 바뀌어 지금의 동명과 역명을 이뤘다는 설명이다.

우리의 한자 여행에서는 우선 그 앞 글자인 瑞서를 들여다보기로 하자. 원래 이 글자의 뜻은 玉옥으로 만든 한 器物기물의 모습을 가리켰다. 고대 중국에서 신하가 군주를 만날 때 손에 쥐는 옥의 하나였다는 설명이 있다. 다른 사전의 설명으로는 황제가 제후를 임명할 때

유광종의 지하철
한자울여행

사용했던 옥의 종류였다는 것이다.

아무튼 그래서 瑞서는 玉옥이다. 동양사회에서 이 옥이 지니는 의미는 다 좋다. 사악한 기운, 즉 邪氣사기를 물리치는 기운을 지니고 있다고 해서 예로부터 지금까지 좋은 의미의 보석으로 사랑을 한 몸에 받고 있다. 이 글자 들어간 단어는 그래서 대개 좋은 의미다. 玉容옥용이라고 하면 여성으로서 아름다운 얼굴을 지닌 사람에게 쓰는 말이다. 옥처럼 빛나는 예쁜 얼굴이다.

玉體옥체라고 적으면 옛 왕조 시절 임금의 몸을 일컫는 말이다. "옥체를 보전하소서"라며 신하가 군주에게 말하는 장면은 TV 드라마에 자주 등장한다. 어느 경우에는 최고의 가치를 지닌 보석으로서

서초 법조타운의 모습. 1000년 수령을 자랑하는 향나무가 서 있다.

황금과 병렬하는 위상으로도 나타난다. 金玉금옥이라고 해서 직접 황금과 옥을 함께 지칭하는 단어가 우선이다. '金科玉條금과옥조'라고 하면 규정한 내용 중에서 가장 중요한 것을 일컫는다. 科과와 條조가 규정의 단위, 그 앞에 각각 金금과 玉옥을 붙여 가장 신성시하거나, 가장 중요하다는 뜻을 강조했다.

우리의 일상생활에서도 부모가 자식을, 혹은 할아버지나 할머니가 손주를 사랑하며 아낄 때 "금이야 옥이야"라고 말한다. 어린 아이들을 금이나 옥에 비유했다. 따라서 황금과 같은 반열에 옥을 함께 올려놓은 모양새다. '金枝玉葉금지옥엽'도 이와 같은 흐름이다. 황금으로 만든 가지, 옥으로 만든 잎사귀처럼 어린아이들을 예뻐하며 중시한다는 얘기다.

玉璽옥새는 무얼까. 옥돌(玉)로 만든 도장(璽)의 엮음인데, 그냥 옥돌로 대강 글자 등을 새겨서 만든 도장이라고 생각하면 오산이다. 이 옥새라는 존재는 고대 중국에서 항상 피바람을 불렀던 물건이기도 하다. 천하의 패권을 의미하는 상징물이었기 때문이다.

그 주인공은 우선 秦始皇진시황이다. 그는 楚초나라 卞和변화라는 인물이 두 다리가 잘리는 고통을 당하면서도 입증한 고대 중국 최고의 옥돌인 和氏璧화씨벽으로 나라의 도장, 즉 國璽국새를 만들었다. 趙조나라의 명신인 藺相如인상여가 등장해 잠시 이웃 秦진나라에 빼앗겼던 화씨벽을 원래 그 모습대로 완전하게 되찾아 돌아왔다는 '완벽完璧'의 고사에 나오는 그 옥돌이다.

진시황이 그 화씨벽이라는 최고의 옥돌로 만든 도장은 중국 전역을 최초로 통일한 황제의 위상에 걸맞은 '천하 최고 권력'의 상징으로 자리를 잡았다. 진시황이 죽은 뒤 秦진나라 역시 망하자, 그 이후에 들어섰던 중국의 통일 왕조 권력자들은 모두 이 '도장'을 탐냈다. 황제 자리의 상징물이었으니 그랬던 것이다. 지금은 전해지지 않는 옥새지만, 어쨌든 초기 중국에서 이 옥새라는 도장의 의미는 매우 각별했다.

그래서인지는 모르지만 동양인, 특히 한국과 중국의 옥에 대한 사랑은 차고 넘친다. 우리도 신라 고도였던 경주의 남산 옥, 춘천의 옥 등이 아주 유명했다. 중국은 이보다 더하다. 전국 각지의 유명한 옥을 가져다가 몸에 차고 다니는 일이 예나 지금이나 변하지 않는 유행이다. 옥을 사랑하는 정도가 지나치다 싶다 해도 좋을 정도로 대단하다. 그러나 옥 이야기는 다음으로 미루자.

瑞서라는 글자는 그래서 옥의 의미를 넘어 발전했다. 상서로움의 뜻이다. 궁중에서 황제나 제후, 대신 등이 사용했던 옥이니 그런 의미를 띠는 일은 자연스럽다. 상서로움의 '상서'는 한자로 祥瑞다. 두 글자 모두 예사롭지 않으면서 아주 좋은 조짐을 의미한다.

옛 동양사회에서 사람의 삶은 큰 바람 앞에 놓인 작은 풀과 다름없었다. 어디서 불어 닥칠지 모르는 바람이 불면 풀은 눕는다. 예측 가능함보다는 예측 불가능함이 단연코 앞섰던 시대였다. 그러니 사람들은 '吉凶禍福길흉화복'의 조짐에 목을 맨다. 좋은 게 吉길, 나쁜 게

凶흉이다. 뒤의 福복과 禍화는 달리 설명할 필요조차 없을 테다. 그런 좋고 복됨을 알려주는 조짐, 또는 그런 분위기가 바로 祥瑞상서다. 그러니 이 瑞서는 '좋은 조짐'이라고 해도 무방한 글자다.

그런 '조짐'도 우리 한자 여행에서 빠트릴 수 없는 단어다. 조짐은 한자로 兆朕이다. 앞 글자 兆조는 점을 칠 때 드러나는 흔적을 가리킨다. 옛 사회에서 占卜점복은 미구에 닥칠 현상을 미리 알아보기 위해 벌이는 행위다. 우리가 "점을 치러 간다"고 할 때의 그런 행위와 같다.

초기 점복과 관련해 가장 일반적인 형태의 하나는 불에 달군 막대기를 쇠뼈나 거북이 등껍질에 넣어 그 갈라지는 금을 보면서 吉凶길흉을 점쳤던 일이다. 그 갈라진 금을 본 뒤 결과를 적어 넣었던 문자가 이른바 甲骨文갑골문이다. 초기의 한자라고 이해하면 좋다.

여기서 甲갑이 거북이 등껍질, 骨골이 소의 어깨뼈다. 그 위에 불에 달군 막대기를 쑤셔 넣으면 여러 형태의 금이 생기는데, 그렇게 갈라져 생기는 금의 모습을 兆조라고 표현했던 것이다. 그러니 이 글자가 화폐 등을 셀 때 億억 다음의 상위 단위인 兆이기 전에, 점을 칠 때 생겼던 금이라는 사실을 이해해야 한다.

그래서 우리가 兆朕조짐이라는 단어를 적을 때 이 글자를 쓴다. 그러나 兆朕조짐의 다음 글자가 문제다. 이 朕짐이라는 글자는 TV 사극에서 자주 등장한다. 아무나 쓸 수 있는 말은 아니었고, 최고 권력자인 임금이 자신을 일컬을 때만 '사용 가능'이었다. 그 말고는 어느 누구를 막론하고 쓸 수 없는 말이다. "짐이 생각하기로는…"이라며 나오는 TV 사극 대사는 말하는 이가 임금일 때만 가능하다는 얘기다.

그러니 朕은 임금이나 황제 등의 1인칭 주어, 즉 '나'다. 이 글자는 원래 진시황이 출현하기 전의 중국에서는 일반인들이 모두 스스로를 가리킬 때 썼다고 한다. 그러니까 일반적으로 부르는 '나', '내가' 등의 뜻이었던 1인칭 대명사였다. 그러나 진시황이 중국을 최초로 통일한 뒤 자신만이 일컬을 수 있는 주어로 규정했다고 한다.

그런 주어의 뜻과 兆朕조짐은 상관이 없다. 朕짐에는 그런 주어로서의 '나'에 앞선 새김이 있다. 글자의 원래 뜻에 해당한다. 배나 문짝 등의 여러 사물에 생기는 '틈'의 의미였다고 한다. 틈이 생기면 갈라지는 일이야 자연스럽다. 갈라진다면 배나 문짝이나 제 모습을 그대로 보전키 어려울 수 있다. 그런 의미에서 이 글자는 '앞으로 닥칠 그 무엇'이라는 의미를 얻었다는 설명이다.

서초동을 이야기할 때 빼놓을 수 없는 게 牛眠山우면산이다. 말 뜻 그대로는 '소(牛)가 졸고 있는(眠) 산(山)'이다. 소가 왜 졸아? 이런 물음이 있을 수 있다. 산 모습이 그렇다고 하는데, 이는 전고가 있는 단어다. 풍수적으로 소가 잠을 자는 모습의 땅은 그곳에 사는 사람이 관직에 있으면 승진을 하고, 그렇지 않더라도 떼돈을 벌게 한다는 곳이다.

이를 테면 吉地길지이자 복이 깃든 곳이라는 의미다. 그런 풍수야

믿는 사람만 믿는 이야기지만, 옛 동양사회의 풍파 많았던 사람들 삶을 생각하면 이해할 수 있는 대목이다. 길흉화복의 조짐을 먼저 알아 그를 남보다 앞서 맞아들이거나 애써 피해보려 했던 태도 말이다.

그러니 서초와 우면산은 어울리는 한 쌍이다. 서리풀을 霜草상초로 전환했다가, 다시 상서로운 풀이라는 瑞草서초라는 이름으로 바꿔 불렀던 그 저간의 한구석에는 상서로움에 올라타려는 간절한 염원이 섞여 있을 테다. 그런 동네에 '소 잠든 모습의 땅'이라는 우면산의 이름이 썩 잘 어울린다.

그러나 길흉화복에는 사람의 요소가 섞여 있다. 제 노릇 다 하지 않고 길함과 복됨만을 바란다면 다 헛일이다. 노력하지 않고 얻는 복락이야 잠시 일어섰다 스러지는 파도와 같을 뿐이다. 결국은 제가 기울인 노력 끝에 닿는 행운이 진짜 복락이다.

우면산 또한 그렇다. 풍수적으로 좋고 또 좋다는 그런 吉地길지도 2011년의 큰 홍수에 산사태를 일으키며 큰 재앙을 빚었다. 사람이 기울여야 하는 노력을 제대로 이곳에 기울이지 않은 결과라고 볼 수밖에 없었던 사태다. 서초도 조짐이고, 우면산도 조짐이다. 그러나 사람의 튼실한 노력이 받침을 하지 않는 한 그는 그저 조짐일 뿐이지 더 이상의 무엇도 아니다.

유광종의 지하철
한자을 여행

교대 가르칠 敎, 클 大

초등학교 선생님들을 양성하는 곳, 서울교육대학이 자리를 잡고 있어 붙은 역명이다. 우리가 지금 타고 움직이는 서울 지하철 2호선이 3호선과 교차하는 곳이다. 아울러 서초동 일대로부터 자리를 틀고 있는 각종 법률사무소 등이 있고, 그 중심을 이루는 법원과 검찰청 등이 이어져서 서울 강남 일원에서는 상당히 번화한 곳이기도 하다.

이 역의 환경을 이루는 여러 배경을 따질 때 교대가 제법 중요해 보이지만, 법조계의 자취도 사실 크게 눈에 띈다. 우리 사회를 이루는 요소로 볼 때 교육이나 법조나 모두 중요하다. 그럼에도 이름에 있어서 이 역의 정체성을 이루는 요소는 교육이 먼저다. 법조계의 중요한 기능을 제치고 어린아이를 가르치고 기르는 교육의 요소를 먼저 앞세워 역 이름을 '교대'라고 했다.

후세를 가르치고 기르는 일이 그만큼 중요하다는 일이라고 생각해서 그랬는지는 모르지만, 다음 세대를 이룰 미래의 새싹들을 가르쳐서 훌륭한 사회인으로 키우는 일은 정말 중요하다. 대한민국 미래가 후세의 교육으로 순항을 하느냐, 아니면 암초에 부딪혀 난파하는 운명을 맞느냐가 판가름 나기 때문이다.

누군가를 가르친다는 의미의 教교라는 글자는 우리말에서의 쓰임새가 아주 많은 편이다. 우선 教育교육과 관련해서는 수없이 등장하는 글자이기 때문이다. 教師교사, 教員교원, 教授교수, 教科교과, 教壇교단, 教權교권, 教習교습, 宗教종교, 胎教태교 등으로 줄줄이 이어지고 있으니 그렇다.

원래의 教교라는 글자 모양새를 보면 조금 흥미롭다. 어린아이 모습(子)이 등장하고 그 머리 위에는 셈을 할 때 필요한 산가지(爻)의 꼴도 보인다. 오른쪽의 글자 요소는 초기 한자 모습에서는 손으로 막대기 등을 들고 있는 형태. 따라서 이 글자의 초기 꼴은 셈을 배우는 아이를 향해 회초리를 겨냥하고 있는 모습이다.

회초리 등을 동원하면서까지 아이에게 무엇인가를 배우도록 강요하는 행위로 풀 수 있는데, 그렇게 해서 얻은 뜻이 '가르치다'일 것이다. 조금 가혹하다 싶을 수도 있지만, 아이에게 드는 회초리가 '사랑의 매'라고 본다면 좋은 의미의 후세 교육이다. 제가 낳은 아이를 조금이라도 더 가르쳐 좋은 사람으로 키우고자 하는 욕망은 예나 지금이나 다를 수 없다.

한자 세계에서 교육이라는 과정을 거치지 않은 아이의 상태는 흔히 蒙몽이라는 글자로 표시한다. 이 글자는 초기 모습에서 새나 돼지, 또는 일반 짐승 등을 앞이 보이지 않도록 눈을 가려 가두는 행위라는 뜻으로 등장한다. 추정컨대, 날짐승이나 들짐승 등을 가축으로 길들이려는 사람의 노력과 관련이 있다고 보인다.

유광종의 지하철
한자으여행

그로써 얻은 뜻이 눈으로 볼 수 없는 상태, 무엇인가에 가려 눈이 어두운 상황, 밖을 제대로 살피지 못하는 정보와 지식의 부재 등이다. 앞과 뒤를 제대로 가리지 못하는 극히 어두운 상황을 일컬을 때 蒙昧몽매라고 적는 경우가 대표적이다. 그 앞에다가 지식이 없다는 뜻의 無知무지를 붙이면 '無知蒙昧무지몽매'다.

제자를 스승보다 낮게 키우자는 서울교대의 '청람문' 이라는 글자가 보인다.

밝고 맑으며 천진하면서도 티끌 하나 없는 순수함이 어린아이가 보이는 정신세계의 특징이다. 그러나 아이들을 사회적인 틀에 적응시키려는 시각에서 볼 때에는 그런 면이 반드시 긍정적이지만은 않다. 사회의 法度법도를 가르치고, 사람 사이의 襟度금도도 깨우쳐 줘야 한다. 그런 측면에서 볼 때는 어린아이의 정신세계를 어둡다고 할 수 있는 법이다.

그를 표현하는 글자가 바로 蒙몽이다. 사회에 대한 이해, 사람 사는 세상에 대한 깨우침이 다 부족하다. 그래서 무엇인가에 덮여 있어 어두운 상황을 일컬을 때 이 蒙이라는 글자를 쓴다. 『童蒙先習동몽선

習』이라는 책이 좋은 예다. 조선의 中宗중종 연간에 만든 책자로서 『千字文천자문』을 막 뗀 아이들을 서당에서 가르치기 위해 만든 책이다. 童蒙동몽은 어린아이들의 그런 지식 상태를 일컫는 말이다.

조선의 李珥이이가 지었다는 『擊蒙要訣격몽요결』도 마찬가지다. 어린아이가 知的지적으로 드러내는 몽매함을 깨뜨리는(擊) 중요한(要) 비결(訣)이라는 뜻의 책자다. 아이들에게 사회적으로 제대로 적응하기 위해 어떤 학습과 자세를 지녀야 하는지를 자세하게 적은 책이다.

어린아이들에게 한자를 익히도록 한 조선시대 교재 『訓蒙字會훈몽자회』도 마찬가지 맥락의 책자다. 몽매함(蒙)을 일러(訓) 가르치도록 한다는 취지의 책이다. 그러므로 擊蒙격몽이나 訓蒙훈몽이 다 마찬가지 뜻이다. 무엇인가에 가려 이치를 깨닫지 못하는 사람을 迷妄미망에서 벗어나도록 하자는 취지의 책이다.

멀리 갈 것도 없다. 우리에게는 한때 지긋지긋하게 쓰였던 단어가 있다. 바로 啓蒙계몽이다. 여기서 啓계는 이끌어서 앞으로 나아가게 한다는 뜻의 글자다. 孔子공자가 『論語논어』에서 사용한 말로 유명하다. 역시 알지 못해 사리에 어두운 사람(蒙)을 이끌어 밝은 곳으로 나아가게 한다(啓)는 뜻이다.

중세의 어두운 세계에 갇혀 앞으로 나아가지 못했던 유럽의 사람들을 일깨워 밝은 지식의 세계로 나아가고자 했던 啓蒙主義계몽주의, Enlightenment의 사조가 유행하면서 이 단어는 한때 커다란 유행을 탔다. 나아가 산업혁명으로 상대적인 우위를 차지할 수 있었던 유럽의 문명이 그에 미치지 못했던 수준의 다른 지역 문명을 가르치는 용어로도 쓰였다.

조선은 그렇듯 후대의 교육에 힘을 쏟았다. 전통의 동양사회 모두가 마찬가지다. '孟母三遷之教맹모삼천지교'를 모르는 사람은 별로 없을 듯하다. 어린 孟軻맹가의 교육을 위해 공동묘지에서 시장으로, 다시 시장에서 서당 근처로 이사를 했다는 그 모친의 교육열 말이다. 모두가 맹자 모친의 가르침을 가슴에 새길 만큼 동양인은 자식의 교육에 힘을 기울였다.

공자가 등장했으니 그의 경우를 알아보는 일도 흥미가 있을 듯하다. 공자가 어느 날 집의 뜰에서 조용히 쉬고 있었던 모양이다. 아들이 뜰 한 구석에서 지나가는 광경이 보였다. 그러나 공자는 아들을 불러 앞에 세웠다. "외우라고 한 詩시는 외웠느냐?"

공자가 지칭한 시라는 것은 『詩經시경』을 지칭한 것으로 풀 수 있다. 공자는 시경의 시를 외우지 못하면 사람 노릇을 하기 어렵다고 볼 정도로 그에 심취해 있었다. 그러나 아들은 "아직 외우지 못했습니다"라고 한다. 그러자 공자는 다시 '잔소리'를 한다. "외우라고 한 그 시를 외우지 못하면 너는 말을 제대로 하지 못할 것"이라고 했다.

그 말을 듣고 난 공자의 아들은 조용히 물러나 다시 시를 외우는 데에 힘을 쏟았다고 하는 내용의 이야기다. 공자의 교육 태도를 엿볼 수 있는 대목이다. 꼭 필요한 가르침을 이행하지 않는다면 어느 때라도 아이를 불러 그를 깨우치도록 정성을 다했다는 얘기다. 공자가 아들을 향해 보였던 가르침의 훈계는 '過庭之訓과정지훈'이라는 성어로 남았다. 뜰(庭)을 지나갈 때(過)의 가르침(訓)이라는 엮음이다.

『三國志演義삼국지연의』에 가장 인상적인 인물로 등장하는 사람이 諸葛亮제갈량이다. 그는 소설 속에서는 바람을 불러 비를 내리게 하는 '呼風喚雨호풍환우'식의 신비한 策士책사로 등장하지만 실제의 기록을 보면 인품과 학식이 매우 뛰어나고 곧은 사람이다. 능력보다는 곧은 인품과 절개로 평가해야 좋은 인물이다. 그 또한 자식에게 깊은 가르침을 남겼다. 임종 직전에 직접 쓴 『誡子書계자서』다. 아들의 방만함을 경계코자 쓴 글이다. 그 내용의 전체를 옮기자면 이렇다.

"무릇 이상적인 사람이 나아갈 때에는 고요함으로 몸을 수행하고, 근검함으로 덕을 키운다. 담담한 마음이 없으면 뜻을 밝힐 수 없으며, 고요함이 없으면 멀리 이르지 못한다. 배움은 그래서 고요해야 하느니, 재능은 반드시 배워야 얻는다. 배우지 못하면 재능을 넓힐 수 없으며, 뜻이 분명치 않으면 배움을 이루지 못한다. 지나친 향락에 빠지면 다듬지 못하며, 쉬이 덤비면 제 성정을 고루지 못한다. 해는 시간과 함께 줄곧 달려 지나가고, 뜻은 나날이 꺾이니 결국 낙엽처럼 말라들고 떨어져 모두 세상에 닿지 못한다. 초라한 집에 들어앉아 슬픔으로 지새우리니, 무엇을 기대할 것인가.
(夫君子之行, 靜以修身, 儉以養德. 非澹(淡)泊無以明志, 非寧靜無以致遠. 夫學須靜也, 才須學也. 非學無以廣才, 非志無以成學. 淫慢則不能勵精, 險躁則不能冶性. 年與時馳, 意與日去, 遂成枯落, 多不接世. 悲守窮廬, 將復何及.)

인용이 제법 길었다. 그러나 위로는 자신을 '三顧草廬삼고초려'의 극진한 예로 맞아준 劉備유비의 왕실에 죽을 때까지 혼신의 힘을 다해 충성을 바치고, 아래로는 혼란한 국정을 놓지 않아 죽음으로써 제 몫을 다 했던 제갈량의 충직한 인품으로 볼 때 깊이 새겨 볼 내용이다.

원문을 덧붙였으나 마음으로 모두 새기기에는 길다. 하지만 그가 남긴 이 문장에서 가장 유명한 글귀로 남아 성어 형식으로 정착한 말이 있다. 담담함으로 뜻을 밝히면서 끝까지 방향을 잃지 말라는 말, 또한 고요한 마음으로써 배움에 힘을 기울여야만 먼 곳에 닿을 수 있다는 말이다.

淡泊明志(담박명지), 寧靜致遠(녕정치원)

배움에 연령이 있을까. 삶은 결국 배움의 연속이 아닐까. 따라서 제갈량의 이런 충고는 후대의 교육에만 필요한 말은 아니리라. 인생의 굽이 많은 길에서 방향을 잃지 않고 제 뜻을 성취하기 위해서는 부단한 배움의 과정이 따라야 한다. 인생의 방향을 잃지 않기 위해 나는 충분히 담담할까, 먼 곳에 이르기 위해 내 마음은 고요함을 이루고 있을까. 가르침을 일깨우는 교대역을 지나며 생각해 볼 일이다.